シリーズ 宗教と差別

第2巻

差別と宗教の日本史

救済の〈可能性〉を問う

磯前順一
吉村智博
浅居明彦 監修

佐々田悠
舩田淳一
関口 寛
小田龍哉 編

法藏館

巻頭言

磯前順一・吉村智博・浅居明彦

本シリーズ「宗教と差別」全四巻は、二〇一五年にはじまった共同研究プロジェクト（研究代表者：磯前順一・吉村智博・浅居明彦）の成果をとりまとめたものである。

ここでは、本書を手に取った読者に、まず、シリーズ全体にかかわる基本的な姿勢と視点を説明しておきたい。

在日コリアンの作家・姜信子さんは、差別をめぐって次のような興味深い言及をしている。

ええ、実はね、神谷美恵子が、「らい患者」もみずからの内なる差別と戦えと説く、その言葉を見たとき、私は水俣を想い起していたんです。石牟礼道子さんが描きなおして結びなおした人間世界のなかで湧き起った「われらのうちにもチッソがある」（われらのうちにも、人も世界もバラバラにしていく近代の毒がある）という声をね。

近代を生み出した西洋の知を生きる神谷美恵子の声と、近代を内側から蝕んだ西洋の知をもって知る人々の声と、そこには、おそらく、とっても重要で歴然とした違いがあるはず。（姜信子『今日、私は出発する』）

「私たち」の問題だという当事者意識から出発するのか、「あなたたち」の責任だという告発者の立場からおこなうのか。

二人の著名人の発言を対比することで、姜さんが問題提起したかったのは、差別を論じるとき、論じる者の身の処し方こそが、自他を明確に認識し、問題の深淵を掘り下げようとすることにつながっていくということであった。同じように差別を語るにせよ、両者の立場には、決定的な違いがある。神谷の「善意」と石牟礼の「言葉」。告発者の立場（神谷）であれば、その研究者はいつも弱者の側に寄り添って議論を展開するだろう。自分が差別する存在であるということには思い至らない。しかし、当事者の立場（石牟礼）に身を置くなら、差別は何よりこの「私」自身から発生しているものだと捉えることになる。

さて、読者のあなたなら、どちらの立場を取るだろうか。この問いが無責任で身勝手なものに終わらないために、本シリーズ「宗教と差別」の立場を表明しておこう。本シリーズでは、自分こそが差別の当事者だという立場を取る。言うまでもなく、差別されてきた当事者としてではなく、差別を作り出す当事者としてである。「人間は差別を生み出す動物である」。それが基本的な姿勢と視点である。それは、学術研究の世界に身を置くかどうかに関わりなく、差別を論じるための最低限の資格だと私たちは考えている。

宗教と差別の関係は複雑だ。日本のかなり広汎な地域で、大きな寺社や城郭の周辺には、かつて差別された人々の居住地があった。宗教とは、概して人間に救いをもたらす教えであり活動と見なされてきたはずだ。その一方で真理の教えに目覚めた人とそうでない愚かな人々、あるいは清浄な心持ちの人々と穢れた人々という二分法を作り出してきた。

宗教はこうした正負の功罪を併せもつ「両義的な」ものである。一方的に良いものとも、悪いものともしない。神仏の名のもとに人間を差別することを正当化もするし、そうした態度を戒める機縁ももっているのだと宗教を捉える。「両義性」、それが宗教を語る上でも、公共空間を語る上でも本シリーズの取る基本的前提である。

それを「排除と包摂」のメカニズムと名づけよう。何らかの社会秩序は、排除を通してこそ構成が可能になるし、排除のない社会は現実として成り立ってこなかった。構成員と非構成員とを分かつ境界線をどこかで引かなければ社会は成り立ちようがない——。もしもそうだとすれば、排除のない社会を夢見るばかりではなく、排除のありかたにかかわるさらに現実的な視点を踏まえた考察が要請されよう。そのとき私たちは自己耽溺的な被害者意識から、一歩歩みを前に進めることになる。

差別に「ノー」と言って自分を免責するのではなく、排除を無意識におこなう側に身を置いた者としての責任を、社会再編の構想に向けてどのように果たしていくのかが問われなくてはならないだろう。社会のマジョリティやエリートが被害者と自己同一化して、些細な自分の傷を肯定するといった過剰な自己愛のために、「私たち」という幻想が垂れ流される動きに終始符を打たなければならない。

なぜ差別は社会からなくならないのだろうか。それは、人間が社会を営む存在だからと私たちは考える。仲間を作ると同時に敵を作る、そして闘う。秩序を作るために、それに従わない人間を罰する、処刑する。生きるために動物の命を殺して、食べる。過剰な性欲を制御するために、性売買を営む場を設ける。生殖なき快楽を享受する。さらには自分が生き延びるために赤ん坊を間引く。そして、そうした行為に直接手を染めざるを得なくなった人びとに対する差別が生まれる。

社会的存在としての人間、それこそが差別を作り出してきたのである。誰しも一人では生きられない以上、他人と交わることから生まれる差別と被差別の螺旋から解放されることはない。差別の関係性には例外など存在しないのである。他人との「共生」が生み出すものは、思いやりだけではない。暴力の行使や快楽の消費もある。それが思いやりという感傷を装って輪廻するのが生の螺旋である。すべての人間が「悪人」だとも言われるゆえんである。

だからこそ差別問題をめぐる議論においては、「あなたたち」の差別的な態度はよくない、といった感情論に留まることなく、すべからく「私たち人間」が差別現象を生み出している社会構造そのものが、冷静な学問的手続きのもとに分析される必要がある。かつて、インドの少数民族の研究者はこのように言った。「マジョリティになりたいと思わない。マイノリティが生きられる空間を作らなくてはならない」。被差別部落に生きてきたある人は言った。「差別は差別を生み出す。部落の中にも差別はある。誰も無垢なものはいない」。そうした指摘のなかにこそ、差別構造の当事者でもある研究者が、差別問題を学問の視点から論じる意義があり、また、責務があると私たちは考える。

最後に、フランスの精神分析家の言葉を紹介して巻頭言を結ぼう。

自分がファロス［男根。社会的強者への欲望］を持ちたいという欲望を持つ者はいくらでもいる。自分にも快楽の分け前をくれというわけだ。しかし、その人は知らない。快楽とは楽しいだけでなく、一度取り付いたら自分を苦しめてやまない不実なものであるであることを。希求されるべき答えは、自分にも分け前をくれということではなく、そのとりついてやまない享楽という欲望から解放されることなのだ。

「私たち」あるいは「あなたたち」という言葉を都合よく使っているのは誰なのだろうか。まずその幻想から打ち破らなければなるまい。そのことに読者のあなたとともに挑んでみたい。

補記　本プロジェクトの遂行にあたっては、国際日本文化研究センターの共同研究会「差別から見た日本　宗教史再考」（二〇一六～一八年、代表者：磯前・吉村）、および科学研究費基盤研究Ａ「人権と差別をめぐる比較宗教史」（二〇一九〜二一年、代表者：磯前）からの資金提供を受けた。また研究会の開催においては、国際日本文化研究センター、大阪人権博物館に会場提供をいただいた。

以下、プロジェクトのメンバーおよび研究会の活動を通じてお世話になった方々の氏名を挙げ、謝辞と代えさせていただく（五十音順、敬称略）。

青野正明、東俊裕、安部智海、石川肇、磯前礼子、井上智勝、岩谷彩子、上村静、打本和音、大林浩治、大村一真、荻原稔、小倉慈司、小田龍哉、片岡耕平、金沢豊、菊田真司、フローレンス・ガルミッシュ、河井信吉、川村覚文、北浦寛之、久保田浩、呉佩珍、後藤道雄、酒井直樹、佐々田悠、佐藤弘夫、里見喜生、島薗進、志村康、沈熙燦、トモエ・シュタイネック、ラジ・シュタイネック、鍾以江、庄司則雄、鈴木岩弓、鈴木英生、須之内震治、関口寛、宋琦、孫江、高柳健太郎、竹本了悟、田辺明生、ゴウランガ・プラダン・チャラン、鶴見晃、寺木伸明、寺戸淳子、アンナ・ドゥーリナ、戸城三千代、殿村ひとみ、永野三智、中村平、西宮秀紀、幡鎌一弘、林政佑、原田寿真、ハサン・カマル・ハルブ、スーザン・バーンズ、平野克弥、藤本憲正、舩田淳一、舟橋健太、パトリシア・フィスター、ダニエル・ボツマン、馬雲雷、馬氷、水内勇太、ランジャナ・ムコパディヤーヤ、村島健司、守中高明、山田忍良、山本昭宏、尹海東、吉田一彦、米田弘毅、マルクス・リュッターマン、和氣直子、和田要

＊事務局：小田龍哉、磯前礼子、大村一真、ゴウランガ・プラダン・チャラン、藤本憲正、村島健司。

シリーズ　宗教と差別　第2巻

差別と宗教の日本史——救済の〈可能性〉を問う◎目次

第3部　救済とコスモロジー

シリーズ　宗教と差別　第2巻

差別と宗教の日本史

——救済の〈可能性〉を問う——

序章　差別と宗教の日本史のために
——宗教・前近代・余白——

佐々田　悠・舩田淳一・関口　寛

一　宗教

差別しながら生きる我々の歴史をどう捉えるか。そのなかで宗教はどういう意味を持ち、どのような現代的な意義が見出されるのか。シリーズ「宗教と差別」の第一巻『差別の構造と国民国家——宗教と公共性』が主に近代国民国家を俎上に載せたのに対して、第二巻である本書は日本の古代から近代までの歴史を対象に、宗教にまつわる具体的な事例を取り上げて右の課題に迫ろうとするものである。本論に先立って、本書の基本的な問題認識について述べておきたい。

「宗教」という言葉は複雑である。宗教概念論が明らかにしたように、この言葉は西洋社会における個人の私的領域の信仰を示すreligionの訳語として近代に成立し、私的な宗教／公的な世俗という二分法的理解を暗黙の前提とする。そこでは概念化された救済の教義・信念＝ビリーフと儀礼的・習俗的な身体実践＝プラクティスとが分けられ、多様な事象がビリーフ中心の私的領域＝宗教の枠に押し込められ、または従属させられてきた。現代のわれわれも無意識のうちにこうした使用に慣れてしまった観がある。しかし、この枠組みはきわめてプロテスタンティズム的なものであり、非西洋社会はもとより西洋社会であっても、その歴史的世界を理解するうえで齟齬をきたすことは明らかである。

磯前順一は中世カトリシズムやイスラムを題材としたタラル・アサドの議論を整理して、意識と身体は排他的な対立関係にあるのではなく、意識は身体実践に意味をくみ取る一方、身体実践は意味を覆していくという反復的な往還関係によって主体が構築されること、そして身体が他者との共同性の世界に開かれていることの意義に注目している。(1) こうした視点は、本書が題材とする前近代からの日本の歴史を考えるうえでも重要であろう。すなわち、教義的な信仰はもちろんのこと、儀礼や習俗といった他者とともにある身体的な実践によって感得される神仏との関係性、あるいは神仏との出会いによって自己を社会のなかに位置づけて生きること——前近代の日本社会に広がっていたそうした多様な救いのありよう、「宗教的なるもの」の社会的な営みを含めて俎上に載せるべきであり、本書ではそうした意味で宗教という言葉を用いることにしたい。それは生活意識やコスモロジーといった言葉で言い表されるものと隣接し、何よりその時代の社会構造と深く結び付くものであろう。

それでは、そうした神仏とともに生きる営みと差別とはいかに関わるのだろうか。差別論としてはやや異質ながら、網野善彦の議論を導きに考えてみたい。

網野善彦『無縁・公界・楽——日本中世の自由と平和』(一九七八年)は、中近世の歴史資料にみられる縁切寺、市、宿などに当時の「自由」と「平和」を読み取り、そこに原始より生き続ける無所有の思想——「無縁」の原理を見出して、その衰退の過程を未開から文明への民族史的・文明史的転換として捉える壮大な議論を展開した。(2) その試みは歴史学の枠を越えて大きな反響をよんだが、議論の背景として重要なのは、人間を圧倒する自然との関わりである。自然は人びとに恵みをもたらす一方、つねに不可解かつ超越的な脅威としてあり、そこに神仏の姿が見出された。そして自然に対する圧倒的な無力さの前でこそ、かえって人間の本源的な「自由」「平等」と言い得るものが保障されたとし、そうした自然に対する本源的権利を一身に体現する形で天皇の権威が形成されたとみるのである。(3) 自然の前に晒された「無縁」の担い手は、死穢に関わる非人や下級宗教者、芸能民など境界に生きる人びとであったが、網野は「無縁」や彼らに対する否定的意味合いを反転させる。その後の一連の著作によって、非人もある種の「職人」であったと論じ、その自由と特権は「無縁」を体現する天皇や神仏によって保たれていたとする一方、十四世紀ごろを境に天皇や神仏の聖性が失墜することによって彼らは差別されるに至ったと論じた。(4) つまり「聖なるもの」が没落してそれに仕える存在が賤となり、「自由」であったものが差別されるものへ転じた、というわけである。世俗化論と言ってよいが、その二元的とも言える分類や浪漫主義的な傾向に対しては多くの批判が出された。中世の差別を論じるのであれば、網野と前後して展開された大山喬平や黒田俊雄、脇田晴子などの研究が古典であり基礎となろう。(5) 本書もまた網野の見解を必ずしも踏襲するものではないが、しかし差別の存在を自明とせず、自然と神仏、聖と賤の関係をもって動的に捉えようとしたこと、そして「無縁」に前近代におけるある種の公共性とでも言うべき論点を見出したことは、いまなお色あせない継承すべき視座であると考えている。

いま宗教と差別の問題を考えるにあたり、本書ではまず次のように問い直したい。網野は「聖なるもの」から差別へという歴史的な展開として捉えたが、「無縁」が常に「有縁」の背理として息づいていたように、そもそも「聖なるもの」は差別を必要としたのではないか。「自由」も「平等」も、そして「救済」もまた差別なくしては成り立たなかったのではないか。むしろ差別を通じてこそ、宗教や公共空間が成立するのではないか――これが本書の基本的な問いである。相反する要素を分かちがたく抱える、渾然とした部分をまずは捉えたい。そして、社会が排除と包摂によって成り立ち、排除しつつ包摂されるという引き裂かれた立場を生み出すことを、歴史的な諸段階のなかに捉えたい。そこでは差別が差別として理解すらされない場合もあろう。翻って現在に生きる我々は差別を生み出していることを自覚できているのか、その危うい前提を映し出す鏡ともなるはずである。差別問題に歴史学的研究が求められる所以である。

また、網野の議論において、圧倒的な自然の前で人間の存在が問い直され、そこに「自由」「平和」に繋がる手がかりを見出したということも、多くの示唆を与える。人びとが過酷な状況、避けがたい差別に晒されて生きるなかで感得される教えや救い。神仏という超越的存在を媒介として、いかにして主体が構築されるのかという問題を考えさせる。

このように本書では網野の掘り起こした議論を捉えなおし、宗教と差別を生み出す社会の構造とそこにおける宗教的主体化の問題を論じることにしたい。

二　前近代と余白

シリーズ第一巻で論じられたように、近代主権国家においても（おいてこそと言うべきか）その正統性の論理の内に差別や排除が存在する。国家に正統性を与える「公共圏」は、世論を形成する「人民」によって構成されるが、人民という社会的想像はつねに境界を引いて人民以外をつくり続けることなしに成り立たない。そこに排除の契機がある。一方で近代の「統治」は、人民という同質性のなかにある差異を際立たせ、いくつもの線を引く。それは優劣の序列を生み出し、差別へとつながる。(6)

近代に比して社会の構造や権力のありようが複雑かつ多元的であった前近代においては、人びとはその身分や社会的な位置づけによって、税負担、居住地、服装等々、幾重にも線引きをされ、統治されてきた。他方、正統性を与え得るものという意味では、たとえば古代氏族の合議制、武家政権の評定、一揆、惣や村などを思い浮かべてみても、(それらが志向したものの歴史的な意義は別として) どれほどの人びとに同質性を想像させ得たかといえば、近代に比すべくもなく、まったく次元を異にすることは了解されよう。

前近代において人びとに広く開かれた、あるいはその生身が晒されたという意味では、それは自然であり、神仏であり、網野の言葉で言えば「無縁」(あるいは「聖なるもの」) である。それを代理し、また語り得るのが天皇であった。天皇が支配の正統性を神仏に託して語るのはその典型である。天があらわした祥瑞の意味を語り、治世の象徴である元号を改めるといった類いも同様であり、だれもが接し得るはずの現象・時間を天皇越しでなくては共有できない、語り得ないところに問題がよく表われている。前近代社会における共有性――ある種の公共性は、神仏や天皇を介することで成り立っている。

一方で、前近代における差別もまた、その根源を辿っていくと神仏に行き着くことが間々ある。ここで「差別」という言葉について若干述べておきたい。先に「排除と包摂」という表現をしたが、排除というのは何かを取り除くことで内と外を意味づける言葉であり、文脈において否定的ニュアンスをまとうものの、言葉自体に不当さはない。他方、差別という言葉は仏典に由来し、もとは差異を表した言葉であったが、近現代においては当人たちの性質によって不当に貶められることを意味するようになった。不当とは平等、人権などの正当の基準を前提とするから、前近代ではそうした評価にすら至らない。そこに差別を見出すのは畢竟、現代のわれわれということになるが、その逃れられない性質 (架空のものを含む) を根拠づけるのが神仏などの超越的な存在であり、それゆえに如何ともしがたい、脱しがたいということは、前近代においても広く共有されていた。本論でも触れるように、非人・河原者が受けた扱いを論理的に支えたのが仏教の罪業観であることはよく知られている。本書では、このように根拠を棚上げすることで恒常的な排除と包摂に落とし込み、貶価する行為・状態に対して、差別という言葉を用いる。

近代においても差別の構造は同じである。「人民」という境界を形づくる想像上の帰属意識は、民族的あるいは文化的な同質性（として構築されたもの）に促される。重要なのは、そうした個人を越えた動かしがたい超越的な同質性が、近代においては科学的な人種改良や人種主義によって意味づけられたことである。人智のおよばない神仏に淵源するのではなく、知の体系によって動かしがたい領域がつくられる。そうした科学に対する信仰とも言うべきものによって、差別が根底から支えられていたことに注意したい。ここに前近代との類似と差異とが見出せるであろう。

ただ、ここでより注意しておきたいのは、近代の場合、そうした帰属意識の問題が容易に天皇制に結びつき、私的な宗教／公的な世俗という枠組み自体をも覆ってしまうことである。天皇越しでなくては「公共圏」が成り立たないと意識されたとき、何を語ろうとしてもただちに天皇制に飲み込まれてしまう。

先に引いた前近代を対象とする網野の議論についても、永原慶二や黒田俊雄の批判がある。すなわち、非農業民・被差別民の検討を通じて「無縁」が持ち得た「自由」を称揚することは、彼らが直属した天皇の存在と役割を自明のものとし、称揚することになっていないか、というものである。(7) ただ、それは網野の理解によれば「「無縁」の世界の期待を体現し続けてきた王権―天皇との酷烈な対決」を果たせなかった歴史に起因するものであり、叙述に多少の不用意さはあるにしても、天皇と「無縁」を重ね合わせるような批判は生産的ではない。むしろ網野が執拗なまでに供御人や被差別民の活動を追い、そこに見出される民衆の心と生命力の強靱さ、得体の知れなさ、原始の「野性」にこだわり続けたところに、こうした問題に対する、ひとつのあるべき方向性が示されていると思われる。天皇と結びつき、時に結びつきを偽装・虚構しながら、たくましくしたたかに生きること。その異質性を見出し続けることは、天皇の権力を自明とせずに不断に問い直すことでもある。「無縁」を問うことは、多様かつ複雑に展開した前近代の歴史のなかに、天皇に回収されない余白を読むことに他ならない(8)。

それはまた、宗教における「救済」というものの〈可能性〉を問うこととも通じ合う。「救済」が差別と分かちがたく結ばれていることは覆うべくもなく、歴史を繙いてみてもその不可能性は否定しがたい。それでも単に過去を振り返るのではなく、仮構された「救済」の不可能性を徹底的に明らかにすること、その一方で、未完に終わった試みのなかに、なにがしかの可能性を探ることに歴史学の意味があるのではないか。問われているのは、これらの問題にどう向かい合うかというわれわれ自身の姿勢であると言えよう。

本書では古代から近代までを対象とする。近代と前近代とでは社会の前提が大きく異なるが、差別の根源的な構造において相互に参照し合うべき共通の論点が潜んでいると考えている。近代を相対化し、また前近代の歴史に余白を読みながら、宗教と「救済」の〈可能性〉を多様に問う、新たな試みとなることを目指したい。

三　本書の構成と狙い

以上の問題意識を踏まえつつ、本論では三部に分けて差別と宗教の歴史を検討する。それによって、われわれがいかに差別してきたのかを問い、また差別とともにある「救済」のありようを俎上に載せる。以下、各部の狙いと内容についてやや詳しく述べておく。

第1部「排除と包摂の力学」では、特定の身分や生業が社会から排除されつつも、その周縁に位置づけられることで宗教や秩序が成り立つ、という仕組み自体を取り上げる。排除か包摂かではない、その両義的な構造のありようをまず問題とする。その際に注意したいのは、当然のことながら、そうした構造は固定的なものではないということである。排除と包摂の構造はいくつもの境界をもって歴史的に生成され、変容しながら宗教と結びつく。そこで何が生じているのか。社会の構造や時代性といったものとともに考えたい。

第一章「古代日本の罪と穢れ」（佐々田悠）は、摂関・院政期における穢れの習俗化と都市化の進行により、下層民は清掃（きよめ）と施行（ほどこし）対象という二つの役割を負わされ、貴族たちの往生＝救済の踏み台とされたこと、一方で彼ら彼女らを救うための言説がかえって罪報観を植え付けて非人身分へと至った研究史を整理する。社会構造としての差別の生成である。

第二章「河原者と非人」（片岡耕平）は、蒙古襲来とその後の神領興行を背景に、次第に包摂の比重を増す非人に対して、動物の死に関わる河原者は排除の傾向が強く、やがて穢多という呼称が登場する動きを論じる。その結論は「聖なるもの」の失墜を説いた網野とは真逆であり、神の重要性が強調された結果、より際だった差別へと向かっていく変化を明らかにしている。

第三章「神職人」（井上智勝）は、賤視から逃れられない奥羽地方の「神職人」を題材に、聖賤の境界そのものに迫る試みである。西宮神社配下として庶民の福神信仰を支えた彼らは、神職化を進めて賤視を免れようとするが果たせない。そこには富を扱う神と金銭そのものに対する人びとの根強い卑賤観が見出される。この問題は、近世日本における商業経済の発展とも深く関わる可能性がある。

第四章「神道国教化政策期の神社祭礼と被差別民」（吉村智博）は、維新変革期の上坂本村と枝郷の八木山（「かわた」身分）を対象に、賤民廃止令によって法律上の身分差が消え、同じ氏子になる可能性が生じたことでかえって賤視が厳しく顕現したこと、祭礼への参加を願う八木山が自身の一部を「穢多」として排除した事例を取り上げる。境界の動揺によって差別意識があぶり出され、かつ差別が再生産される様を浮き彫りにする。

第五章「「祈り」への差別と「祈り」による差別」（山本昭宏）は、近世の長崎浦上において被差別民にキリシタンの監視・捕縛を担わせ、社会的に劣位に置かれた集団を相互に敵対するよう仕向けた権力の「統治」を描くとともに、原爆後にそれが意識的にも無意識的にも隠蔽されてきた、今に直結する構造を論じる。

つづく第2部「秩序と禁忌《タブー》」では、差別と宗教が類似の構造を有し、ともに秩序の維持に不可欠であったことを前提としつつ、しかしそこにこそ秩序を揺さぶる契機もまた潜在するのではないかとの視座のもと、禁忌に注目する。禁忌とは一言で言えば聖／俗を分節する機制であり、神仏という超越的存在からの呼びかけに呼応した行動様式のひとつである。日常とは異なる対応・行動、主に特定行為を禁断することで境界を引く。それによって神仏の聖性が維持され、また不断に更新・発揚されて「救済」をもたらすが、その反作用として差別を生み出すことにもなった。しかし、そうした秩序―禁忌―差別の連関は、どこまで自明なのであろうか。差別に収斂させてこと足れりとするのではなく、その連関に亀裂を与える、差別を超えてゆくような「救済」の文脈を見出すことはできないのか、考えたい。

第六章「古代伊勢神宮のハラエと罪・「穢」の特質」（西宮秀紀）は、平安初期の伊勢神宮において罪と穢の両概念が混融し、穢が罪と同様に祓儀礼によって入念に除去されたことを論じる。その反復的な実践は、裏を返せば罪も穢も除去できる一過性のものであったこと、また罪・穢が何よりも宗教者の実践世界における観念に他ならなかったことを示している。第1部で論じるように、『延喜式』には穢の祓除法が規定されず、穢意識の肥大化は都市下層民に対する差別を生み出した。しかし、伊勢神宮ではそうした差別との明確な交差は見出せない。それが時期差・地域差によるものか否かは断言しがたいが、差別と宗教のありようは当然ながら一つではなく、別の展開もあり得たことを認識しておく必要がある。

第七章「死穢《タブー》を超越する神」（舩田淳一）は、非人が死穢を浄化する力を有する、聖なる人びとであったとの網野善彦の説がミスリードであることを確認する一方で、死穢の禁忌を乗り越えようとする中世の宗教的想像力の存在を見つけ出す。中世の春日社は触穢を厳しく忌避したが、近傍に位置する律宗寺院の白毫寺は広大な墓所を管理していた。そして、同寺での一切経会では他でもない春日神が召喚され、死者救済が実演されたという。死穢の空間に降臨する神は、秩序と禁忌の根源的関係性を転倒させ得るものと言えよう。

こうした禁忌を超える救済神という可能性は、時代を経て新たな脱構築的な神格を生み出す。祟り神である艮の金神を絶対的な救済神へと反転させた金光教がそれである。第八章「悪神の神性の転回／展開と宗教的主体の生成」（河井信吉）は、金光教の開祖赤沢文治（金光大神）の転回の先に、差別を超える構えを見出す。金神信仰による厳しい禁忌が持続していた近世の岡山地域にあって、金光大神はむしろ禁忌を退け、自分は「凡夫」であると主体を解体することで、神と人の相互に他律的な主体化へと行き着く。禁忌を超える神への信心に、価値観や秩序を相対化する主体への可能性が模索される。

第九章「植民地朝鮮のアマテラス型一神教」（青野正明）は、帝国日本の植民地支配に果たした天照のイデオロギー的役割を取り上げる。明治期の天理教や大本教では世直し型の天照が造形され、金光教と同じく宗教的主体化の契機が介在したが、国家によって否定・弾圧され、皇祖神に画一化されてしまう。一方、朝鮮神宮に祭られた天照は、当初朝鮮民族との関係は曖昧であったものの、一九三〇年代から異民族を包摂する普遍性を持たされていく。ただし、朝鮮民族は始祖神として創作された「国魂大神」を経由して天照に「帰一」される、民族の序列を残した国民統合であったという。

天照というある種の禁忌に注目することで植民地支配の変容を明らかにするが、付言すれば、当地においては朝鮮神宮の奉斎神を「朝鮮国魂神」として始祖神檀君へ読み替えようとした動きがあり、また檀君を表象として普遍化することで言説の転覆・横領がはかられるなど、帝国的言説を脱臼させる試みが存在したことも知られており、注目される。そこには金剛大道などの抵抗運動とは別の、したたかな抵抗のあり方を看取することも可能である(9)。禁忌の読み替えや反転によって秩序を揺さぶる実践を、実現しなかったとしてもその可能性を見出していくことは、禁忌が差別に展ずることを決して予定調和としない思考に繋がるであろう(10)。

さて、第2部は秩序を揺さぶる契機に注目したが、宗教による秩序が差別を含みながらも求められたのは、当然のことながら、そこに「救済」があったからに他ならない。民衆が神仏に篤い信仰を寄せたのは、宗教が人びとの困難に寄り添い、共に乗り越える救いを提供したからである。ただし、そうした救いは一方で新たな排除を生み出す契機ともなった。救われる人と救われない人はどのように弁別されるのか。第3部「救済とコスモロジー」は、救済の場におけるポリティクスを文節化しつつ、そのコスモロジーに迫る。

第一〇章「日本の仏教と女性の〈救済〉」(吉田一彦)は、仏教が女性の救済を掲げて説いた〈変成男子〉思想が、男性と女性を弁別して価値評価を付与している点で差別思想に他ならず、「差別と救済が一体となった思想」であることを強調する。そもそも特定の対象を救うという点で救済は差別と一体にならざるを得ず、また信徒獲得・教団拡大においては女性を貶めたうえで変成する場面が劇的な訴求力を持ったとする。文学・芸能への浸透や『血盆経』の流通などとあわせ、一方的な教説としてではなく、大衆との協働によって広く受容されたとの議論は、仏教に限らず、差別というものを考えるうえで重要であろう。

第一一章「律宗と親鸞系諸門流の聖徳太子信仰」(後藤道雄・吉田一彦)は、茨城県下の真宗寺院に伝わる聖徳太子像を手がかりに、同地の親鸞門流に真言律宗の影響を指摘する。両者には接点が多く、信徒の多くは移動・遍歴を繰り返す非農業民で、差別される者たちであった。律宗と初期真宗はともに聖徳太子信仰を介して、往生から排除されていた下層民・被差別民を阿弥陀仏と結縁させる「救済」をなしたのである。それが天皇や神仏ではなく、聖徳太子という別個の「聖なるもの」を回路としたところに独自の意義がある。

第一二章「井上正鐵の教えと〝救い〟」（荻原稔）は、近世後期に周縁的身分にあった人物が人生遍歴を経ながら築いた教えと実践を取り上げる。井上正鐵は没後に教派神道「禊教」の教祖とされた人物で、医術や観相・易占の知識、また秘儀的な念仏信仰や祝詞の教えを受け継ぎ、独自の呼吸法にもとづく「救済」を実践する。それは現実の身分秩序を前提としつつも、万人が持つ呼吸による主体形成と救済を説くものであった。当該期の民衆宗教が身体実践に重きを置き、天人合一的なコスモロジーのもとで人びとの解放願望を惹き付けながら活動した様相がうかがえる。

第一三章「近代社会事業の形成と「救済」観の転換」（関口寛）は、科学革命を受けて「救済」をめぐるコスモロジーが転換したことを跡づける。明治以後、近世身分制社会で認められていた物乞いや施行による「救済」は文明社会に相応しくないものとして否定されていく。とりわけ二〇世紀初頭に展開された社会改良運動においては、西洋から移入された科学的知見にもとづき、「救済」に国家や社会の「効率性」や「生産性」に寄与する役割が求められた。仏教の諸宗派もこれに応じた社会事業を開始するが、この転換は遺伝的身体観にもとづく新たな差別的眼差しを生み出しており、これもまた「差別と救済が一体となった思想」と言わざるを得なかったことを明らかにしている。

以上、本論の三部一三章は、いずれも古代から近代に至る個別事例をもとにした論考である。各時代、各分野を必ずしもカバーしているわけではなく、網羅的に論点を提示するものでもない。その意味で不充分であることは自覚している。ただ、問題を概説的に叙述するという方法は採らなかった。なるべく事例を取り上げて検討する姿勢を選んだのは、歴史学としてごく一般的な手法であるということもあるが、簡略であってもやはり史料に立ち戻っての検討を提示したかったからである。

「過去の歴史に学ぶ」とは言い古されたことばであるが、改めてその意味を嚙みしめたい。歴史のなかには、じつに多様な実践的な遺産が埋もれている。そこにさまざまにあったもの、あり得たかもしれないこと。その可能性を引き出し、余白を読み込むことは、いわゆる実証に根ざしつつも、過去へと創造的に介入する行為と言えるかもしれない。それは差別や、あるいは「救済」というものを過去や現在の他者に対象化せず、それを眼差すわれわれ自身の問題であることを強く自覚することに他ならない。本書で取り上げている事例は、限られた範囲ではあるが、そうした実践に足るものと考えている。読者にとっても、本書が差別と宗教の歴史に向き合う手がかりとなることを願っている。

註

（1）磯前順一「宗教概念あるいは宗教学の死」（『宗教概念あるいは宗教学の死』東京大学出版会、二〇一二年）。タラル・アサド（中村圭志訳）『宗教の系譜――キリスト教とイスラムにおける権力の根拠と訓練』（岩波書店、二〇〇四年）。

（2）網野善彦『無縁・公界・楽――日本中世の自由と平和』（平凡社、一九七八年、増補版一九八七年）。

（3）網野善彦「天皇の支配権と供御人・作手」（『日本中世の非農業民と天皇』岩波書店、一九八四年、初出一九七二年）。細川涼一「網野善彦論ノート――非人・「異類異形」研究を中心に」（『現代思想』第四二巻第一九号、二〇一四年）参照。

（4）網野善彦『異形の王権』（平凡社、一九八六年）、同『中世の非人と遊女』（明石書店、一九九四年、講談社版二〇〇五年）所収の諸論考。

（5）大山喬平『日本中世農村史の研究』（岩波書店、一九七八年）、『黒田俊雄著作集第六巻　中世共同体論・身分制論』（法藏館、一九九五年）、脇田晴子『日本中世被差別民の研究』（岩波書店、二〇〇二年）。それぞれの議論については、第1部第一章・第二章の論考参照。

（6）大村一真・菊田真司「近代主権国家における排除と差別の論理」（上村静ほか編『差別の構造と国民国家――宗教と公共性』法藏館、二〇二一年）。議論の前提となっているのは、チャールズ・テイラー（上野成利訳）『近代――想像された社会の系譜』（岩波書店、二〇一一年）である。

（7）永原慶二「書評　網野善彦著『無縁・公界・楽――日本中世の自由と平和』」（『史学雑誌』第八八編第六号、一九七九年）、黒田俊雄「中世における地域と国家と国王」（『黒田俊雄著作集第一巻　権門体制論』法藏館、一九九四年、初出一九八七年）。

（8）磯前順一「天皇制国家と余白」（『宗教研究』三八三号〈八九巻二輯〉、二〇一五年）。
なお、本章は網野論を目的としていないのでこれ以上は言及しないが、「無縁」論から『異形の王権』での聖賤論へという展開において「無縁」の多義性がそぎ落とされ、聖賤の二項対立を歴史化してしまったところに、網野が語り損なった部分があるようにも思われる。この点については、註(3)細川論文参照。

（9）以上は、磯前順一・尹海東編『植民地朝鮮と宗教』（三元社、二〇一三年）に詳しい。

（10）この先に禁忌の創造性という位相もまた見出すことが可能なのかもしれない。北條勝貴「禁忌を生み出す心性」（上杉和彦編『生活と文化の歴史学第一巻　経世の信仰・呪術』竹林舎、二〇一二年）を参照。

第1部　排除と包摂の力学

第一章　古代日本の罪と穢れ

佐々田　悠

罪と穢れはいかにして内面化され、差別を生み出したのか。古代末、都市化の進行と穢れの習俗化がもたらした清掃と施行の役割が、差別意識とともに非人身分へと繋がる歴史をたどる。

はじめに

「罪穢《つみけがれ》」という言葉がある。罪と穢れを合わせたこの言葉は、単に二つの意味を並べただけでなく、罪と穢れを同一視するもので、近代歴史学が天津罪・国津罪や大祓、あるいは非人について語る際に、たびたび用いられてきた。祓うべき、除去するべき、罪であり、穢れであるもの。しかし、こうした認識は実は本居宣長以前には遡らない。宣長が「祓の要は悪行をば主とせず、穢をもて第一の罪とす」として両者を結びつけ、明治期の神社祭式の大祓詞が「罪穢」という言葉を採用し、また著名な宗教学者である原田敏明が「罪穢」とまとめて論じた結果、定着したと考えられる。つまり、古代中世の時代にそのような用語はなく、罪と穢れは必ずしも同列に論じられるものではなかった(1)。

それでは、古代日本において罪と穢れはどのような関係にあったのだろうか。罪や穢れという言葉によって構築される人びとの思考、社会的関係とはどのようなものであったか。それはどう変化し、やがて我々の認識へと繋がっていくのか。「罪穢」という認識に囚われずに、古代の罪と穢れについて見直し、そこに避けがたく含まれる排除と包摂の歴史をたどること――それが本章の目的である。

なお、こうした問題については、すでに赤坂憲雄「穢れの精神史」（一九八九年）が優れた整理を行っている(2)。基本的な認識はこれに尽くされているが、その後の研究も踏まえて、私なりに些かの視点を付け加えて論じてみたい。

一　罪の広がり

穢れについては『延喜式』の規定が著名であるが、ここではそれ以前も含めて広く考えることにする。まず記紀を紐解くと、罪と穢れとされる事象はおおよそ次のようにまとめられる。すなわち、罪は集団や共同体の秩序・規範に対する有意的な違背行為であり、財物等による代償すなわち祓（はらえ）が求められる。他方、穢れにあたるのは人間の死や出産などの生理的な事象に由来する不浄であり、自然的に避けがたく生じるもので、禊（みそぎ）によって清められる(3)。厳密には記紀や風土記に「けがれ」という用語・読みは見えないが、「汚穢」「穢繁」「濁穢」など穢の字を用いて不浄を指すことは共通し、後述する「穢悪」そして「穢」の前提となすと見てよい。

注意しておきたい点が二つある。一つは、穢れは特定の状況において、集団や共同体に持ち込まれることで罪となる、ということである。穢れが即罪であるというのではない。たとえば、九世紀初頭、神事の懈怠《けたい》や穢れに対する刑罰祓が定められたが（『類聚三代格』巻一、延暦二〇年〈八〇一〉五月一四日官符）、これは神事を脅かす「穢れを生じさせた罪」を祓っていると理解される。いま一つは、罪・穢れのいずれも、祓や禊などの特定の行為によって問題が除去され、現状復帰への道筋が存在することである。したがって、罪と穢れはただちに恒常的な排除には結びつかない。無論、だからといって差別と無関係なのではない。罪は物や人に移して祓うことが可能である。穢れは伝染し、人と空間を犯す。そこにある種の排除を成り立たせる契機が存在する。

まず、罪から確認しよう。古代において、京に生きる人びとがもっとも罪を意識したのは、六月・一二月の年に二度、大内裏の正門である朱雀門前に百官男女を集めて行われた大祓に際してである（神祇令大祓条）。大祓は人びとが犯す「雑々の罪」「天つ罪・国つ罪」を「祓へ給ひ清め給ふ」もので、祓われた罪は川から大海原へ運ばれ、「根の国・底の国」に至って霧散する（『延喜式』巻八祝詞）。これに先立って、内裏では天皇に御麻や横刀、御服、坩、人形《ひとがた》などの贖物《あがもの》が奉献され、これに触れることで罪が移され、川へと流された（『儀式』巻五二季晦日御贖儀）。朱雀門での大祓にも麻が用いられたらしく、平城京跡の街路側溝からは人形などの大量の祭祀遺物が見つかっている。[4] さらに祓は都城外にも広がっていた。地方官衙周辺や交通の要所である古代遺跡から、人形、馬形、斎串《いぐし》などが出土しており、地方権力に付随して類似の行為が盛んに行われていたことを推測させる。天皇から百官男女、都城から地方まで、さらにそれを見聞きする庶民を含めて、罪は誰もが犯すものであり、物に移して除去すべきもの、という観念が広く共有されていたと言えよう。

罪は時に人に移されることもあった。『延喜式』巻三臨時祭に「羅城御贖」なるものがあり、天皇の代替わりに奴婢八人・馬八疋などを供出するという。御世の刷新とともに、羅城すなわち京内の罪を被せて祓った可能性がある。罪を背負った彼ら彼女らは官奴婢・官馬として使役されたのであろう。また、大祓は全国で行われる場合もあったが、天武一〇年（六八一）の天下大解除（大祓のこと）に際して、地域を代表する国造たちに奴婢を供出させていることが注目される（『日本書紀』同年七月丁酉条）。公民制確立のただ中にあるこの時期、奴婢に各地の人びとの罪を移すことで、彼らとは区別される良人の共同体、ことに罪なき公民という新たな身分が成り立ったと解釈することも可能である。(5) 石母田正は古代の身分秩序を論じるなかで、良人共同体は内部的には賤身分を、外部的には夷狄を排除することで成り立つことを指摘した。(6) 賤身分は氏姓を持たず、時に罪を負わされ、「排除される」役割を担うという意味で、欠くことのできない存在であった。

ただ、こうした評価は多分に現代的目線によるものであって、当時にあってどう認識され、意義を持っていたかという意味では、過大な評価は慎まなければならない。(7) 良賤制は九世紀初頭までに実質的に瓦解し、右の仕組みを維持・共有しようとする意識はまず見られないからである。代わって、人びとを排除し差別する契機として顕在化してくるもの――それが穢れである。

ところで、罪の観念は大祓をきっかけとして地域社会にいっそう浸透したと思われるが、実態的にはさまざまな要素が入り交じっていた。八世紀後半から一〇世紀ごろの東国の遺跡からは、墨書のある土器が多数見つかっており、男女問わず、土器に捧げ物を盛って除災・延命の祭祀が行われていたことが知られる。墨書の内容から判断すると、祈りの対象は国神（土着神）や罪司（閻羅王）、仏（薬師経・法華経によるか）など多様であるが、いずれも罪から逃れ、延命を願う信仰であったと考えられている。(8)『日本霊異記』にいう「閻羅王の使の鬼、召さるる人の賄を得て免す縁」（中巻第二四）はまさにそれに近く、罪により閻羅王に召喚されるはずが、使いの鬼を饗応することで免れる話である。これらの墨書土器は住居跡から出土する事例が多く、大祓とはまた異なった罪のあり方が知られよう。罪は死の意識とも関わりながら、広く深く、地域社会のなかに根付いたと考えられ、のちの「罪報」の問題とも響き合うこととなる。

二 「穢」の成立と肥大

穢れはおよそ生理的な事象に由来する不浄を意味するが、一〇世紀の『延喜式』巻三臨時祭には、人畜の死や産、改葬・流産などを忌む規定が並び、特定の意味を持つ「穢《え》《けがれ》」が登場する。その直接的な起点は八世紀、大宝律令の神祇令散斎条にいう「穢《え》悪《お》」にある。同条は朝廷の祭祀に携わる者が斎戒すなわち身を慎むべき内容を述べたもので、「弔喪、問病、食肉、判刑殺、決罰、音楽」と並んで「穢悪の事」を避けよと定める。すなわち「穢悪」とは、祭祀に関与する官人たちの期間中の禁忌のうちの一つであった。逆に言えば、朝廷の祭祀に関わらない官人や庶民は本来問題にならないはずの事柄である。この点、看過されやすいので強調しておきたい。

さて、この条文はほぼ唐令の引き写しであり、斎戒や「穢悪」は大陸の制度を通じて概念化されたものである。とくに「穢悪」については、道教や密教経典、またその影響下にあった医書の産穢・死穢認識の影響も指摘されている。[9] 知識の絶え間ない受容と咀嚼のなかで、日本の穢れは「穢悪」そして「穢」としての輪郭を得ていく。その大筋は以下のように考えられる。八世紀中ごろの令の注釈書である古記（『令集解』所引）は、「穢悪」の具体的な内容として出産を例示し、九世紀前半の令の細則である『弘仁式』（『西宮記』所引の逸文）は、「穢悪の事に触れて忌むべきは……」という書き方で人や六畜の死と産などを挙げ、接触した場合に忌むべき日数を定めている。[10]「穢悪」に主に死や出産が想定されていること、それがほぼ『延喜式』に継承されることが知られるが、右の式文は続けて喫宍、弔喪、問病の日数も定めており、『延喜式』の書き方と異なって、祭祀に伴う諸禁忌全般を「穢悪の事」で括っているように読める。同じく九世紀前半の『令義解』など他の注釈書は、天津罪・国津罪を念頭に「不浄の物、鬼神の悪《にく》むところ也」とし、説明に神を介在させて、不浄を包括する意味に取っている。このように、「穢悪」は祭祀に伴う禁忌のひとつから諸禁忌を代表ないし包括する言葉となったが、おそらくそれと前後して、諸禁忌を犯した特定の状態を指すものとして、「穢」という言葉が成立したのだと考えられる。『弘仁式』ないし『貞観式』には「穢」の展転（伝染）規定が登場し（『小野宮年中行事』所引前後神祇式）、「有レ穢」「為レ穢」という表現が『延喜式』に定着する。人間生活上の不浄一般としての穢れではなく、祭祀の諸禁忌に触れたものとして、あるいはその伝染したものとしての「穢」の成立である。これは日本独自の展開と考えられ、とくに展転の考えは事態を複雑にし、「穢」の拡散を招いた。

一〇世紀後半以降のいわゆる摂関期は、これまでにも指摘されているように、「穢」が肥大化した時代である。「穢」となるか否かは『西宮記』巻七臨時（改訂増補故実叢書）に「定穢事」があり、伝染の程度や死体損壊の具合を踏まえ、公卿僉議や神祇官の卜を経て定められたことが知られる。ところが、同書が数多くの勘物（先例）を載せるように、次第に神祇官の卜よりも先例が重視され、さらには明法家による勘申へと重心がシフトしていく[11]。神意よりも法解釈が優先し、日常的な案件として処理されていくのである。貴族たちの認識としても、右大臣藤原師輔の『九条年中行事』に「雑穢事」という項目があり、「穢」規定を列記した上で「已上内裏」とまとめていることは重大である。祭祀という契機ではなく、内裏という場の問題に読み替えられているからである。また、藤原実資の『小野宮年中行事』は、「神事」の項目とは別に、末尾に「雑穢事」を立項している。祭祀を前提とする概念でありながら、そこから分離していく様子がうかがえる[12]。

内裏を特別視することは、そこに伺候する貴族たちの日々の行動を規律することに繋がり、貴族社会へと波及する。結果、貴族社会全体が〈斎戒時に忌む〉から〈常に忌む〉へと展開していったことは想像に難くない。明確に分けられていた斎戒が日常と地続きになり、そこかしこに「穢悪」を嫌う神が出現し得る。一一世紀には「穢」の範囲を確定できないまま神事を中止する事態も生じる。三橋正によれば、貴族たちは疑わしき場合は神事を中止し、また規定以上に重く慎むことで「穢」を回避するようになるという。(13)「穢」は祭祀の制度でありながら、社会に強い規定性をもたらし、習俗的な次元で肥大化するのである。こうした「穢」の意味と展開を正しく捉える必要がある。

摂関期から院政期にかけて、貴族たちの記録に不浄や触穢が世間・天下に満ちているとの表現が散見されることも、こうした歴史的経緯のもとで理解される必要がある。藤原実資の日記『小右記』は、行幸の延引に絡んで「近来、不浄寛《ひろ》く天下に満ち、聊《いささ》かも浄処無し」「天下病死触穢、もっとも盛りの間なり」(治安元年〈一〇二一〉二月一四日条)との認識を引く。これは延引するための口実でもあるが、そう言い得る状況が現実にあったことも事実である。別の箇所には「近日疫癘まさに発し、死亡算ふることなく、路頭の汚穢、敢えていふべからず」(同二一日条)と見える。これら不浄・触穢・汚穢に対する過剰な反応は、式の規定を超えて「穢」になり得るものを忌避しているのであり、とすれば、可能性としての穢れを日常的に除去する仕組みがきわめて重要になってくる。

三　清目と施行

遷都が遠い過去となった摂関期の平安京において、流入する人口の増加と左京北部への偏りは都市化を急速に進行させ、疫病や飢饉を誘発した。直接的な死者はもちろん、疫病や飢饉を機に人びとは社会的関係から容易に脱落し、犯罪に手を染める者もあれば、困窮して死に至る者も多かったであろう。橋や溝渠には都市が生み出す汚物が溢れ、そこには人や動物の死体もかなり含まれていたはずである。これらはどう処理されたのか。

弘仁六年（八一五）以来、京内の清掃に関する法令がたびたび出され（『類聚三代格』巻一六、貞観七年〈八六五〉一一月四日官符）、『延喜式』には街路に面する貴族宅や役所が清掃し、宮内は衛士らが担うことなどが定められている。そのなかで目を引くのは、雨後の宮内の汚穢・厠溝の掃除などに囚人を使役するとの規定である（巻二九囚獄司）。罪を犯した囚人や釈放されて下部となった放免、また前記の衛士らを取り仕切るのは、京内の治安維持を担った検非違使である。遅くとも一一世紀初頭には、次に記す悲田院も含めて、京内の清掃の役目は検非違使のもとに集約されていたと見られる。[14]いま一つ注目されるのは、その悲田院である。貧窮者・病者・孤児など社会の最下層民を救済収容する施設であった悲田院は、『続日本後紀』承和九年（八四二）一〇月甲戌条に、京職とともに料物を与えられ、河原の髑髏を五五〇〇以上焼いて葬ったという著名な記述がある。当時すでに京内の河原には死が溢れ、清掃・葬送の役目は悲田院の収容者たちに押しつけられていたらしい。『北山抄』には「髑髏を隠し、ならびに病孤子を養う」悲田院への施しが見え（巻七都省雑事、請外印雑事）、恒例化していることが知られる。このように疫病・飢饉によって大量に生じたであろう獄囚や貧窮民・病者を使って、彼ら彼女らの末路であり得た路傍の死体を葬らせる、という構図がつくり出されている。

右の葬送はもちろん清掃においても、人畜の死に接することは避けがたい。検非違使の下部の場合、罪人の処刑を担うこともある。これらの役に服する人びとは実際に「穢」となりやすく、役目を繰り返す限り、可能性としての穢れから逃れることはできない。それは肥大化した「穢」に苛まれる摂関期以降の貴族社会においては、常に避けるべき、穢れた存在となることを意味する。死と隣り合わせであった彼ら彼女らは、もともと「穢」に近い存在であったが、その境遇から科された清掃・葬送の役目ゆえに、常に忌むべき、排除すべき穢れそのものとなるのである[15]。

一方で、彼ら彼女らが施しの対象として主題化されたことは見逃せない。律令のもとでは儒教思想に基づき、自存不能者の扶養（戸令鰥寡条）や災害時などの賑給（米塩などの給付、同遭水旱条）の制度があったが、対象となったのは公民の高齢者や身寄りの無い人びとである。それが九世紀になると、公民云々ではなく飢疫民が対象となり、また九世紀後半以降、仏教的見地からの個別的な施行（施し）が増えていく。京の獄や悲田院は、そうした施行の象徴的な存在であった。天慶五年（九四二）、天皇の財源の一つである内給所から銭一〇〇貫文を「東西飢饉疫疾の輩」に給った際、「獄所料」および「悲田料」のある一条と七・八・九条に銭の過半を配分したのはその一例である（『本朝世紀』同年四月九日条）。加えて注目されるのは、この時期以降、都市に新たに流入した貧窮民を鴨川のほとりや朱雀門前に集め、施行する事例がしばしば見られることである。一〇世紀には検非違使の管理下で、不特定多数の貧窮民への施行が種々の法会に組み込まれ、「濫僧供」として行事化するという[16]。彼ら彼女らもまた検非違使のもとで清掃・葬送に服するようになり、主に坂の者などに繋がっていくと推測される。

施行は清掃や葬送、すなわち「きよめ（清目）」の役に対する反対給付としての側面を有するが、施行を受けること自体、権門が善行を積む行為を成り立たせる役であったとも言える。『小右記』には、記主藤原実資の施行対象として「悲田の病者ならびに六波羅蜜坂下の者」「清水坂下の者」「悲田ならびに鴨河堤の病者・窮者等」などが見える（万寿四年〈一〇二七〉一二月四日条ほか）。このように貧窮民の由来や形態、規模はさまざまであったが、右の共通する二つの役を繰り返すなかで次第に階層的なまとまりをなし、またまとまりをもって捉えられ、非人身分の直接的な前提をなしたのであろう[17]。一三世紀後半成立の類書『塵袋』が、「非人」（「キヨメ」「ラムソウ」）と「カタヒ」（癩者）、「エタ」（餌取り、河原者）を区別しつつ、いずれも人と交わらず、「オナジサマノモノ」として混同されている、と述べるのも、こうした事情から理解できる。「非人」の語は、広義にはこれらの人びとを包括する意味をなすが、実態としては主に坂・宿の非人と河原者とに大別され、前者は一一世紀後半に組織化・集団化が進み、長吏の統率のもとに編成されるようになると考えられる(18)。

こうした動きはまさに当該期の都市平安京ゆえに生じたものであった。摂関期から院政期は、律令に基づく官僚制から権門・諸司の自律的かつ相互依存的な体制へと移行し、貴族社会を中心に種姓的な身分集団が形成される時期にあたる。そのなかにあって、排除されるべき穢れを背負い、また施行を受けて生き抜く彼ら彼女らは、社会的関係から脱落した身であるがゆえにその役を負い、かえって身分化されながら、強力に社会に組み込まれるのである。

四　罪報と非人・河原者

穢れの肥大化、都市化と清目・施行、身分集団の形成——そのいずれもが摂関・院政期に相俟って中世非人を生み出す基盤となったわけであるが、これに付け加えるべきもう一つの重大な要素が「罪報」である。賑給が儒教的撫民観によるものとすれば、施行は仏教的救貧観に基づく。「濫僧供」や施行の繰り返しが非人身分形成の契機になっている以上、仏教における罪と報いの観念が彼ら彼女らに注がれたことは想像に難くない。

横井清らが検討を深めたように(19)、文永六年（一二六九）三月二五日、般若寺の文殊供養にあたり、非人二千人を集めて施行した際の叡尊願文（『鎌倉遺文』一〇四〇四号）には、「或いは盲聾の報いを受くるの者あり。或いは疥癩の病に嬰《かか》るの者あり。彼の前業をいふに、則ち大乗を誹謗するの罪なり」とあり、盲・聾・疥癩の病者を前世の報いを受けた者として捉えた部分がある。文殊菩薩の慈悲を強調する文脈によるもので、また式次第では非人を生身の文殊に擬すという聖賤の転倒を示したが、実際に病者を抱える非人集団に背負わされた罪報観は根深く残り続けたであろう。救いのための言説が、現実にある排除と包摂を前提化してしまうことに注意したい。非人側に選択の余地などなく、施行と引き換えにそうした扱いを甘受せざるを得なかったと考えられる。遡れば、『法華経』普賢菩薩勧発品に、法華経や持経者を軽んじる者の報いとして「世世に眼なかるべし」「現世に白癩の病を得」「世世に牙歯疎き欠け、醜き唇、平める鼻、手脚は繚れ戻り……諸の悪しき重病あるべし」とあり、病者・不具者に対する徹底した罪報観が描かれるが、古代においてこのことが主題化されることはまずなかった。それが一〇・一一世紀ごろを境に、都市化や「穢」の問題とともに増幅された可能性がある。

その契機の一つと考えられるのが浄土教である。赤坂憲雄は横井らの議論を受け、この問題を内面化された穢れとして整理している。すなわち、古代の「罪＝穢れ」と「死＝穢れ」（本章でいう罪と穢れ）は言わば身体の表層に生起する現象であり、除去することが可能な外在的な穢れであった。しかし、現世を穢土とし、己が身を穢身と見なす浄土教の思想は、本来の意図を越えて、人びとに不浄の穢れが身の内から発することを深く認識させた。癩者や不具者・乞食は、清目の職掌を媒介として本来別々であった死・病・罪をめぐる穢れの観念群を渾然一体のままに引き受け、それらを身体に内在化させた存在として排斥されるに至った、と見るのである(20)。先に大祓で触れたように、罪は人びとに避けがたく生じるものとして、また祓えるものとして広く浸透していたが、ここでは救済のために罪が対象化され、報いを負った人びとに切り離されていることに注意したい。

この宿業を体現した典型が癩者である。坂・宿の非人集団は癩者を取り込むとともに、施行の「主役」となることを強いたと見られる(21)。払拭できない罪が刻まれた存在として、見た目でそれとわかる相貌の彼ら彼女らを乞庭に立たせ、貴族らの施行を促すのである。中世身分制研究の画期をなした黒田俊雄は、社会構造の問題として、非人身分は身分体系から疎外された「身分外の身分」であるとの著名な規定を示し、その本質をなすものは職掌ではないとした(22)。確かに非人は何よりも社会から脱落した存在に由来するが、しかし、こと都市におけるその中世的特質は、役の実践とともに階層をなし、否応なしに身分化されていくことにこそあり、集団の内側には不可避的に厳しい支配関係が存在したと考えるべきであろう。散在する非人にしても、そうした坂・宿のあり方と無関係ではなかったと思われる(23)。

こうした前世の宿業が強調される坂・宿の非人に比して、河原者はやや異なった特徴を見せる。河原者は川辺を生活・活動の場とするに至った人びとで、都市化の進行とともに流入した貧窮民を含み込みながら、皮革業や漁撈・狩猟などの生業に関わるところに特徴がある。先の叡尊願文にも「漁猟を業として鎮《とこしえ》に山水の生を殺し」云々と見える。その彼ら彼女らも、非人と同様に清目に従事して非人身分を形成し、卑賤視されたが(24)、殺生禁断や肉食の問題、また浄土教も影響して、現に堕地獄の罪業を負う者として、時に非人以上に穢れた存在として認識されていく。罪と穢れは複雑に絡み合いながら、その後も非人と河原者それぞれを特徴付けていくのである。

おわりに

以上、古代における罪と穢れについて概観した。罪・穢れは互いに近いところにありながら、あくまで別個のものとしてあった。また、いずれも一義的な意味には解されず、時代や状況により重要な相違を伴っていた。本章は先行研究をもとに、そうした違いをできるだけ意識し、罪穢という言葉で括らずに歴史的な所産として捉えようと試みたつもりである。とくに摂関・院政期における身分集団の成立にあたって、罪・穢れがそれぞれの時代的な意味のもと、非人（非人・河原者）に重ねられ、身分がつくり出された歴史は重要である。排除と包摂の構造がさまざまに姿を変えながら、社会を成り立たせている。

最後に、こうした構造のもとでの差別について、些か考えを巡らせてみたい。

浄土教の盛行に伴い、人びとは現世のうちに往生を願った。観念的には往生を希求しながら、しかし、待ち構えているのは動物的な死である。死は無秩序そのものであり、畏れや不安をなす。貴族社会はこれを排除すべきものと定め、下層民を現実の死を扱う清目とし、かつ作善の対象となる罪報を体現する存在に据えた。また、動物殺生は川辺の人びとに負わせて切り離した。彼ら彼女らを無秩序に晒し、またそう見立てることで、大多数はその畏れから距離をとり、安心して浄土を願ったわけである。「みずからを人間や文化の領域に繋ぎとめるために、〈内なる他者〉を外なる他者に投影し、かれらを動物や野性の領域に追放するのである」[25]。切り離された人びともまた、その役割を引き受け、内部に差別を再生産することになった。文明化を支える社会的分業がこうした犠牲を構造化したと言えよう[26]。

もはや彼ら彼女らの犠牲なくして秩序は成り立たないが、しかし、現実に清目の役を設けて追いやったとしても、死と穢れは唐突に出現し、秩序を乱す。また、閉じ込めたはずの畏れの心情は、秩序化しきれずに必ずはみ出してくる。死を排除しながらも、かえって死に囚われるのである[27]。そうした逃れられない畏れは、時に強い否定の感情をもって、自己ではなく死を担った非人たちに向けられ、激しい蔑視・賤視を引き起こしたであろう。非人たちへの依存と拒絶、あるいは拒絶もある種の依存と言えるかもしれない。しかし、そこにこそ非人たちの生きるすべがあった。一方で、死を畏れ、忌避しながら、だからこそ往生という死を願うという宗教の構造がある。矛盾した、両義的な感情と構造の振れ幅のなかで、宗教が成り立ち、差別もまたこの構造の上に生み出されている。
こうした宗教と差別の類似の構造は、本章で見たように秩序を支える不可欠なものとしてあったが、しかし、そこには秩序を揺さぶる契機もまた潜んでいると考えられる。排除と包摂の歴史を、単に秩序の面からのみ見ることなく読み解いていくこと――それは今後の課題としたい。

註

(1) 大本敬久『触穢の成立』(創風社出版、二〇一三年)による。山本幸司『穢と大祓』(平凡社、一九九二年)も参照。
(2) 赤坂憲雄「穢れの精神史」(『境界の発生』講談社、二〇〇二年、初出一九八九年)。
(3) 青木紀元「ミソギ・ハラへ」(『日本神話の基礎的研究』風間書房、一九七〇年、初出一九六四年)、岡田重精『古代の斎忌』(国書刊行会、一九八二年)。註(2)赤坂論文は穢れの二つの系譜として「罪＝穢れ」と「死＝穢れ」に分けるが、穢れで括られるか否かは定かでないので、本稿は青木・岡田の理解を踏襲する。
(4) 金子裕之「平城京と祭場」(『古代都城と律令祭祀』柳原出版、二〇一四年、初出一九八五年)。
(5) 矢野建一「天下(四方)大祓の成立と公民意識」(『日本古代の宗教と社会』塙書房、二〇一八年、初出一九九一年)。神野清一「天武十年紀の天下大解除と祓柱奴婢」(『日本古代奴婢の研究』名古屋大学出版会、一九九三年、初出一九八〇年)のように天皇の罪を贖ったとする見方もあるが、供出した側の贖いであるべきである。
(6) 石母田正「古代の身分秩序」(『日本古代国家論』第一部、岩波書店、一九七三年、初出一九六三年)。
(7) 吉野秋二「良賤制の構造と展開」(『日本古代社会編成の研究』塙書房、二〇一〇年、初出一九九七年)。
(8) 平川南「〝古代人の死〟と墨書土器」(『墨書土器の研究』吉川弘文館、二〇〇〇年、初出一九九六年)、笹生衛「古代東国における「罪」の信仰とその系譜」(『日本古代の祭祀考古学』吉川弘文館、二〇一二年、初出二〇一〇年)。
(9) 勝浦令子に一連の論考がある。勝浦「穢れ観の伝播と受容」(佐藤文子・上島享編『日本宗教史四　宗教の受容と交流』吉川弘文館、二〇二〇年）、および同論文の註を参照。
（10）逸文については、虎尾俊哉編『弘仁式貞観式逸文集成』（国書刊行会、一九九二年）。
（11）三橋正「摂関期の定穢」（『日本古代神祇制度の形成と展開』法藏館、二〇一〇年、初出一九九九年）。
（12）尾留川方孝「神祇祭祀との関係からみる穢れ規定」（『古代日本の穢れ・死者・儀礼』ぺりかん社、二〇一九年、初出二〇〇九年）。
（13）註（11）三橋論文、同「摂関末・院政期の定穢」（註（11）前掲書所収、初出二〇〇三年）。また、勝浦令子「女性と穢れ観」（『仏教史学研究』第五一巻第二号、二〇〇九年）が論じるように、女性が清浄空間から恒常的に排除され、一〇・一一世紀には貴族社会の女性自身が穢れ観・不浄観を受容するに至ることも、これと関わる重要な問題であろう。
（14）丹生谷哲一「検非違使とキヨメ」（『増補　検非違使――中世のけがれと権力』平凡社、二〇〇八年、初出一九八〇年）。
（15）大山喬平「中世の身分制と国家」（『日本中世農村史の研究』岩波書店、一九七八年、初出一九七六年）が明らかにした「ケガレの観念的肥大化」と「キヨメ」「都市」の関係の成り立ちを本文のように理解しておきたい。
（16）吉野秋二「非人身分成立の歴史的前提」（註（7）前掲書所収、初出一九九九年）。丹生谷哲一「非人施行と公武政権」（註（14）前掲書所収、初出一九七九年）も参照。
（17）前掲註（15）大山論文は、刑吏、死体・斃牛馬処理、乞食等の多様な職能がキヨメによって一つに結びつけられ、非人身分を形づくっているとした（四二三頁）。
（18）網野善彦「中世身分制の一考察」（『中世の非人と遊女』講談社、二〇〇五年、初出一九七九年）。
（19）横井清「中世民衆史における「癩者」と「不具」の問題」（『中世民衆の生活文化』東京大学出版会、一九七五年、初出一九七四年）、細川涼一「叡尊・忍性の慈善救済」（『中世の身分制と非人』日本エディタースクール出版部、一九九四年、初出一九七九年）、丹生谷哲一「中世前期における非人」（註（14）前掲書所収、初出一九八四年）。
（20）註（2）赤坂論文、三〇三―三〇六頁。
（21）註（19）横井論文、二九九―三〇二頁。非人集団内の階層性については、黒田日出男「史料としての絵巻物と中世身分制」（『境界の中世　象徴の中世』東京大学出版会、一九八六年、初出一九八二年）。

(22) 黒田俊雄「中世の身分制と卑賤観念」(『黒田俊雄著作集第六巻　中世共同体論・身分制論』法藏館、一九九五年、初出一九七三年)、同「中世社会論と非人」(同前書所収、初出一九八二年)。
(23) 大山喬平「黒田俊雄氏の学問に触れて」(『ゆるやかなカースト社会・中世日本』校倉書房、二〇〇三年) 四〇七—四〇八頁。
(24) 小倉慈司「皮革生産賤視観の発生」(『日本史研究』第六九一号、二〇二〇年) は、皮革生産が伴う死体損壊と、乞食への嫌悪、さらに清目との結び付きを賤視の要因と見ている。
(25) 赤坂憲雄『内なる他者のフォークロア』(岩波書店、二〇一〇年) 二六三頁。
(26) 脇田晴子『日本中世被差別民の研究』(岩波書店、二〇〇二年)「はじめに」。
(27) ジークムント・フロイト「不気味なもの」(『フロイト全集』第十七巻、岩波書店、二〇〇六年、初出一九一九年)。また、ジュリア・クリスティヴァ『外国人』(池田和子訳、法政大学出版局、一九九〇年、初出一九八八年) が、フロイトをもとに自身の内に存在する他者としての無意識を論じていることは、こうした非人の問題を考えるうえでもきわめて示唆的である。

第二章　河原者と非人

――中世の〈排除〉されながら〈包摂〉される人々――

片岡耕平

日本中世社会において、差別はどのようなものとしてあったのか。河原者や非人と呼ばれる人々に向けられていた眼差しの根拠を明らかにし、彼らが追いやられていた境遇を考察する。

一　大山喬平と網野善彦

日本中世社会において、差別はどのようなものとしてあったのか。それが眼差す者と眼差される者の間で起こるとして、両者はどのような言説によって切り分けられ、どのような位置関係に置かれていたのであろう。話の方向性を見定める手がかりを、二人の先学の見解の共通点と相違点から見出したい。二人の先学とは、大山喬平氏と網野善彦氏である。両氏は、とりわけ戦後になって活況を呈していた被差別民研究に大きな影響を与えることになる見解を、奇しくも同じ昭和五一年（一九七六）に発表した。

大山氏の「中世の身分制と国家」(1)は、被差別民を中世の身分配置の中に位置づけようとした黒田俊雄氏の試み(2)を発展させた論文である。大山説の特徴は、身分形成の原動力として分業を重視する点にある。ある作業の分業化は、それに従事してきた社会集団を分断し、もとは一体であった構成員の間に差異を生む。差異はやがて格差として固定化し、身分になる。大山氏によれば、一般に被差別民とされる非人・河原者と呼ばれた人々は、穢の除去作業「キヨメ」を担う存在として凡下の中から登場し、一定の身分を構成するようになった人々である。背景には、九世紀半ば以降に穢観念が「肥大化」したことによる「キヨメ」への社会的要請の高まりがあった。

この見解は、被差別民に期待される社会的役割があったこと、彼らが社会に〈包摂〉されて生きていたことを指摘した点で画期的であった。被差別民研究における古代と中世の連続が否定されて以降[3]、中世の被差別民の最も基本的な属性は、共同体からの〈排除〉と考えられていたからである[4]。

一方、昭和四二年（一九六七）に名古屋大学文学部助教授となり、同学部所蔵の真壁文書に出会ったのをきっかけに、網野氏は、氏が言うところの非農業民の研究に着手する[5]。その延長で、散所・非人についての専論を最初に発表したのが、先述したように昭和五一年のことであった[6]。

非農業民とは、文字どおり農業を主たる生業としない人々である。この属性ゆえに、開発や私的所有といった行為とは縁遠く、原始以来未開の大自然を生活の舞台としていた。そこは、創造主たる神仏・天皇といった「聖なるもの」が司る世界であり、非農業民たちは、自らの技能でその「聖なるもの」に奉仕し、見返りに生活の糧や特権を得ていた。非人・河原者と呼ばれた人々は、そんな非農業民の一種であり、穢の「キヨメ」を行う技能者であった。彼らは本来、この特殊技能ゆえに畏怖されていた存在であり、決して蔑視の的などではなかった。

しかし、彼らの立場は一四世紀に起こった「聖なるもの」の失墜によって一変する。貨幣経済の発達などに伴う合理的思考の普及は、「聖なるもの」が「聖なるもの」として崇拝され続けることを困難にした。同時に、「聖なるもの」への奉仕者として畏怖されていた非農業民たちにも、侮蔑の眼差しが向けられるようになった。

網野氏の想定は、被差別民を「キヨメ」に専従する〈包摂〉された人々として描く点で大山説と共通している。しかし、両氏の考えが完全に重なり合うと見るのは正しくない。大山氏は、網野氏と違って、「キヨメ」を誰もやりたがらない賤業と考えるからである。大山氏は、社会秩序の維持に不可欠な賤業を担う限りで〈包摂〉されている〈排除〉された人々を論じている。一方、網野氏の〈包摂〉は、少なくとも「聖なるもの」が失墜する一四世紀までは、〈排除〉の要素を含んでいない(7)。

ところで、その「聖なるもの」は、〈排除〉を抜きにして存在しうるであろうか。一般にそれは、均質な時間・空間の一部を切り取って創出される、聖別された時空に身を置く存在のことを言う(8)。時空の正の価値は、そこに相応しくない負の価値の除去を通して維持されうるであろう。したがって、それを担う者たちは、その期間が限られることはありえるにしても、間違いなく「聖なるもの」と接する資格を失う。少なくともこの点で、彼らは作業に関わらない他の人々よりも劣位に身を置くことになるはずである。

両氏が言う「キヨメ」は、このような時空の価値を維持する作業の一形態として想定されている。とすれば、それが望ましからぬ作業であったために、主たる担い手は共同体からの〈排除〉を経験した人々であった、という大山氏の想定のほうが蓋然性は高い。

一九九〇年代に入ると、中世の被差別民にまつわる議論は、それまでの活況が嘘だったかのように停滞した。このような状況を打破する糸口を、大山氏はインドに求める(9)。日本中世の身分配置の特質を、カースト制との共通点から見出そうとしたのである。

共通点とは、世襲独占する労働の内容によって、それに従事する人々の身分が固定されている点であり、日本中世の場合、その条件に当てはまるのは、天皇と非人・河原者と呼ばれた人々のみであった。経済関係に完全には還元できない宗教的労働の遂行と世襲が、彼らの役割になっていた。身分配置の、いわば頂点と底辺のみがインド社会に通じているこの状況を、のちに大山氏は「「中抜け」のカースト制的構造」と表現する。(10)

注目すべきは、大山氏が、社会の最下層の者たちが世襲独占する宗教的労働に支えられながら、同じく独自の宗教的労働を世襲独占している天皇のあり方が、「日本の王権である天皇制がどうして断絶することなくつづいてきたか、という素朴な問いにたいする簡単な回答」になるとする点である。実は、この「素朴な問い」は、網野氏が天皇を「聖なるもの」と位置づける動機であった。大山氏は、インドに目を向けることで、その独自色ゆえに研究史の中に明確に位置づけられずにいた網野説の落ち着き先を模索したのかもしれない。そしてそれは、天皇が「聖なるもの」でありえた秘訣を、社会のしがらみから逃れ出た自由民たちのではなく、その最下層に固定された眼差される者たちの働きに求めるという形で、実現したのである。

両氏の見解を並べてみて明らかになったのは、日本中世の眼差される者たちが、単純に〈排除〉された者として、あるいは無条件に〈包摂〉された者としてあったと想定すべきではないということである。そうではなくて、〈排除〉されながら〈包摂〉された者として、または〈包摂〉されながら〈排除〉された者としてあった可能性をこそ探る必要がある。身分配置の底辺にありながら、時にその頂点にある者に益する立場とは、そういうものであろう。そして、それまで〈包摂〉が〈排除〉を伴ってしかありえなかったのなら、一四世紀に起こった変化は、必然的に〈包摂〉から〈排除〉へという単線のそれではなかったということになる。

二　穢と罪業観と〈排除〉

九世紀半ば以降に「肥大化」し、「キヨメ」の対象になったとされる穢という概念を、我々は現在『延喜式』の中に見ることができる[11]。律令の施行細則である式の一つである。つまり、これは、八世紀に施行された律令を運用する中で必要が生じ、九世紀以降定義された概念であった。それが広く意識されるようになり、記録される機会が増えた結果が「肥大化」であったと考えられる。穢とすべき事象には、人間と五種類の動物（馬・牛・羊・犬・豚）の死・同じく出産・肉食・火災などがあり、これらに接触した者には一定期間の行動制限がかかる。制限されるのは、神事に関わることであった。穢とは「斎（ないしそれに準ずるもの）を必要とする信仰を妨げるもの」であり[12]、この妨げがあることで、神を取り巻く時空が聖別されたそれとして切り取られる。要するに、神を「聖なるもの」たらしめるものであった。聖別すべき神を擁する全ての社会に存在する不浄概念の一形態ということになる。

この種の概念を論じるに際して弁えておくべきなのは、「絶対的汚物といったものはあり得ず、汚物とはそれを視る者の眼の中に存在するにすぎない」点である[13]。つまり、右に挙げた穢とすべき事象はいずれも、あくまでも九世紀の京を中心とした地域で、それに相応しいと認識されていたものでしかない。九世紀よりも前、この地域に神を「聖なるもの」たらしめる不浄概念が存在したのは間違いないにせよ、たとえば動物の死がそこに含まれていたと確言することはできないのである。

むしろ、含まれていなかったと考えるべきなのかもしれない。穢の概要が固まり始めた九世紀半ば、朝廷は大和国と山城国に対して、相次いで命令を下した(14)。大和国に対しては、同国にある春日社の山で樹木を伐採する者たちと狩猟をする者たちを、山城国に対しては、賀茂川の河原で獲物を解体する狩猟者たちを取り締まるようにという命令であった。後者は、解体で出る動物の亡骸の一部や血が、流域にある賀茂御祖社・賀茂別雷社に流れ着くことを問題視している。ともに神域の冒瀆を食い止めるための措置だったわけである。

九世紀半ばになって、狩猟とそれにまつわる一連の行動に一斉に規制の網がかけられた。もちろん、これらの行動がこの時期になってとられ始めたからではない。それまで当たり前のようにとられていた行動の位置づけ、より正確に言えば、行動によって生み出される動物の死の位置づけが変化したからである。類似する二つの命令が相次いで出された事実は、九世紀半ばになるまで、動物の死が神の「聖なるもの」としての立場を脅かす不浄としては認識されていなかったことを示唆している。

穢との接触は神の怒りを惹起し、その怒りは、朝廷が大和国に対して使った言葉を借りれば「国家」を揺るがした。怒りは天変地異や怪異として表出し、天皇はそれを自らの不徳に対する神の譴責と受け止めていたのである。「国家」の揺らぎとは、天皇が統治者としての資質を問われる事態に陥ることを指す。少なくとも九世紀以降、天皇は、神が「聖なるもの」であり続ける環境を保つ最終的な責任を負うという宗教的労働を世襲独占し始めた。狩猟者たちは、その遂行を妨害する存在になったのである。

当時の人々の思考や心情を無視して言ってしまえば、天変地異や怪異は、神の意思とは無関係に発生する。実は、天皇が宗教的労働を完遂することは端から不可能であった。しかし同時に、穢という概念を定義したことで、失敗は自ずと挽回できるようにもなっていた。穢とすべき事象の特定は、神の怒りの原因の限定であり、必然的にその怒りを鎮める方法を確定させるからである。鎮める方法が確定したと言えるのは、天変地異や怪異が、これまた神の意思とは無関係に必ず終息することによる。

要するに、これは、「国家」の揺らぎを、絶えず天皇の統治者としての資質が神に認証されたという事実にすり替える仕組みであった。天皇が存続しているのは、それが「聖なるもの」であったからという論法に則るなら、これは、歴史上にいくつかあったはずの、天皇が「聖なるもの」でいることを可能にした仕組みの一つということになる。天皇の宗教的労働は、最初から織り込み済みの失敗を確実に挽回できる仕組みを内包して、成り立っていた。

しかし、だからと言って、無為のまま失敗を繰り返していてよかったわけでは、もちろんない。先述の理由で達成は実質上不可能だったにせよ、神の怒りを買わない努力の積み重ねは必要であった。その役割を担ったのが、神を祀る神社である。彼らは、穢という概念の基本的な性質を、広く参詣者や神域周辺の住人に知らしめることで、神域の清浄保持に努めた。普通に生活しているだけで死や出産に遭遇することはままある上に、穢は人から人へと伝染すると定義されており[15]、彼らの無邪気な行動によって神の怒りの種がまかれる危険性は、それなりにあったからである。このような神社の活動はやがて、現在、一三世紀以降の存在が確認できる物忌令に結実することになる。

神社の活動を通して、律令の施行細則記載の、いわば知る人ぞ知る概念であった穢は、一般化し始める。それは、狩猟者たちが「聖なるもの」たる神の意に染まない存在であるという認識、それゆえに天皇の宗教的労働の遂行を妨害する存在であるという認識が、一般化する過程でもあった。言うまでもなく穢は不可視だから、動物の死に関わる彼らに最初に向けられた眼差しは、不浄視と呼ぶべきものではない。最初に貼られたのは、神域に入ることを禁じられた者たちというレッテルであった。人を選ぶ空間の存在を介して、彼らは〈排除〉を経験する。

彼らに向けられる眼差しを支えたもう一つの言説が、殺生を戒める仏教の教義に根差した罪業観であった。たとえば、一二世紀ごろに成立した『今昔物語』には、牛馬の肉を常食する「餌取法師」が登場する[16]。鎌倉時代後期の辞書『塵袋』は、「餌取」を鷹の餌となる肉を獲ることと説明するから、狩猟を生業にする僧形の人物を想定すればいいのであろう。「奇異（あさまし）」「怖しく穢くて更に近付く可くも非ず」などと、その習慣を散々非難された彼らは、一方で毎日の念仏を欠かさなかった。その甲斐あって往生を遂げるというのが、話の結末である。要するに、念仏の奨励を目的とする話であり、その力を最大限に際立たせる効果を狙って、救済から最もかけ離れた蔑むべき彼らは取り上げられる。[17]

仏教の罪業観の影響を受けたのは、動物の死に関わる人々だけではない。一三世紀の初め、奈良北山宿の非人と呼ばれる人々が、大風で顚倒した曼荼羅堂の修造を願い出た。[18]その際、彼らは自らが「先世の悪業」によって「今生の苦報」を受けているとする。修造は、「悪業」の償いであった。

同じ北山宿の非人たちが、一三世紀後半、救済活動に尽力する叡尊に提出した誓約書[19]は、「苦報」と表現せざるをえない境遇の実情を如実に物語る。そこで誓約されたのは、葬送に従事する際、施行を受ける際、そして乞食をする際に、慎み深い行動を心がけることであった。つまり、これらが、彼らが生計を立てる術になっていたのである。

彼らが立ち至った、誰も望まない作業か施しに活路を見出さざるをえない境遇に、仏教の罪業観に基づく眼差しが向けられていたのは間違いない。それを向けられた経験が、「苦報」を受けているという自覚につながっているであろう。但し、この境遇に至るまでの過程に特定の言説が絡んでいたわけではない。彼らは共同体からの〈排除〉を経験しているものの、それは八世紀後半以降顕著になった古代律令制の弛緩の影響であった。共同体が従来の形を保てなくなる中で、比較的人口密度が高く、それゆえに細々とでも生命をつなぐ方法を見つけやすい京周辺や有力寺社の門前に新たな生活の場を求めざるをえなかったのである。[20]

「苦報」は、生活上の苦境としてのみ表れていたわけではない。というのも、彼らの内の一定数が「癩病」者だったのである。誓約書には、病者自身やその家族が在宅を希望し、相応の心づけを支払った場合は、その身柄を強制的に引き取ろうとしない旨も記載されている。裏を返せば、病者は基本的に非人たちの集団に収容されることになっていたわけである。生まれ育った共同体から〈排除〉されなければならなかった要因の一つは、彼らが身に負う病が前世の悪業の報いと見られていたからであった。罪業観が、共同体から〈排除〉される直接の根拠になる場合もあったのである。

さらに言えば、社会の片隅で身を寄せ合うことになった彼らの集団内での関係は、決して平等などと呼べるものではない。数人の指導者層を擁する階層化された集団であり、とりわけ病者が下層に置かれていたことが指摘されている。(21)この集団内での〈排除〉は、受けている報いの軽重に基づいていたはずである。ここにも罪業観はまとわりついていた。

三　穢と罪業観と〈包摂〉

一方で、悪業の報いを受ける者たちと眼差されていたがゆえに有用という側面もあった。施行をする主体・乞食に応じる主体の立場に立てば、そのことは容易に理解できる。そもそも彼らには、自分ないし近しい人間が救われるためという明確な動機があった。仮に施す対象がなければ、その目的が達せられることはない。つまり、彼らにとって、報いに苦しむ非人たちは救済の糸口であった。

しかも、その存在意義は、受けている報いが重ければ重いほど増す。非人たちが、病者の身柄を強制的に引き取ろうとしない旨を誓約したという先述の事実は、彼らが病者の存在を欲していたことを示している。施行を受けること、乞食をすることが生命線になっていた彼らにとって、より明確な報いの刻印がある病者は、生活の糧を効率的に集めるための、いわば看板であった。その役を引き受ける限りにおいて病者たちにも居場所はあった。仏教の罪業観は、それによって共同体から〈排除〉された人々を、社会の内部に〈包摂〉したままに留めておきもしたのである。

非人たちにとっては、穢もまた〈包摂〉の鍵でありえた。康永三年（一三四四）、四条・五条辺りの河原田畠の所有権をめぐって建仁寺と争っていた祇園感神院は、自分たちがそれを一一世紀後半に犬神人に与えたと主張する。[22]犬神人とは、祭礼などの神事に奉仕する非人たちの神社組織内での呼称であった。まさに、その功績に対する報酬であったと、感神院司は言う。このような非人たちと祇園社の関係は、他の神社でも見られるものであった。

どれだけ参詣者に呼びかけようとも、神社関係者が自覚を持って日々行動しようとも、穢を神域から完全に排除するのは、結局不可能であった。管理すべき領域は、常時人目が行き届くほど狭くはなかったからである。動物や人間の亡骸が神域内で発見されるという事態は、それなりの頻度で起こった。そのたびに神社は、神の怒りを惹起しないために必要な措置を講じる。措置とは、亡骸が転がっていた場所を注連縄で囲んで土を入れ替え、清祓を行うことを指す。

もちろん、その前に亡骸が運び出されなければならない。それこそが、非人たちに割り当てられた作業であった。[23]神社関係者や周辺住民が現場に先着した場合でも、彼らは絶対に亡骸に手を出さない。彼らと非人たちの間には、絶対不可侵の区分があった。生業の一つである葬送の経験を活かすことを期待されて、非人たちは事あるごとに召集されていたのである。

春日社でこの役割を担っていたのは、興福寺の差配に従っていた奈良坂の非人たちであった。彼らは、一三世紀半ば、その興福寺の末寺であった清水寺の差配下にあった清水坂の非人たちと揉め、裁判になった。その際、奈良坂側は、相手が「末寺清水寺一伽藍の清目」にすぎず、「本寺最初社家方々の清目、重役の非人」である自分たちの主張こそ聞き入れられるべきという言い方をする。(24)

この「重役」は、第一に、本寺と末寺の格の違いを強調している。と同時に、「社家方々の清目」の重大さも表現している。彼らしか担い手のない清掃（「清目」）が完了しない限り、神社は役割を果たすことができず、ひいては「国家」の揺らぎにつながる。彼らの宗教的労働は、天皇の宗教的労働を補完していた。公の場で「重役」を自称する根拠は、十分にあったと言える。大山氏が言うように、九世紀の穢の登場は、葬送に活路を見出さざるをえなかった〈排除〉された人々に居場所を与えた。

但し、過大な評価はすべきではない。たとえば、長雨の原因となった穢の発見を朝廷に求められた祇園社が、「四至葬送法師」の存在を報告した例がある。(25)文字どおり神域内（「四至」）での葬送に携わっていたはずのこの人物が、「清目」を担う非人であったとすれば、この時、祇園社は、天変地異発生の責任を、それを回避するために尽力してくれていた人物に負わせたということになる。このような事態になったのは、祇園社が、報告すべき事柄がないと率直に答えていい立場になかったからである。天変地異が起こっている以上、天皇が謝罪する先が絶対に必要であった。穢との接触を一手に引き受けていた非人が、天皇が絶対に赦される仕組みを適正に作動させるための、いわば生贄にされたのである。

身分配置の底辺に置かれた人々が担う宗教的労働とは、このようなものであった。世襲独占していたと言えば聞こえはいいが、これは他に担い手のない「重役」だったのである。神社組織の内部でも、非人たちは〈包摂〉されながら〈排除〉されていた。

四　〈排除〉の変容と〈包摂〉の発覚

仏教の罪業観と穢は、非人と呼ばれた人々に〈包摂〉と〈排除〉の両方をもたらした。一方、動物の死に関わる者たちにとって、これらは〈排除〉の要因にしかなっていない。彼らは、似て非なるものであったと考えられる。

室町時代の公卿万里小路時房は、ある時まで内裏の庭の管理を委ねられていた「川原者」が、「不浄の者」を内裏に招き入れることの是非が問題になったために、「散所者」と交代させられた旨を日記に記している。[26]ちなみに、時房は「川原者」を「穢多の事」であり、「散所者」を「声聞者の事」であると断っている。

動物の死に関わる狩猟者たちは、そこが無主の地である上に、獲物の解体や皮革の加工に必要な大量の水を確保できるという理由で、河原を生活の拠点にしていた。河原者は、そんな彼らの呼称であった。一方、声聞師である散所者とは、寺社に属して卜占や芸能を生業にする非人を指す。右の時房の記述は、「不浄」すなわち穢との接点の多寡によって両者が区別され、前者が劣位に置かれていた状況を物語っている。

ところで、社会の底辺に置かれた彼らのあり方は、時間の経過に伴って変化した。時房が、非人を声聞師と認知していたのも、より多くの人目を惹くことで、より多くの糧を得るべく様々な芸能・技術を身につけていた彼らの一般的傾向を反映している。彼らのあり方は、徐々に多様化していく。

一七世紀初頭に来日したイエズス会宣教師ジョアン・ロドリゲスの手になる『日本大文典』には、「Xichicojiqui（七乞食）」という項目がある。[27]「日本で最も下賤な者共として軽蔑されてゐるものの七種類」として、猿楽・田楽・ささら説教・青屋・河原の者・革屋・鉢こくりを挙げる。

猿楽・田楽・ささら説教・鉢こくりは、非人たちが披露する芸の種類による区分であろう。この時期の非人たちが、すでに異国から来た宣教師の目に映るほどの多様性を見せていたことが分かる。彼らはもはや、単に他人の憐れみ・同情にすがって生きる存在ではなくなっていた。身につけた芸能という新たな武器を活用すれば、日々の糧を得ることのみならず、社会に新たな居場所を見出すことも可能だったであろう。〈包摂〉と〈排除〉の狭間にいた彼らは、どちらかと言えば〈包摂〉に傾いていく。この変化は、より効率的に糧を得るために積み重ねた努力の成果と捉えることができる。一四世紀に何らかの社会変動があったとして、それが直接干渉したわけではない。

「七乞食」の残り三種、すなわち青屋・河原の者・革屋は、河原者のことを指す。彼らのあり方もまた、多少なりとも多様化していたと言える。しかし、彼らの境遇の変化は、非人のそれとは全く異なる軌跡をたどった。変化を象徴するのが、時房が彼らに使った「穢多」という呼称の登場である。単純に河原に住む者の意であったろう河原者が、この露骨な蔑称に置き換わったのは、一三世紀後半ごろのことであった。彼らが穢と接触し続ける蔑むべき存在であるという認識が、この時期に、より明確になったことを物語っている。

背景にあったのは、二度にわたる蒙古軍の列島への襲来と、その戦後処理として実施された、いわゆる弘安徳政であった。というのも、二つの出来事は、河原者たちを〈排除〉してきた穢にまつわる論理に即して理解されていたのである。つまり、蒙古襲来は、穢と接触した神の怒りの表れ(28)、神社から流出した土地の所有権を再び神社の手に戻す、いわゆる神領興行を柱とする弘安徳政は、神の「聖なるもの」としての立場を回復するための施策と位置づけられていた。神の怒りを投影した現象を前に、その怒りを宥めるべく善処するという、いわば馴染みの展開だったわけである(29)。

違いは、怒りがもたらす衝撃の大きさであった。従来の神の怒りの表現であった天変地異や怪異には、異国との戦争がもたらすそれに勝る衝撃はない。異例の大きさの衝撃の体験と、その後処理の中で強制された、正規の方法で入手した土地の所有権の剝奪という経験を通して、神が「聖なるもの」であり続けることの重要性が、社会全体に改めて強く植えつけられる。それを阻害する者たちへの眼差しがより先鋭化し、より直截な蔑称が生まれるのは自然な流れであった。

網野氏が指摘した一四世紀の変化とは、このようなものだったと考えられる。「聖なるもの」は失墜したのではない。神がそのようなものとしてあることの重要性が、より強く意識されるようになったのである。そして、九世紀に動物の死が穢とすべき事象の一つに選ばれて以降、この神の立場を脅かす存在として〈排除〉されていた河原者たちは、より際立った〈排除〉に直面することになった。従来の外縁の外側に新たな外縁が形を現し、その外側へと追いやられたのである。それまでの〈排除〉が、実はまだ〈包摂〉であったことが発覚した、と表現することができるであろう。

註

（1）大山喬平『日本中世農村史の研究』（岩波書店、一九七八年）所収。
（2）黒田俊雄「中世の身分制と卑賤観念」（同『日本中世の国家と宗教』岩波書店、一九七五年）。
（3）渡辺広「序説」（同『未解放部落の史的研究』吉川弘文館、一九六三年）。
（4）河音能平「中世社会成立期の農民問題」（同『中世封建制成立史論』東京大学出版会、一九七一年）、永原慶二「村落共同体からの流出民と荘園制支配」（同『日本中世社会構造の研究』岩波書店、一九七三年）、横井清「日本中世における卑賤視の展開とその条件　一つの試論的展望」（同『中世民衆の生活文化』東京大学出版会、一九七五年）など。
（5）網野善彦『網野善彦著作集　別巻』（岩波書店、二〇〇九年）所収「網野善彦年譜」。
（6）網野善彦「中世前期の「散所」と給免田　召次・雑色・駕輿丁を中心に」（同『日本中世の非農業民と天皇』岩波書店、一九八四年所収）、同「非人に関する一史料」（同『中世の非人と遊女』講談社学術文庫、二〇〇五年）。
（7）註（4）の諸氏は、非農業民であること、農業生産共同体の外にあることを〈排除〉と評価する。しかし、網野氏の価値観では、それは自由・平等を謳歌する理想の境遇ということになる。被〈排除〉を肯定する点が、網野説の独自性である。
（8）ミルチャ・エリアーデ『聖と俗　宗教的なるものの本質について』（法政大学出版局、一九六九年、風間敏夫訳）。
（9）大山喬平「ゆるやかなカースト社会　インド、そして中世日本」（同『ゆるやかなカースト社会・中世日本』校倉書房、二〇〇三年）。
（10）大山喬平「二、三の弁明　三枝・小谷氏の報告に接して」（『部落問題研究』一八九輯、二〇〇九年）。
（11）巻三、神祇臨時祭穢忌条・触穢条・失火条。
（12）三橋正「『延喜式』穢規定と穢意識」（『延喜式研究』第二号、一九八九年）。
（13）メアリ・ダグラス『汚穢と禁忌』（ちくま学芸文庫、二〇〇九年、塚本利明訳）。
（14）『類聚三代格』巻一、神社事所収、承和八年（八四一）三月一日付太政官符・承和一一年（八四四）一一月四日付太政官符。
（15）『延喜式』巻三、神祇臨時祭触穢条。
（16）巻一五「北山餌取法師、往生語第二七」・「鎮西餌取法師、往生語第二八」。
（17）巻五、人倫「穢多」項。
（18）『解脱上人文章』所収「奈良北山宿非人曼荼羅堂修造願文」。
（19）『金剛仏子叡尊感身学正記』建治元年（一二七五）八月二七日条。
（20）註（4）の各論文。
（21）大山喬平「奈良坂・清水坂両宿非人抗争雑考」（註（1）前掲書所収）、黒田日出男「史料としての絵巻物と中世身分制」（同『境界の中世　象徴の中世』東京大学出版会、一九八六年）。

(22)『八坂神社文書』一三三三号「感神院所司等申状案」。
(23) たとえば、『中臣祐賢記』文永一〇年(一二七三)七月一七日条など。
(24) 神宮文庫所蔵文書「奈良坂非人等陳状」。
(25)『小右記』長元四年(一〇三一)九月二六日条。
(26)『建内記』正長元年(一四二八)六月一〇日条。
(27) 巻三、数詞。
(28)『八幡愚童訓』(『群書類従　第一輯　神祇部』所収)。
(29) 拙著『穢れと神国の中世』(講談社、二〇一三年)を参照。

第三章　神職人

――近世の神道系神祇奉仕者をめぐる「聖」と「賤」――

井上智勝

近世日本の奥羽越地域にみられた摂津西宮神社の配下の「神職人」。賤視を受けた彼らが「神」に接近することでそこから脱却しようとした「神職化」の過程と、止まない賤視の歴史を明らかにする。

序

人間は、不可知な世界への期待感と恐怖感を併せ持っている。期待ゆえにそこに関わる者を敬仰し、恐怖ゆえにそこに関わる者を忌避する。この背反性を端的に表すのが、福神信仰の担い手である。彼らのなかには、配賦する呪符や演じる祝福芸が人々に歓迎される一方で、一般の人間とは異なる者としての視線を注がれ、賤視された者がいた。

夷神の札を配る夷願人や大黒の札を配る舞太夫など福神信仰の担い手が、日本近世史の研究対象として取り上げられてくるのは、一九八〇年代の半ば以降であった。宗教者の編成方法の検討が近世日本の国家権力を理解するための重要な切り口であることが認識され、それまでの宗教史で中心的な位置になかった仏教以外の宗教者が注目されるようになったのである。[1] かような宗教史研究の新動向と賤民史研究・都市史研究の潮流が合流したところに現れた「身分的周縁」論は、一九九〇年代以降の日本近世史研究の一大潮流となっていった。「身分的周縁」論は、日本の近世社会を捉え直す射程を持って提示されてきた方法論であるが、その主要な柱の一に「士農工商」という中核身分の「周縁」にある「身分」「職分」すなわち「周縁身分」への注目があった。宗教者やいわゆる雑種賤民を含むさまざまな職掌を担う人々が対象に取り上げられて近世史の文脈に構造的に位置づけられたことによって、近世日本の身分制度を「士農工商」とみる理解は、大幅な変更を余儀なくされた。[2]

ただ、「身分的周縁」論が宗教史研究と賤民史研究を母胎としたにもかかわらず、宗教者と賤民の「周縁」は必ずしも有機的に連関させられたわけではない。賤視を受ける宗教者は何をもって賤視を受け、賤視を受けない宗教者はなにゆえ賤視を受けないのか、近世日本の宗教者をめぐる身分論・職分論において、なおこの点の解明が要請される所以である。

かかる研究状況を招来した理由の一つに、利用し得る関連史料が限られていた状態があった。しかし近年、夷信仰の一大中心であった摂津国武庫郡の西宮神社に関する未刊行史料が集成・刊行され始めた。[3] このことは、福神信仰の担い手の活動実態を具体的に理解し、これを社会構造の中で把握することを高い精度で達成することを可能にしつつある。[4]

このような現状を踏まえ、本章では主に奥羽・越後にみられた福神信仰の担い手「神職人」を手掛かりに、近世日本の神道系神祇奉仕者をめぐる「聖」と「賤」の境界について考察する。神道系神祇奉仕者とは、神祇に奉仕する者のうち、仏ではなく神祇を主として宗教的職掌に従事する点で社僧や山伏など仏教系の宗教者と異なり、装束などの指標によって可視的に俗人と区別される者を指す筆者の造語である。彼らは、一般に神主・禰宜・社人などの称で呼ばれることが多い。「神職人」もまた、この神道系神祇奉仕者の一種であるが、その社会的な位置づけは一般の神道系神祇奉仕者とは一線を画していた。まずはこの点の確認から始めることにしよう。

一　仙台藩領の神職人

仙台藩は、安永年間（一七七二―一七八〇）に亙って各村や寺社などに「風土記御用書出」を提出させた。そのうち刈田郡白石本郷から出された「社家書出」には、長袋村神明社の「神主」甚太夫と、寛延二年（一七四九）以降鷹巣村本来稲荷社に奉仕する白石本郷長町在住の「西宮神職人」村上斎宮の二系統の記載がある。

このような「神主」と「神職人」の併存は、仙台藩領全体にみられた。「風土記御用書出」から神道系神祇奉仕者の書出を抽出し、その記載内容を一覧化したのが次頁の表である。仙台藩領の神道系神祇奉仕者は、「神主」でなければ多くが「神職人」であったことが了解されよう。神職人の所在地は、ほかに伊具郡東根尾山村、亘理郡小堤村、賀美郡宮崎村、磐井郡東山北方大原村で、城下町白石のほか、いずれも在郷の町場である。

「神主」には、京都の神祇管領長上家である吉田家との関係を謳う者が多い。一方「神職人」は、例外なく摂津国武庫郡に鎮座する西宮神社と関係を有していた。このうち7の松本隼人は、一方では吉田家との関係を有し、先祖出雲掾重久が寛文一〇年（一六七〇）八月八日に同家から許状を受けている[5]。

寛文五年（一六六五）に江戸幕府が発した諸社禰宜神主法度（神社条目）は、「神主」「禰宜」ら神道系神祇奉仕者を対象とした法令であった。同法度は、各地の神道系神祇奉仕者を事実上、吉田家や白川家といった朝廷神祇官の高官の配下となることに誘引する条文を具えていた。そのため、「神主」「禰宜」らは、吉田家あるいは白川家を

表　仙台藩領神道系神祇奉仕者一覧

	文書標題	郡名	村名	神社名・所在地	称号	名前	吉田家との関係	西宮との関係
1	書出	刈田	宮村	白鳥大明神	社人	山家淡路守利房	享保16年より	
2	書出	刈田	白石本郷長町	長袋村神明社	神主	甚太夫	享保18年受領・直触神主	
3	社家書出	刈田	白石本郷長町	鷹巣村本来稲荷社（寛延2年より預）	西宮神職人	村上斎宮		享保11年神職人触頭
4	書出	柴田	北方前川村	荒町神明社ほか2社	神主	菊村大炊邦長	父の代に名乗許可	
5	書出	伊具	東根尾山村	荒町高玉社・枝野村天王社	神主	渡邊甚太夫繁光	寛永年中受領、免許	
6	書出	伊具	東根尾山村	神取香取社	神主	八巻喜幸元豊		
7	書出	伊具	東根尾山村	横町	神職人	松本隼人喜邦	寛文10・8・8許状、以後途絶	元文4年烏帽子浄衣神服許状
8	書出	伊具	東根嶋田村	石川口日高社	禰宜	黒須文太夫景近		
9	書出	伊具	東根丸森村本町	熱日高神社	神主	秋本大膳正茂	免許	
10	書出	伊具	西根佐倉村	清水諏訪社ほか2社	神主	小野彦太夫清美	往古より支配、免許	
11	書出	伊具	西根角田本郷	八幡社ほか17社	神主	吉田肥後守定昌	先祖が関係	
12	書出	伊具	西根角田本郷	天神町天神社ほか4社	神主	菊池多門清長	高祖父・祖父・父（享保12年）受領	
13	書出	伊具	西根角田本郷	天神町裏神明社・蛭子社	神主	熊川長門守邦寿	代々直支配、免許	
14	書出	伊具	西根小田村	坊ヶ入鹿島社ほか5社	神主	石元越前守芳元	宝永5年曽祖父以降代々受領、許状	
15	書出	伊具	西根岡村	新山新山社ほか2社	神主	熊原伊太夫時景	支配、免許	
16	書出	亘理	小堤村	西宮	神職人	宍戸満太夫広忠		摂州西宮神主支配
17	八幡社家御百姓書出	宮城	陸方八幡村	八幡社	社家	庄右衛門ほか12人		
18	神職人書出	賀美	宮崎村	秋葉・道祖神両社	（神職）	渡部主計実勝		支配頭は摂州西宮神主吉井陸奥守
19	神職人書出	賀美	宮崎村	八幡・西宮合殿	（神職）	高橋大學氏松		支配頭は摂州西宮神主吉井陸奥守
20	書出	玉造	岩手山本郷岩下	天照皇太神宮・蛭子太神宮	神主	宍戸能登路峯穹	天和3年先祖が官位、支配	
21	書出	遠田	馬場谷地村	川原丁新山権現社	神主	佐藤大和守忠応		
22	書出	遠田	涌谷村	小金迫丁神明社	神主	鈴木筑前守景光		
23	書出	遠田	成澤村	耳取新山権現社・万貫木太子堂	神主	佐藤右京忠光		
24	神職人書出	磐井	東山北方大原村	袋崎春日社	神職	稲田宮門恵信		万治年中摂州西宮神主配下に罷成

典拠：「風土記御用書出」（『宮城県史』二三―二五・二七・二八、宮城県、一九五四・一九五九・一九六一年）

註：本表にみえる「神主」「禰宜」「社人」には武家家中や百姓身分の者も多い。17「八幡社家御百姓書出」は、「百姓」が麻裃姿で奉仕する神社のもので、神道系神祇奉仕者の書出ではないが、参考までに表に加えた。

頂点にした神職組織に包括されることによって、その活動を正当化した。松本隼人の先祖出雲掾重久が寛文一〇年に吉田家から許状を得たのも、当該法度発布への対応と理解してよい。

しかし松本隼人の家はその後、吉田家との関係を断ち切り、西宮神社の配下となることによって活動を正当化した。隼人は元文四年（一七三九）二月付の「摂州西宮本社役人柴田主殿方より神拝之節烏帽子浄衣神服免許之証状」を与えられ所持していると、書出に記している。他の「神職人」もまた、吉田家との関係を有することなく、西宮神社に属することによって活動を正当化していた。このように「神職人」は、「神主」「社人」ら一般の神道系神祇奉仕者とは異なる層位にあった。すなわち、仙台藩領には、吉田家配下となって活動する「神主」らと、西宮神社の配下として活動する「神職人」の両様、換言すれば吉田家配下と西宮配下という、支配主体を異にする二種の神道系神祇奉仕者の集団が存在していた。

二　注がれる賤視

1　賤視される西宮配下

吉田家配下の「神主」らと、西宮配下の神祇奉仕者が区別される実態は、仙台藩領のみならず、近世の奥羽越地域に広汎にみられた。両者の間には、争いも惹起した。享保一五年（一七三〇）に表面化した奥州岩磐地域（おおむね現在の福島県域）における吉田家配下と西宮配下の争論は、その代表的なものである。詳細は別稿に譲るが、(6)争論は吉田家配下による西宮配下への賤視に発端していた。元文四年（一七三九）五月、幕府の裁許によって西宮側の勝訴に終わり、吉田家配下は厳しい処罰を受けた。

吉田家配下は、西宮配下が「下賤之者」で「社家之筋」ではなく「戎引」「絵馬引」である、と認識していた。かかる認識は、当地域の西宮配下が「戎」（夷、以下「夷」で統一）・神馬・田の神の絵像を配賦する福神信仰の担い手である実態を反映していた。奥州においては、「穢多下」（イタカ）と呼ばれる被差別民がこれらの絵像の配賦、すなわち福神信仰を担う場合があった[7]。当地域の西宮配下は、その活動に福神信仰の担い手という被差別民と共通する部分を有することから、「社家之筋」にない「下賤之者」として賤視を受けたのである。このような認識が神道系神祇奉仕者だけのものではなく、一般社会にも共有されていたことは、例えば享保一四年（一七二九）三月の白川郡宝坂村の明細差出帳[8]に「穢多・猿まわし・えびすおろし無御座候」と、「えびすおろし」が穢多や多くは穢多頭の配下に属した猿廻しと同列に記載されている点から明瞭である。同様の表現は、岩磐地域はじめ奥羽各地の村明細帳に、時期を問わず多く認められる。「えびすおろし」については具体的な様相は未詳であるが、西宮配下の者と看做してよい。

穢多やイタカと夷の親和性は、奥州に隣接する諸国でも同様であった。出羽の場合、元禄一〇年（一六九七）の山形城下「いたか町」に、「蛭子小宮」に奉仕する「恵美須社人」や、「山王之小宮」に奉仕する「猿曳」、「稲荷小宮」に奉仕する「稲荷社人」が居住していたことが知られる[9]。常陸においても、例えば延享四年（一七四七）の茨城郡坂本村の村明細帳に「社家、両山の山伏並行人、虚無僧、盲女、座頭、陰陽師、えひす廻願人、穢多、非人無御座候[10]」とする記述が認められる。宗教者・芸能者の末尾、穢多・非人の直前という「えひす廻願人」の記載順は、当該期の坂本村近隣の村明細帳に共通し、彼らの社会的な位置づけを教えている。「えひす廻」の語は、西宮配下が単に夷像の配賦を行うに止まらず、木偶を操るなどの芸能を伴った可能性を推察せしめる。

越後や佐渡でも、被差別民が夷札の配賦を行う地域が存在した。寛保元年（一七四一）五月、西宮神社の江戸社役人柴田主殿が新発田藩寺社奉行所宛に提出した口上書には、「穢多之類之もの」が独自に板木を作成し、夷神像や田の神像を配賦していたことへの非難が記されている。高田藩領においては「ゑひす」は穢多と同列に位置づけられ、佐渡でも文政一二年（一八二九）まで、非人頭による夷札の配賦が行われていた[11]。信州東部においては、「ぼんぼく」という夷・獅子舞・口寄せを内包した、賤視を受けた集団から夷の札を配る者が分化したという[12]。

このように、奥羽をはじめ東国において西宮配下が賤視を受けたのは、被差別民が担う職分と合致・近接する職分を担うがゆえに、あるいは「ぼんぼく」など実際に賤視を受けた集団に出自する点に理由を有していた。

2 賤視の実態

西宮配下に対する賤視の例として、常陸との境に近い奥州南端の事例[13]を掲げよう。正徳二年（一七一二）三月、棚倉藩領東舘村の源量寺において、勧進のための射的興業が開催された。この時、吉太夫・清次郎・左内という者が来場したため、村の者が取り押さえた。彼らは「いたか之類」であり、以前からこのような「儀式ヶ間敷場」へ出ることを許されていない、というのが取り押さえた側の主張であった。一方、吉太夫らは、「西宮支配下ニ罷成候故」取り押さえられたと主張し、支配の「頭方」、すなわち西宮神社に訴え出る。

西宮側からの糾弾に対し村側は、彼らは西宮の配下になってからも、相変わらず「札をも賦り、年ニ寄妻子共袋を持、旦那場勧進を仕、其上あめおこし等家業ニ仕」っており、以前の業態と全く異なるところがない。彼らはこのような「筋目・家業」であるから、これまでも祝儀・婚礼等「儀式ヶ間敷場」へ参会することは禁じられてきた。ことさらに弓場などの「儀式ヶ間敷場」に出ずとも、「西宮神職ニ少茂さハリ申ニ而無御座候」、と応じた。このやりとりからは、札賦り・旦那場の勧進・「あめおこし等」を家業にすることが、「いたか之類」と看做され、「祝儀・婚礼等儀式ヶ間敷場」への参加を認められない要件になっていたことが読み取れる。

西宮神社は本件について、出張所である江戸支配所の役人を領主棚倉藩に遣わして善処を願い、それが受け入れられないとみるや幕府寺社奉行に出訴した。この争論は結局、棚倉藩による吉太夫らの遠国追放にて幕を閉じたようである。(14) だが、彼らが西宮配下となることによって領主と折衝し、幕府への出訴をなし得る後ろ盾を得たことは、それまでとは大きく異なる点であった。とはいえ、それは賤視という認識次元の問題を払拭することと必ずしも同義ではない。ただ西宮配下になることは、賤視から脱却する契機となり得ると認識された。「神職人」の登場と深く関わるこの点を、次に検討してゆこう。

三 神職人の登場

1 社人と願人の分離

西宮配下は、西宮神社から夷絵像を配賦する権限を認められる代償として、同社に対して役銭を上納することを義務としていた。夷像札の独占的配賦は、寛文七年(一六六七)、江戸幕府寺社奉行による裁許によって承認された西宮神社の専権であった。この裁許は、同様に福神絵像の配賦を担っていた舞太夫との争論に対するもので、一方の舞太夫には大黒像札の配賦を専らにすることが許された。

西宮配下に対する役銭の上納義務は、次のような論理によって正当化される。西宮神社は、承応二年(一六五三)焼失し、寛文三年(一六六三)江戸幕府によって再建された「公儀御造営之社頭」である。幕府は朱印地こそ付与しなかったが、「公儀御造営之社頭」を維持してゆくための「御修復料」を確保する手段として夷像札の独占配賦を承認した。役銭の滞納は、幕府の意向に逆らうことである。それを「御修復料」の名目で徴収することは、これに幕府の権威を纏わせ、強制力を高める狙いからであった。

かかる「御修復料」の言説は、単なる西宮神社の一方的な主張ではなかった。西宮神社は役銭を滞納する配下に対して、幕府寺社奉行の関与を得てその徴収を行った。西宮配下になることは、「公儀御造営之社頭」を維持するという公的な役儀を担い、幕府の権威につながることを意味した。それは、賤視を払拭する一つの方途となり得るものであった。

西宮神社の支配に属することは、別の意味でも脱賤化の契機となり得た。先に触れた享保から元文にかけての岩磐地域の争論は、吉田家配下が西宮配下を「社家之筋」と認めず、賤視したことに由来した。裏を返せば、吉田家配下に「神」に奉仕する「社家」と認めさせることができれば、西宮配下は賤視を免れるということである。「神」への接近は、脱賤の回路の一つであった。東舘村の吉太夫らも、そのような認識から西宮配下となったと理解される。しかし吉太夫らは、「社家」にはなれなかった。彼らは、あくまで神事に携わらない「願人」であった。一七世紀の半ば頃までには、夷像札を配賦する西宮配下は、西宮神社の願人頭中西家に統率されていた。願人頭は、神事に関与せず、神社の修繕や金銭の取り扱いを担う役職で、諸寺社の「勧進」「本願」に近似する。神事には神主らの社家が携わった。

貞享元年（一六八四）、願人頭中西太郎兵衛は西宮配下のみならず西宮神社全体の支配権が自身にあることを主張し、神主吉井式部らと対立する。同年一二月に出された幕府寺社奉行所の裁許は、西宮配下の支配は従来どおり願人頭が行うが、願人頭は一切神事には関与してはならない、という内容であった。この時、配下の者たちにも同様の措置が適用された。西宮配下の中には、奉仕する神社を持つ者と、それを持たずに像札などの配賦を専らにする者の両様があった。それまで一様に扱われてきた両者は、裁許を境に神事に従事する「社人」と、それを行わず絵像配賦に専従する「願人」に峻別された。「願人」は、神事への従事を停められ、夷神を勧請して奉仕することや、「社人」の称を禁じられた。一方、「社人」は「西宮家業」すなわち夷絵像の配賦と役銭の納入を伜や弟らに務めさせ、自らは神社への奉仕を専らとするようになってゆく。神への奉仕を行わず、被差別民のそれと共通する活動のみを行う「願人」に対する賤視は、むしろ高まったであろう。

「願人」を「下職」と看做す意識は、西宮神主も抱いていた。貞享争論の中で神主は、願人頭である中西太郎兵衛が「号願人、社頭之修造・神供之雑事・散銭取集、元来下職之者ニ而、神前之法式一向不存之処、社人之様申立条、其謂無之」と述べている[15]。「願人」は神社の修造や賽銭の取り集めなどに携わる「下職之者」で、神事に疎く「社人」の称号に値しない、との認識を神主は有していたのである。もとよりこの場合の「下職」は、神主が天皇の意向を伝える綸旨を受けていることや、領主尼崎藩から代々神主宛に社領の寄進を受けていること、あるいは中西家の出自が俗人であったことを踏まえたもので、奥羽の夷願人たちが受けた賤視とは層位を異にする。とはいえ、神祇に奉仕する「社人」が、修造や雑事・賽銭の集計に携わるだけで神と直接相見えることを許されない「願人」よりも上位にあるという認識は、両者の差異を理解する上で重要である。

2　願人から神職人へ

東舘村の西宮配下と村との間で争論が惹起した翌年すなわち正徳三年（一七一三）、西宮本社においても大規模な争論が発生した。この争論に対して同四年に下された幕府裁許は、西宮配下を「願人」から脱せしめるところに帰結した。それは、西宮神社から願人頭中西家を追放し、諸国の西宮配下支配を神主に一元化する内容を含んでいたからである。

安永の「風土記御用書出」のうち磐井郡東山北方大原村稲田宮門の「神職人書出」に、西宮配下は願人頭の支配を離れ、神主直支配となった正徳争論の裁許の直後、正徳四年六月六日寺社奉行所において「神職人」と称えるように命じられた、との記載がある。これが事実であれば、正徳争論の裁許が「神職人」の称の登場を促したことになるが、後世の文書であるため判断は難しい。ただ、稲田家宛ではないが正徳四年六月六日、西宮神社の役人から仙台藩領の配下に対して、寺社奉行所において本社神主支配を仰せつけられたことを伝えた文書は存在した。[16]この文書の中には「神職人」と称すように命じた文言は見当たらないものの、「非分非職」を務めず「家業」に励み、「修覆料」を納めるべきことの申し渡しがある。安永の書出提出の段階で、この文書が「神職人」の濫觴として捉えられたことが想定される。

稲田家には宝暦一三年（一七六三）西宮神主から「西宮太神宮御神像之札賦与之神職令免許処也」とする免許も発給されていた。[17]「神職」の文字が注目されるが、ここでの「神職」とは身分や職分を表す称ではなく、「御神像之札賦与」という「神」に関わる「職」務であり、本状はそれを行うことの免許である。東舘村での争論に見られた、村側の「西宮神職ニ少茂さハリ申ニ而無御座候」という言に現れる「西宮神職」もこれと同様で、西宮配下の「儀式ヶ間敷場」への出入りを止めても、夷像札配賦による役銭の納付という「神」のための「職」務の遂行には支障がない、との意である。かかる、西宮神社の維持のために夷像札を配賦し「修復料」という名目の役銭を収納する「神職」という職務に携わる「人」が、「神職人」なのであった。

「神職人」の称は、岩磐地域の吉田家配下との争論にかかる元文四年（一七三九）の幕府裁許からほどなくして同時代の史料に確認できるようになる。同五年三月、奥羽の支配下改めに当たっていた西宮神社江戸役所の役人柴田主殿の書付に、仙台藩領の西宮支配下が「神職人」と記されているのがその早い例である。[18]

四　賤視脱却の努力と限界

1　神職化・神道化

元文四年の幕府裁許を境に、西宮配下は「願人」の称ではなく、「社人」「神職」をもって呼ばれ、「神職化」することが、すでに指摘されている。[19] この場合の「神職」は職分そのものではなく、身分・職分である。西宮配下の「神職化」をよく示すのが、元文五年四月、奥羽の配下都合四三名から西宮江戸役所の役人に提出された誓約書「神職相守可申条々」[20]である。冒頭に「神職」とあることが、まず注目されよう。四条目では「此度神職厳重ニ御立被成下」と、「神職」としての職務が認定されたため、神道を遵守し、門に笹注連を張り、内には神鏡を安置して、祓を執行することが、五条目では、「神職」としての矜持を前提に、「辻商」や「辻神」の祭祀、万歳など「下賤卑職之身持」を行わないことが誓約される。六条目では「此度被為仰付候外紛敷装束仕間敷」きことも誓約されている。どのような装束が「仰付」られたかは文言からは判然としないが、同年閏七月に江戸社役人らが仙台藩領の配下へ通達した申渡[21]からは、狩衣や浄衣・黄衣などの正装ではないが、「神服等」と表現される「神職」に相応しい装束であったと推察される。「神職」としての自覚のもと、「下賤卑職」との決別を謳う方向性が看て取れる。

装束によって「下賤卑職」との差別化を図る方向性は、次の事例にも明瞭である。先に寛保元年（一七四一）五月、西宮江戸社役人が越後新発田藩の寺社奉行所宛に、同領内での「穢多之類之もの」による夷絵像の配賦を非難する口上書を提出したことに触れたが、新発田藩は同年「下賤の者」という理由から「穢多之類之もの」による配賦を停止し、以後は西宮配下の触頭、村上藩領岩船郡瀬波町の藤田右近に夷絵像の配賦を認めた。右近は「穢多之類」の職務を襲ったのであり、そこに賤視が付き纏うことは必然であった。同年三月、右近が西宮神社神主によって木綿緇・「神服」の着用を許され、「神服」の材質と色の指示を受けるとともに、社役人から参詣神拝次第を伝授されていること(22)は、かかる賤視を予防・払拭するための方途と理解される。「神服」の着用が、夷絵像の配賦業務が賤業と看做されないための措置であったことは、西宮江戸社役人が寛保元年、配下の絵像配賦の時には「烏帽子・狩衣」や「神服」、あるいは麻の袢を纏わせることで「穢多之類」との「差別」を立てようとしていたところ(23)から了解される。「穢多之類」らの出で立ちは神祇奉仕者を想起させるものではなかったのであり、「神職相守可申条々」における装束の「仰付」は、西宮配下においても神祇奉仕者を想起させない服装で絵像を配賦した者があったことを推察させる。そのような「穢多之類」らと同列視される状況を、「神職」の称、「神服」の着用によって「神」に接近することで払拭しようとするのが神職化の方向であった。

このような方向性は、在地社会にも受容されていった。享保年間には「西宮夷太夫職」を務める「夷太夫」の称をもって呼ばれていた瀬波町の西宮配下は、寛保元年には町の大年寄から「神職之者」と呼ばれ、「神職人」の肩書きを付されている(24)。越後において「夷大夫」が「一社を守る神職よりは甚くいやしめおとり(25)」と看做されていたことを念頭に置けば、彼らが「神職」「神職人」と称されたことは「いやしめおとり」という賤視からの脱却を意味したと解し得る。「神職」を果たす「神職人」の称は、「穢多之類」「下賤卑職」として賤視された人々が「神」に近づくことによって脱賤を達成しようとする方向上に登場した称であった。

「神職化」の努力とともに西宮配下の「神道化」も志向された。「神職化」は脱賤を目指す配下からの動きであったが、「神道化」は西宮本社の意向も強い。例えば西宮神主は、仙台藩領の配下に仏教色を排除した活動を行うよう指示している。[26]奥羽では修験の勢力が強く、神仏習合が常態であったことを改めようとする方向性である。かかる方向性は、本社で享保二〇年（一七三五）、境内の不動堂から不動明王の絵像を撤去し、疱瘡の守護神として大己貴命・少彦名命を勧請して「浮屠之所為」以前の「旧ニ帰す」ことを行ったように、[27]当時の本社の復古指向、排仏指向に連動していた。

だが、「神道化」は配下の側からも求められてくる。享保一四年（一七二九）下総国の若白毛組に属する西宮配下は、除地を有する神社に奉仕する「社人」なので、夷の絵像に代えて「西宮大神宮」と記された神札を配賦したいとの意向を神主に伝えた。神主はこれを聴した。除地とは、領主が存在を認めた宗教施設などに許した免税地で、そこに奉仕する宗教者は領主公認の宗教者となる。

若白毛組のこの指向は、舞太夫との確執に由来していた。舞太夫は、若白毛組の西宮配下が「社人」の装束を着して絵像を配賦することを咎めたのである。それによって、若白毛組は享保一〇年（一七二五）以降絵像の配賦を止めたという。[28]享保一一年（一七二六）に舞太夫のうち、奉仕する神社を持つ者などが烏帽子装束着用を幕府から許可されており、[29]その前後の時期、特に舞太夫らが神道系神祇奉仕者としての装束着用に対して敏感になっていたことが推察される。舞太夫の「神道化」の一幕として捉えられよう。ただ、ここでは争論の原因よりも、若白毛組は領主公認の神社に奉仕する「社人」であることを理由に、絵像ではなく神号が入った神札の配賦の許可を要請していることに留意したい。絵像は「願人」が配るものであるが、神札はより「神」に近い「社人」が配賦するとの認識が読み取れるからである。絵像から神号を記した神札への転換は、呪符の「神道化」と捉えられる。

このような「神職化」「神道化」によって、西宮配下は賤視からの脱却の努力を重ねてゆく。西宮配下のうち奉仕する神社を持つ者のなかには、吉田家から「受領」や神道裁許状を受けて、より神祇奉仕者としての認知を確固たらしめようと図る者があった。享保から元文にかけての岩磐地域の吉田家配下と西宮配下の争論も、そのような動向をめぐる摩擦であった。しかし、たとえ吉田家を通じて「受領」を果たしたとしても、西宮配下は吉田家配下に転じることはできなかった。吉田家への「受領」の申請には、西宮神主の添状が義務づけられていたからである。[30]彼らは、西宮配下として吉田家配下から「受領」するのであり、どこまでも西宮の配下であった。

2　止まない賤視

「神職化」「神道化」によって西宮配下は「神」に近づいたはずであった。にもかかわらず、夷と賤視は、なお隣り合っていた。元文五年（一七四〇）九月、奥州盛岡藩領で「下賤成家業」を行う駒太夫という者が、家業の一環として夷の神像を賦与していることが江戸社役人に認識されている。寛保二年（一七四二）二月には、信州飯田領内で「西宮職分」を務める勘之丞という者が、「非人頭筋目」の者と目されていた。名古屋では、「非人之類」が正月に「夷舞」を舞って町を巡ることが、元文五年に西宮社役人によって禁止されている。[31]

夷や西宮配下に対する賤視は、近世後期に引き継がれてゆく。文化一三年（一八一六）信州松本領では「西宮職下賤と心得候村役人」や「西宮神職穢多之手下」と認識する長百姓がおり、吉田家配下の「社人」は「西宮神職ハ卑職ニテ神祇道之分ニハ不入」と述べている。[32]同じ頃の越後長岡付近では、「恵比須大夫といふものありて、夷の像をすりたるを町在家家に配る（中略）上にいへる夷大夫といふもの、一社を守る神職よりは甚くいやしめおとり」[33]との記載が残される。常陸にもまた、同様の事態があった。近世後期の水戸城下で「ヱビス」と呼ばれる人々は、大神楽と呼ばれる獅子舞や、竈神や夷の神像の配賦を家業としていた。彼らは「良民」ではなく「平民ト非人トノ間」にある人々で、常陸においては「良民」と婚姻できないばかりか、軒を連ねることを避けねばならず町外れに居住していた。その存在形態は、水戸において市神を祀り、竈神の画影を配って礼銭を受け、祭礼時には獅子として参加する役を負う「猿曳ト云一種ノ賤民」と共通した。幕末期の会津の国学者佐藤忠満は、かかる常陸の「ヱビス」に、自領において大黒の絵像を配り大神楽を担う「イタカ」との共通性をみていた。このような賤視の要因は、彼らが農業に従事しない異民族「蝦夷」「俘囚」の系譜を引く者である点に求められている。[34]

系譜論に理由を帰する見解は知識人の附会というべきであろうが、西宮配下への賤視はなにゆえ続いたのか。東舘村でみたような、神影の札賦り行為自体を賤業と看做す意識など、在地の実態に即した理解が必要である。札賦りへの賤視は、それが対価を取って絵像を配賦する商行為であった点にも由来しよう。岩磐地域における享保・元文争論の際、西宮本社社役人は、吉田家配下が西宮配下を「戎引・絵馬引と申商売人、下賤之輩、社人とは難申」[35]、すなわち絵像を販売する「商売人」であるがゆえに「下賤」であり「社人」とは言い難いと主張している、と述べていた。「神職相守可申条々」で、辻商いが禁じられていたことも想起されたい。

彼らの奉仕する神社が由緒の浅い小規模な神社であったことも、賤視の理由の一つに数えられる。岩磐地域では、西宮配下は昔からある夷社ではなく、町の傍らに小さな祠を設けて「夷社」と呼んだり、役人に取り入って小社を管理したりしながら、絵像札や飴を売り西宮神社へ納める修復料を賄っている状況ゆえに、「社家」ではなく「願人」である、と認識されていた。[36]公式な宗教施設として除地を認められる神社と、そのような規模も処遇も有さない小社・小祠の差異が、西宮配下に対する蔑視の背景にあった。山形城下の「いたか町」に存在した夷宮が「小宮」であったこと、水戸城下において市神の祭祀が「猿曳ト云一種ノ賤民」によって担われていたこと、「神職相守可申条々」において西宮の側すらが辻神の祭祀を「下賤卑職之身持」と看做していたことも念頭に置かれたい。

賤視の理由として今一つ、奉仕する神の性格という点を推測しておきたい。奥羽において西宮配下は多く「ゑびすおろし」と呼ばれていた。その実態は不明な点が多いが、字義どおりとれば、「ゑびす」神を下ろす、つまり憑依をさせて託宣を行う者として理解される。柳田国男は「夷下し」を「一種の口寄業者」と理解し、「狐の口寄」を行う「稲荷下し」との関連において説いていた。[37]「稲荷下し」からは、山形の「いたか町」に「稲荷小宮」があり、ここに奉仕する「稲荷社人」が「恵美須社人」と同列視されていたことも想起されよう。西宮配下と近接する職掌を担って時に争った舞太夫も、死人などの口寄せを行う梓神子と一体で活動しており、寛保三年（一七四三）頃の武蔵では「平人」と「穢多」の中間」と理解し得る者もあった。[38]

人に憑依して口走る神は多く邪神として処遇され、小祠に祀られる場合があった。例えば、大坂菊屋町で天保八年（一八三七）、人に憑依した蛇神は「稲荷」として小祠を設けて祀られている。それら人に憑依して託宣を行う神は、天神地祇と同列に扱われることはなかった。天理教の草創期、神の憑依と託宣によって人気を得た中山みきが、吉田家に入門するために領主伊勢安濃津藩の役人に添状を願い出たところ、「そんな妙な事するなら、吉田へ行くのと違ふ、伏見や」と伏見稲荷社への出願を促されている。みきは近在で活動する「稲荷下し」と同列に扱われたのであり、彼らは吉田家の配下となるべき神道系神祇奉仕者として役人に認知されていなかった。[39]

岩磐地域の吉田家配下の夷神に対する意識もまた、安濃津藩の役人と近似したものであったと推察される。彼らにとって西宮配下が奉仕する神は「吉田へ行くのと違ふ」神なのであった。このような、憑依神としての夷神に対する意識もまた、「神職化」した後もなお西宮配下が賤視を受け続けた原因の一つとして指折っておきたい。

結

近世日本の神道系神祇奉仕者をめぐる「聖」と「賤」の境界に迫るために、西宮配下の「神職人」を手掛かりに検討してきた。「神職人」は、「いたか之類」「ゑびすおろし」として賤視された福神信仰の担い手である西宮配下が、「神」に接近することによって賤視を脱却しようとする「神職化」の過程に現れた名称であった。それは、正徳四年（一七一四）、神事に携わらない「願人」から西宮神社神主の支配下に入ることと、元文四年（一七三九）吉田家配下との争論に対する裁許を画期として現れてきた。西宮配下が吉田家配下から賤視を受けたのは、その業態が被差別民と共通したこと、彼らが奉仕する神社が小規模で歴史の浅いものであったこと、夷神が人に憑依して託宣を行う邪神と看做されていたことなど、に理由を有していた。

かかる「神職化」「神道化」は、西宮配下とあるいは同根であり、福神信仰の担い手として近接する職掌を担い、時に激しく争った舞太夫にも認められる。彼らと下総若白毛組の西宮配下との確執の背景には舞太夫の「神職化」の一幕があり、一八世紀後半期以降には「神職人」「神職」と呼ばれる舞太夫が確認されてくる。ただ、舞太夫の「神職化」「神道化」は、それ以前から進行していた。遅くとも元禄一五年（一七〇二）には、舞太夫の称は神事舞太夫となり、彼らと一体となって活動する梓女の呼称は梓神子と変更された。舞太夫の「神職化」「神道化」もまた、賤視払拭の意を含んでいたとみてよい。舞太夫・梓女の「神職化」が確認できる元禄一五年、会津において「穢多下」による夷・大黒像札の配賦が西宮社役人横田勘兵衛・山木勘解由によって問題化され、幕府の寺社奉行所に持ち込まれた。この時、「穢多下」による夷像札の配賦は停止されたが、大黒絵像札配賦者は「穢多下」が果たすべき穢多頭への役を負担していないことを理由に、舞太夫の頭の支配下に組み込まれた。相武両国の村明細帳においては、舞太夫が奥羽の「ゑびすおろし」同様、穢多・猿舞と同列に扱われる例も散見される。舞太夫の活動もまた賤民との境界線上にあったのであり、「神職化」による賤視の払拭は大きな課題であった(40)。

西宮配下や舞太夫は、「聖」と「賤」の狭間にある神道系神祇奉仕者として、近世日本の社会と人々の意識を知る上で重要な手掛かりを提示してくれる。近世日本の神祇をめぐる「聖」と「賤」の問題にさらに深く迫ってゆくためには、被差別民がなにゆえ夷・大黒札を配賦していたのか、市神や辻神がなぜ卑しまれるのか、などの点の解明が要請されよう。前者については、「キヨメ」と「イワイ」という観点から民俗学的な説明が与えられることがある。後者は金銭や商活動の卑賤視という観点からの検討が有効であろう。

かつて、近世の身分制度が「士農工商」と理解されていた時期、商人が最下位に位置している理由づけとして、金銭を扱う商人は卑しい存在という俗説が通行していた。富をもたらす福神と、富そのものである金銭、およびそれを扱う商活動と賤視という問題は、改めて検討される余地があるように思う。あるいは一般の人間が知り得ない遠方の地域と交易する商人は「キヨメ」同様、不可知な世界と交信する能力を有したと考えられたのか。古代・中世における散所の民や供御人ら隷属民と商業の関係も考慮に入れねばならない。西宮神主から「下賤」と看做された願人頭中西太郎兵衛は神社の金銭に関わる一切を管掌する一方、神事に携わる神主は神社の金銭には一切関与しなかった。金銭と賤視という問題は、福神信仰の担い手の賤視と通底する問題であるとともに、商業経済が大きく高揚してくる近世日本に生きた人々の意識を理解するうえでも重要な問題である。

註

（1）高埜利彦『近世日本の国家権力と宗教』（東京大学出版会、一九八九年）。

（2）塚田孝・吉田伸之・脇田修編『身分的周縁』（部落問題研究所、一九九四年）。

（3）西宮神社文化研究所編『西宮神社御社用日記』第一～四巻（清文堂出版、二〇一一～二〇二〇年）、同『西宮神社文書』第一・二巻（清文堂出版、二〇一七・二〇一八年）、同『近世諸国えびす御神影札頒布関係史料集』第一・二巻（西宮神社、二〇一一年・二〇一七年）。

（4）西宮神社の配下支配に関する研究には、鈴木良明（「近世西宮戎信仰の地域的展開」鈴木『近世仏教と勧化』岩田書院、一九九六年、初出一九九五年）や佐藤晶子（「西宮夷願人と神事舞太夫の家職争論をめぐって」橋本政宣・山本信吉編『神主と神人の社会史』思文閣出版、一九九八年）の先駆的な研究をはじめ、「特集　近世の西宮神社と戎信仰」（『ヒストリア』第二三六号、二〇一三年）所載の諸論考（とくに中野洋平「えびす願人・えびす社人とその支配」）、前註書の解題や所収論考がある。本稿でもこれらを参照したが、紙幅の都合上、行論の理解上とくに重要と思われる場合を除き、その一々を注記することは避けた。

（5）吉田家の玄関日誌『御広間雑記』（天理図書館蔵）同日条に「奥州蛭子之社人両人」が許状を受けた記事がある。

（6）井上智勝「享保中期から元文年間における西宮神社の配下組織」（註（3）『西宮神社御社用日記』第四巻所収）。

（7）横山陽子「会津藩における被差別民の存在形態――「穢多」・イタカを中心に」（『別冊東北学』六、二〇〇三年）。

（8）『矢祭町史』第二巻、史料編一（矢祭町、一九八三年）五二五頁。

（9）「山形町中屋敷家数人数石高等之覚」（『山形故実録』のうち、『復刊合本　山形経済志料』〈郁文堂書店、一九七〇年〉所収、二五六頁）。なお、明和六年（一七六九）頃には、すでに方々に離散して少人数になっていた（『山形風流　松の木枕』上巻、同前書所収、一二三頁）。年代は『山形市史』中巻（山形市、一九七一年）に拠った。

（10）『岩瀬町史』史料編（岩瀬町、一九八三年）五五五頁。

（11）以上、越佐の例は下記に拠った。「乍恐以口上書御詔申上候（諸国一統吟味の為新発田御奉行所へ願いにつき）」藤田家文書三八（註（3）『近世諸国えびす御神影札頒布関係史料集』第一巻所収）。木下浩「新潟」（『部落の歴史――東日本篇』部落問題研究所、一九八三年）一五六、一七九―一八〇頁。

（12）中野洋平「「えびす」にまつわる人々」（日次記事研究会編『年中行事論叢――『日次記事』からの出発』岩田書

院、二〇一〇年)。

(13)『福島大学佐川家文書　その2』七八九・七九〇号(福島県歴史資料館寄託)。

(14)志村洋「享保期、西宮神社による関東・東北地方の願人改めについて」(註(3)『西宮神社御社用日記』第三巻所収)。

(15)貞享元年一二月二二日「被下置候御裁判書写」本吉井家文書A二『西宮神社文書』第三巻(清文堂出版、二〇二二年一一月刊行予定)。

(16)「覚(本社神主支配の旨寺社奉行より仰せ付けにつき)」川村家文書三(註(3)『近世諸国えびす御神影札頒布関係史料集』第一巻所収)。

(17)「西宮太神宮神像札賦与免許状」川村家文書九(同前書所収)。

(18)註(3)『西宮神社御社用日記』第四巻、元文五年江戸日記三月二〇日条。

(19)註(4)中野論文。

(20)元文五年四月「西宮神社塚本家神職相守可申条々」田出宇賀神社文書(『田島町史』第六巻下、田島町、一九八七年)。

(21)「奥州仙台惣支配下へ申渡候覚」(註(18)前掲書、元文五年閏七月二六日条)。

(22)「木綿繦神服免許状」藤田家文書二二、「参詣神拝次第」同二三。なお、五月には江戸社役人から再度木綿繦・「神服」の免許を受け(「木綿繦神服免許状」同三四)、七月には烏帽子・白張浄衣の着用を免許されている(「免許(烏帽子・白張浄衣)」同四四)(註(3)『近世諸国えびす御神影札頒布関係史料集』第一巻所収)。

(23)註(11)藤田家文書三八。

(24)「奉願口上之覚(官位のため西宮へ罷登るにつき御添状下されたく)」藤田家文書五、「覚(領主役所よりの仰せ付けにつき)」同二六(註(3)『近世諸国えびす御神影札頒布関係史料集』第一巻所収)。

(25)「北越月令」(『日本庶民生活史料集成』第九巻、三一書房、一九六九年)。

(26)註(6)井上論文。

(27)註(3)『西宮神社御社用日記』第四巻、享保二〇年四月三日条。

(28)註(3)『西宮神社御社用日記』第四巻、享保一四年江戸日記三月五~九日、同一六年江戸日記二月二八・晦日・

三月三日条。
(29) 橋本鶴人「習合神道神事舞太夫の職分と集団形成」(『部落史研究』第二号、二〇一七年)。
(30) 註(6)井上論文。
(31) 以上の事例は、註(3)『西宮神社御社用日記』第四巻、元文五年江戸日記正月八日条、九月四・一三日条、寛保二年江戸日記二月二三日条。
(32) 「信州持田市之進身許調一件」吉井文書五　一三〇(註(3)『西宮神社文書』第二巻所収)。
(33) 註(25)。
(34) 「新編常陸国誌」(『復刊新編常陸国誌』宮崎報恩会、一九六九年)六四一―六四二頁。
(35) 註(3)『西宮神社御社用日記』第四巻、享保一九年八月一二日条。
(36) 「覚(吉田家より種村定右衛門宛書状写)」(註(5)『御広間雑記』元文五年閏七月一四日条)。
(37) 柳田國男「夷下し、稲荷下し」(「巫女考」のうち、『定本柳田國男集』第九巻、筑摩書房、一九六九年、初出一九一三年)。
(38) 註(29)。
(39) 以上の例は、井上智勝「民衆宗教の展開」(『岩波講座日本歴史』近世五、岩波書店、二〇一五年)参照。
(40) 以上、舞太夫に関する記述は、橋本鶴人「神事舞太夫の身分と職分」(『解放研究』第二六号、二〇一二年)および註(4)佐藤論文、註(7)横山論文などに拠った。

第四章　神道国教化政策期の神社祭礼と被差別民

——近江国における神仏分離と氏子加入——

吉村智博

近世の寺檀制度のもと「かわた」身分は部落寺院への帰依を原則とされ、神社祭礼の際には実質的に氏子から排除された。そうした身分統制は、維新変革期を経てどう変化していったのか。そこで何が起きたのか。

はじめに

本章は、維新変革期をさしあたり神道国教化政策期であると捉え（政策は最終的に頓挫するものの）、宗教とくに神社（神道）と被差別民（「かわた」身分）について考えようとするものである。近江国（滋賀県）を事例に、その具体的な関係性を探りたい。

さて、近世および近代における宗教と被差別民については、とくに仏教との関連で、宗旨人別帳、寺請制度、「差別戒名」の研究が豊富に蓄積されている(1)。たとえば、宗門改帳の記載にあたって「かわた」身分が末尾に記載あるいは別帳化されるなどの特徴が明確になっている。また、本山末寺制度と穢れ観についても、本願寺の中本山として「穢寺頭寺」（教徳寺・万宣寺・金福寺・福専寺の「四ヶ之本寺」）が存在し、さらに「下寺」として部落寺院

（「穢寺」「穢多寺」「皮多寺」「河原寺」）が序列化されていたことは周知の事柄に属しており、また本山権力の介入度合いと在地統括の矛盾や齟齬も指摘されている。[2] さらに関東圏を中心とする「差別戒名」についても、「革」「畜」「僕」「屠」「旋陀羅」など、おおよそ一般的には法名として使われない文字が刻印された墓石が多数発見され、宗派も多岐にわたる。近代部落史においても本願寺教団と部落改善運動や水平運動との関係が、教団内での黒衣同盟や募財拒否決議（僧侶の座席や色衣に関する差別や部落への差別的待遇を解消しようとする動き）などから明らかになっている。

一方、キリスト教では、転びキリシタンと被差別民との関係について、『道頓堀非人関係文書』『悲田院文書』『悲田院長吏文書（正・続）』などが精力的に公刊されてきたこともあり、「長吏」身分の職制や小屋運営のあり方、仲間支配構造のもとでの「手下」「若キ者」の存在や野非人狩りなどについて、研究が深化している。また、近代部落史においても都市下層社会を題材としつつ、留岡幸助、賀川豊彦、石井十次、志賀志那人といった社会事業家と部落改善運動（部落の風俗改善）との関連を考察する論文が世に問われている。

仏教やキリスト教に関するこうした研究に対して、本章の関心でもある神道については、近世のキヨメ（清目）役と触穢との関連から神仏分離の過程に焦点をあてて国家と宗教の問題を考察した安丸良夫の研究[3]が、今なお重要な位置を占めていることに異論はないように思う。しかし、仏教やキリスト教などのテーマに比べて、研究の蓄積といった観点からは乏しいと言わざるを得ない。伊勢神宮とその神域における穢れ観を追究した塚本明の研究[4]のほか、幕末維新期における天皇陵に対する穢れ観の転換を考察する外池昇の研究[5]などが挙げられるものの、近代を含めて研究史の空白域は広い。実証面では、「賤民廃止令」を契機とした神事加入（神社祭礼に際して課される神輿役など）に関する近畿圏および関東圏での具体例の研究があるものの、全体としては断片的な内容にとどまっている。

本章では、右のような研究史に照らし合わせ、宗教と被差別民の歴史的な連環を究明するなかで比較的蓄積のある神社の祭礼をめぐる動向について[6]、被差別民が神社祭祀を内面化していく過程で生起する排除と包摂との関係性に焦点を当てて考察したい。研究蓄積のあるテーマを選定することが、建設的な議論をもたらすと考えるからであるが、同時に、氏子加入をめぐる一連の動きについて従来共有されてきた、被差別民による政治的かつ主体的な闘争とする歴史的評価にも再考を迫るものでもある[7]。

なお、資料引用に際しては、当該箇所のみ抜粋し、一部の文字を現行字体へと補正した。また〔 〕は引用者による補足を示しており、一部、カタカナとひらがなが混在しているが、原文どおりとした。

一　神仏分離と賤民廃止令――明治二～四年の動向

まず、大津県滋賀郡（近江国志賀郡）に位置する上坂本村（上之町、中之町、下之町、次之町など六町と二丁・一庄で構成、以下「本村」）と、その枝郷（近世の「かわた」身分）である八木山との関係を、日吉山王社（日吉大社）をめぐる神仏分離を手掛かりに確認したうえで、明治四（一八七一）年八月二八日布告の「賤民廃止令」に至る経緯を検証してみたい。全国的な動向のなかで大津県の歴史的に位置づけることによって[8]、その普遍性と固有性とが明確になるからである。

日吉山王社は、山王総本宮、つまり全国に点在する日吉神社の本山であり、式内社（二一社のうち「下八社」の一つ。近江国の一宮は建部神社）である。延暦寺の建立とともに一山の鎮守となって山王を称号し、のちに「山王神道」を生起させた。氏子は上・下坂本村および八瀬地域の一部に及んでいた。春季の例大祭では、四宮神社からの榊に続き、太鼓および建鉾を持った人夫（「かわた」身分と推定）が行列を先導する取り決めとなっていた。

維新政権による一連の神仏分離令（神仏判然令）の実効過程で、寺院側と神社側との激しい対立から、日吉山王社の祭礼にあたっても、社家や神官への攻撃がなされる事態が発生していた。そうしたなか、公人（山王社に神勤する下級の法師身分で社司―宮仕に次ぐ地位におり、主に諸雑事を分掌する人びと）の烏帽子が焼却されるという事件が明治二（一八六九）年四月一六日夜に発生する。

この事件の首謀者として、同年六月になって本村を通して嫌疑をかけられたのが、「かわた」身分である八木山であった。「公人烏帽子焼捨実否取調書」（『明治維新神仏分離資料』上巻）などによると、詮議に対して八木山年寄の与右衛門・弥三郎・作右衛門と、村惣代の安右衛門・勝右衛門は連署して、烏帽子などを「焼捨候抔与者、全無跡方」い「妄説」だと反論し、「是等之儀、一ツを以テ万を知」り「御明察」されたい、とすぐさま嘆願した。八木山にとっては、まったく身に覚えのない疑惑に他ならなかった。このやり取りからは、社家の動向とそれを牽制する新政府の方針、そして神仏分離令に基づく廃仏毀釈を実力行使で押しとどめようとしていた多くの民衆との間で翻弄される被差別民の置かれた立場を窺い知ることができる。

そうした状況をさしおいて、大津県では、一連の事態について事実関係の検証もせず一方的に被差別民の行動を断罪し、明治二年九月、次のような身分取締まりの方針を明確に打ち出す（『滋賀県史料』四五、国立公文書館蔵）。

> 不埒ノ所業不致様、本郷村役人ヨリ屹度可申聞候、尤他国ヨリ風来ノモノ、又ハ他郡ヨリ入込モノ有之ハ、別テ気ヲ付、不法ハタラカザル様取締致サセ、若不心得ノモノ於有之ハ、他国他所ノ者タリトモ取押、其所ノ作法ニ取計可申、万一手向ヒ候ハ、如何程手荒ノ取計致シ候テモ不苦候段、穢多共ヘモ可申聞置事

被差別民が「不埒」な行為をおこなわないよう本村から通達し、とくに他国よりやってくる者に対しては「不

法」なことがないよう警戒し、万が一抵抗したならば少々手荒な取り締まりをしても一向に差支えないとまで言明している。

さらに、明治四年二月、県では身分の取締り策を強化し、「穢多素性押隠シ素人ニ交リ候モノ」や「穢多ト乍存交リ候モノ」に対してどのように処置するかを、権知事名で弁官（各省の監督、公文書記録などの担当部局）に問い合わせ、弁官からは素性を知っていた場合は処罰するとの回答が出された（『公文録』辛未自正月至三月大津県之部、国立国会図書館蔵）。

身分制廃止以前であるため、近世期の秩序や慣習をそのまま承継した政策が採用されているが、[9]大津県でも九月になって「賤民廃止令」（八月二八日付「太政官布告」）が県独自の表現を用いて布達される（『滋賀県史料』四五）。

一、穢多非人等ノ称被廃云々、別紙ノ通被仰出候ニ付相達候条、可得其意候、元穢多ノ者共稍モスレハ粗暴ノ挙動ヲナシ、人情ヲ不弁哉ノ儀モ相聞エ以ノ外ナル事ニ候、今般平民同様被仰出候上ハ、御趣意ニ基キ、更ニ穢多ノ悪弊ヲサリ、人倫ノ道ヲ相守リ、御高札ノ掟ニ不戻様大切ニ相心得、万事不束ノ所業有之間敷事

右相達候条、組合村々ノ内、分郷ニ穢多有之分ハ、前条ノ主意、組合総代並ニ本郷村役人共ヨリ篤ト可及説諭事

他府県と同様に布告されたことがわかるが、「粗暴ノ挙動」や「人情ヲ不弁」など県独自の認識も盛り込まれている。被差別民はあくまでも「悪弊」を払拭できず「人倫」さえ守ることができない存在だとする認識が明示されている。

この布達に続いて、「元穢多非人等民籍編入取斗伺書」が大蔵省（明治四年七月に民部省が廃止されたため職掌を移管）へ上申され、[10]戸籍編纂への準備（明治四年四月四日の「統一戸籍法」による戸籍編成作業）が進められることにな

るが、その過程で氏子加入をめぐる問題が発生する。

二　倉園神社氏子加入一件——明治五年五〜七月の顛末

新たに編纂されることになった戸籍（「壬申戸籍」）への記載にあたっては、「大小神社氏子取調」（明治四年七月四日付「太政官布告」）によって、戸長を介して戸籍区ごとの郷社（「郷社定則」同上）への届出と「守札」の接受が必要となっていた[11]。郷社の氏子であることを証明したうえで戸籍に登載するという一連の手続きは、従来の宗旨人別制度に代替する戸籍制度を円滑に機能させるとともに、「出生」間もない乳幼児から「守札ヲ所持セザル」すべての人びと、すなわち「臣民一般」の教化を図る仕組みを構築しようとするものであった（ただし、明治六年五月二九日の「太政官布告」により廃止される）。

しかし、近世の八木山には、氏神を本村と共有すること、あるいは分祠を所有することが、「かわた」身分ゆえに認められていなかった。

「賤民廃止令」後、近傍の村々で「神事初、何事モ平等」の取扱いを受けていることを「甚浦山敷」く思っていた八木山では、さっそく、本村のうち中之町と次之町が、氏子惣代を務める倉園神社の氏子としての加入ないし神社そのものの遷座を嘆願する。発願人である風呂屋治助に万蔵・嘉市を加えた三人の連判で提出した明治五（一八七二）年六月二一日の「乍恐書付ヲ以奉歎願候口上願」には、以下のようにある（『倉園神社八木山氏子入願一件記』[12]）。

其村方ニ而者、倉園氏神ニて心得居候共、全氏子ニ而者無之候段、急度被申聞候得共、氏子之証拠ニハ祭礼之役儀も相勤、大鞁張替彩色等昔より人別ニ致居候段言上仕候処、其儀ハ兎も角、向後ハ氏子相除候間、左様心

得候段、急度被申聞候間、村中悲歎仕、氏神無御座候而ハ戸籍不納由承リ、中々難捨置大事与存、庄屋様へ数度願出候得共、御聞届無御座候

倉園神社の氏子である証拠として、祭礼に関する役儀もとりおこなってきており、そのうえ太鼓皮の張替なども事実上兼務してきた。にもかかわず、今後は氏子からは除外されると聞き及んで、一同「悲嘆」しているが、氏神がなければ戸籍への登載にも影響するので、なんとか氏子加入を叶えてほしい、と歎願している。八木山としては氏子調の必要性を見据えての嘆願でもあった。

この嘆願書は、滋賀県（明治五年一月に大津県より改称）に対して、本村（年寄・与右衛門）と氏子惣代（勝右衛門）を取り次いで提出しようとしたものであったが、本村の根強い抵抗に遇うことになる。氏子惣代である文六・新七・林助・甚八の連判によって出された六月一五日の「書付」には、次のように記されている（『一件記』）。

八木山村義、今般世上一般之　御趣意ニ而平民同様ニ被仰出候ニ付而者、当両町之氏神倉園神社ヲ往古より彼村之氏神、且中之町組抔ト申出候趣ニ候得共、此義ハ一切無之儀ニ御座候（中略）祭礼之役儀モ相勤候与の義ハ、定而大鞁昇之義ト被存候、右ハ其度毎ニ雇入候義ニ御座候、尚又太鞁張之儀モ無賃ニ而張候様申出候由ニ候得共、是も其度毎ニ賃料相渡来候、（中略）将又大鞁昇之義者、外氏神江も罷出居候而当神社ニ限リ不申候

伝統的に倉園神社の氏子であるという八木山の主張はまったく当たらないと強調している。八木山が氏子の根拠としている太鼓昇《かつぎ》はあくまで「雇入」にすぎず、太鼓皮の張替えにしても「賃料」を支払ったうえでの行為だという。こうした両町の対応に業を煮やした八木山は、本村庄屋中村庄右衛門への直接の嘆願に切り替えた。しかし、庄屋中村も回答を拒んだため、八木山では滋賀県庁へと直訴する方針に変更したところ、県庁では、八木山の嘆願を承認するよう、本村の戸長・庄屋に指示する事態となった。

八木山による、本村の意を介さない滋賀県への直訴に「以ノ外、立腹」した本村は、中之町四人、次之町六人のほかにも、上之町一人、開キ町一人を動員して、県庁の指示に対し、八木山の主張に真っ向から反論する嘆願書を提出した。八木山が倉園神社の氏子なることを何としても阻止したいという考えが本村に根強くあり、その結果、昼夜を分かたず、まさに奔走することになる。

結局、八木山の氏神は、滋賀県が「双方便利ニ候ハゞ連印ヲ以可願出」きことを論拠にして新たな氏神を設定するという裁許を下したことを受けて、空社となっていた下野天神を飯室谷から新たに遷座することで決着した（『上坂本村永代記録帳』）。

> 其後戸長諸役人会合致、当村願主ノ者召出、本郷氏神ニテ候得共、下野天神様八木山ノ氏神ニ願可呉様段々役人共願主ノ者共江頼入候、仍テ之廿一日御役所仕候、御上様ヨリ申被渡候様下野天神様明社ニ候間、願ノ通聞届可被下候。右ノ義依テ下野天神様八木山ノ氏神ト相定

空社となっていた下野天神社を「明社」として、八木山の「願」いどおりに氏神にすることになった経緯が、簡単に書きつけられている。

八木山が倉園神社の氏子であるとする主張を断じて認めたくなかった本村としては、本懐をとげたことで、「村方一同夫々氏神江神酒献備いたし候様町役一同申合ニ相成」り、「早朝ヨリ両町御宮之伴江打寄、御湯ヲ上ケ目出度御神酒ヲ戴」く程の祝賀気運であったという。「八木山ヨリ倉園之氏子ニ致呉様申候儀ハ願候共、無之事、誠ニ幸之事」だったからである（『一件記』）。

本村ではこうした祝賀行為だけでなく、一連の騒動の発端をつくったとして、八木山への報復措置に打って出る。

> 右一件ニ付、村方内々取極ニ者是迄木出し其外八木山雇入候得共、以後壱人も雇入不申候筈、尚又、わらハ一

束タリ共売払不申候様、町々ニ而無洩申合置候、尚暮ニ至り候ハヽ、追々田畑下作取上ヶ候取極之事

従来八木山がおこなってきた木出人夫への雇入を止めたうえに、藁束などを八木山へ売ることを禁じ、さらに田畑を取り上げるというもので、もともと上坂本村域の北端に位置する急峻な山間で生計を立てていた八木山にとっては、まさに死活問題であった(13)。田畑という生活基盤を含め生業を奪うことが、本村に逆らった被差別民への報復措置として当然のように強行されているのである。

三　日吉山王社祭礼参加一件——明治六年四月〜七年四月の様相

本村とは別の神社を氏神としたことは、神社祭祀に関して制度には包摂されるものの、氏子としては排除されるという、相矛盾する複合的な事態を招いたことになる。八木山からしてみれば、下野天神の氏子として県からも本村からも承認されたわけであるから、こうした矛盾を抱え込みつつも、今度は日吉山王社への祭礼参加の嘆願にも動くことになる。滋賀県庁宛に明治六年五月に直接差し出した「乍恐奉歎願上口上覚」（『記録帳』）には、次のように記されている。願人は、惣代の忠治郎・嘉八・八十八の三人である。

当度日吉御神事ニ付、一肩成共御供仕度段我々共町役衆江願出候処、町役ヨリ戸長様へ数度願出候処、戸長様被仰候様ハ、日吉御祭礼ニ付テハ其町内於ハ建鉾太鞁ノ役被仰付、御輿ノ役〔不〕相叶候段被聞候処、町役承リ帰町被致、町内夫々江被申聞候処、町内大ニ力落仕、本村初区内ニ於テハ御輿ノ役被致ニ、私町内斗リハ同区内ニテ有乍ラ御輿御供難叶テハ甚々歎ケ敷被存、皆々歎ケ沈ミ十方ニ暮居申候処（中略）、町内一統ノ者共甚歎沈ミ斯難有奉蒙御掟乍ラ残念被存、他村格別親村上坂本ヨリ同道ニテ御引廻シ被成下候テ、社出世ノ本懐

被存数度願出候処、種々被申聞、御宥免モ有之候様ニ被申聞候間、若者共装束不残用意ニ及楽居申候、昼頃日相成、俄ニ難叶段被申聞候テハ甚タ歎ケ敷奉存数度ノ願以全宅頭無御座候

日吉山王社への神輿役儀という念願が同じ「区内」にもかかわらず八木山だけ「難叶」いことに、「甚歎」かわしく村内が一様に沈んでいる。本村と「同道」のうえで「社出世ノ本懐」を果たしたく、若者たちも装束を用意して待機していたにもかかわず、許可されないことでますます落胆しているという。倉園天神の時と同じ構造である。ただし、今回、神輿舁《かつぎ》の役儀を得て山王社への宮入を果たしたいという願望を強くもつ八木山は、自らが排除されているにもかかわらず、嘆願の過程でその内部に存在する「五軒町」を「此者ハ穢多」であると言明し、「何事モ相余」く挙動に出ることになる。

その主な理由は、「賤民廃止令」以後も各地の村々が放棄した斃《たおれ》牛馬処理、なかでもとくに警戒されていた「病死牛取扱」を五軒町の何人かが継続しているから、というものであった。明治六（一八七三）年七月九日には次のように申し出ている（『記録帳』）。

一、此度五軒丁病死牛取扱致スニ付差留候処、五軒丁聞不入申、伝染病ノ死牛何数共不知る取入候間、小前立腹致役前江申出会合ノ上、十日ノ日延ニテ退村申渡、依之本郷戸長方へ願書以相届候得共、戸長直様聞届被致早足御役所江願出、（中略）都合六人、御役所ノ御調ニ相成、退村申付候間、御請書差上候後、忌憚無之様納居候

五軒町が、伝染病に罹患した牛を何頭となく取引して処理していることが、八木山からの「退村」を命じた主要な要因であるとしている。十日以内での八木山からの「退村」という厳しい措置をとることになったが、斃牛馬処理に依然として従事することが、すなわち、反秩序的な他者（敵対者）と見做《な》されたわけであり、五軒町の人びとは被

差別民でありながら、八木山の人びとを「死津《しづ》メニカケ」（「沈める」の意か）る「人道ヲワキマエ」ぬ者たちとの烙印を付与され、被差別民の共同体からさえも排除されることになった。

こうした一連の騒動は、八木山にとっても「職業ニ困入」（明治六年三月）る事態をもたらし、五軒町にとっても「今日之活斗難相立」（明治七年四月）という状況を招いていくことになる。そして、窮状をかかえた八木山は、本村に対して救済の歎願をすることにさえなっていった（『一件記』）。

一方、一連の動向に対して滋賀県は、日吉山王社の大祭はあくまでも「私祭」である、と不介入の姿勢を貫き、八木山の「開化ノ道ニ可趣」きように「実以難有大慶至極ニ奉存喜入」った嘆願は不成立に終わった（『記録帳』）[14]。なお、その後、八木山から提出されることになる、八木山自身の「分村独立」の歎願過程（明治六年九月二九日〜同七年五月二〇日の間の七度）においても、五軒町の存在には全く触れられておらず[15]、排除の構造化が顕現していることの証左ともいえよう。

おわりに

本章では、維新変革期の大津県（滋賀県）における日吉山王社と倉園神社に関わる、祭礼をめぐる上坂本村と八木山の関係を再考してきた。包摂と排除をともなった一連の歴史的経緯を図式化したのが、次頁の**図**（氏子加入・祭礼参加一件の構造）である。

図の1、2、3は、それぞれ小論での節番号に対応し、そこで検証した一件の内容に即して、八木山と本村（村レベル）、志賀郡第一一区（郡レベル）、大津県（県レベル）の相互関係を、矢印などで示している。また、※a、b、

図　氏子加入・祭礼参加一件の構造

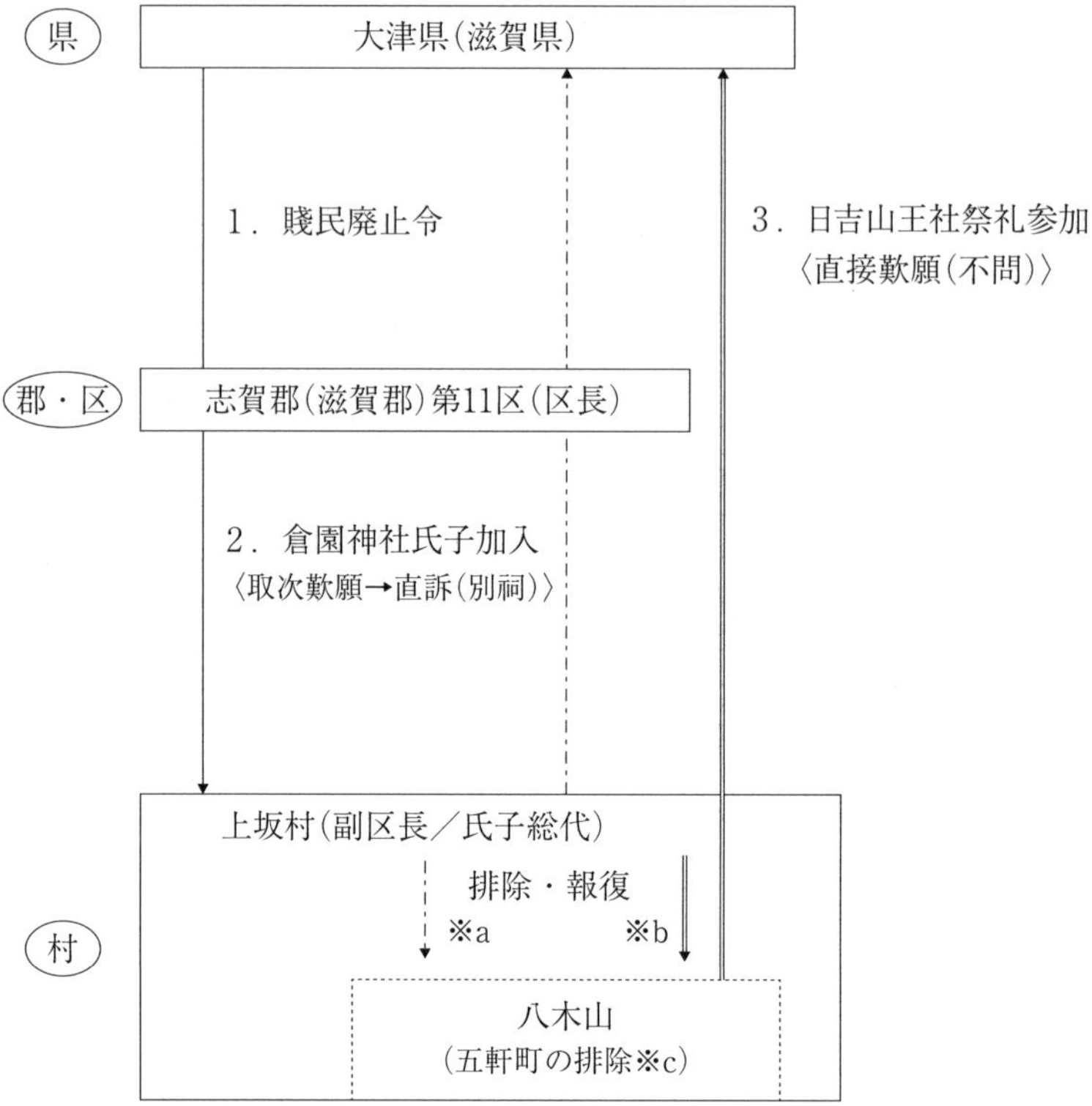

※ a 形式的対抗措置

　神道国教化政策での別系統の位置づけ（包摂的異化）

※ b 実質的対抗措置

　主要な生産・労働手段・対象の強制的収奪（共同体規制）

※ c 他者性の付与

　「穢多」称号付与（種姓的賤視）

cは、それぞれの意味づけをおこなっている。

aは「形式的対抗措置」といえるもので、神道国教化政策における氏子制度に八木山の加入も許されはしたものの、本村とは別の神社の遷座という了解しか得られないという意味で、「包摂的異化」が実行されたことになる。bは「実質的対抗措置」といえるもので、本村が八木山の主要な生産・労働手段・対象を強制的に剝奪したという意味で、「共同体規制」が作用したといえる。cは「他者性の付与」といえるもので、八木山が神社祭礼を長く本懐としたために自らが内包する五軒町に「穢多」称を付与して排除するという、まさに近世から継続する「種姓的賤視」の再構成ということになる。

以上が、本章で検証した、神社という宗教的な場における祭礼をめぐる一連の出来事の見取り図になるが、最後に本章の事例検討から浮き彫りになったことをまとめておきたい。

一つには、近代化政策の主軸である職住一元化支配への布石、つまり賤民制廃止と地方自治制をめぐる日本社会の普遍性と、大津県（滋賀県）の固有性とが、明確になっていることである。氏子調↓戸籍編纂という制度への被差別民の同調（積極的な収斂）が見られる一方で、大津県における地方自治制度の独自性（県―郡―区―村系列）から承継される被差別民への排除の慣行・慣例・習俗が明確になっている。

二つには、近世の檀家に加えて近代の氏子が問題化する過程で、聖と賤（穢）との相克が明確になっていることである。神道国教化に同調するため、八木山では祭礼参加（とくに神輿役儀）の伝統的系譜を口実にして正統性を主張する思考と、その過程で、共同体内部における異質なる他者（五軒町）を排除することによって主体性を担保しようとする力学が作用しているのである。

三つには、こうした行動原理や思考様式を、国家が管理する姿勢が明確になっていることである。本村と被差別民という衆庶間の差異化・秩序化を収束し、最終的に一元管理していく国家の権力装置が、氏子加入をめぐる一連の嘆願行動に最終的な決着をつけることになった。まさに排除と包摂の境界を策定したのである。

以上の点から、次のように総括することができよう。本村が祭礼を排他的・一元的に管理するという、近世以来の伝統的秩序を動揺させる八木山の嘆願行為に対して、本村は氏子制度そのものを否定することなく別の祠を遷座するという新たな秩序を構築しようとした。それは県や区など維新変革期の行政体の意向とも一致していた。一方、八木山は、五軒町を排除（他者化）することによって、身分制廃止後に付与された新たな秩序を受理し内面化しようとしたことになる。つまり、神社（宗教）をめぐる秩序の転換にあたって、差別が新たな秩序のもとで再生産されていくことを明確に示しているのが、本章で検討した一連の出来事であったことになる。

註

（1）和田幸司『浄土真宗と部落寺院の展開』および『近世国家における宗教と身分』（いずれも法藏館、二〇〇七・二〇一六年）が最も体系立って叙述している。なお、近世の「穢寺」については学説整理も含めて、藤原豊「仏教と差別――本願寺と穢寺制度」（寺木伸明・中尾健次編『部落史研究からの発信第一巻　前近代編』、解放出版社、二〇〇九年）が詳細に跡づけており、研究蓄積の豊富さが推察できる。一方、近代の宗教に関わる学説を整理した廣岡浄進「宗教と部落」（黒川みどり編『部落史研究からの発信第二巻　近代編』、解放出版社、二〇〇九年）では、神道は「その他」に分類され、独立した項目となっておらず、いくつかの研究蓄積さえ見逃されており、近代部落史における宗教への問題関心の希薄さを象徴している。なお、部落史では捕捉しきれていない神道の歴史とその研究史については、上島亨・吉田一彦編『日本宗教史1　日本宗教史を問い直す』、佐藤文子・吉田一彦編『日本宗教史6　日本宗教史研究の軌跡』（いずれも吉川弘文館、二〇二〇年）、および島薗進・末木文美士・大谷栄一編『近代日本宗教史　第一巻　維新の衝撃――幕末～明治前期』（春秋社、二〇二〇年）を、被差別民と宗教との関連については、島薗進・高埜利彦・林淳・若尾政希編『シリーズ日本人と宗教　近世から近代へ6　他者と境界』（春秋社、二〇一五年）を参照した。とりわけ、神仏分離については、神仏分離一五〇年シンポジウム実行委員編『神仏分離を問い直す』（法藏館、二〇二〇年）に依った。

（2）摂津国富田の本照寺は、最多の部落門徒を抱えているものの「穢寺」とは認識されておらず、播磨国亀山の源正寺は、「穢寺帳」に記載はあるものの本山からの取り扱いに一貫性がなく、尾張国玄海の西念寺は、「穢寺」と認識されているものの在地では「長吏」の旦那寺と位置づけられており、本山末寺制度の在地での矛盾が存在することがわかる（註(1)藤原論文）。

（3）安丸『神々の明治維新――神仏分離と廃仏毀釈』（岩波新書、一九七九年）は、日吉大社の神仏分離についても触れ、その特徴を分析して、近世以来、鬱屈した不平をいだく社家側が強引な実力行使に出たこと、新政府にとってそうした実力行使は容認しがたいものだったこと、民衆が廃仏毀釈に抗する姿勢を示したことで廃仏毀釈のそれ以上の進展を妨げたこと、などを指摘した。なお、「神仏分離」「廃仏毀釈」そのものの歴史的意義については、岩田真美・桐原健真編『カミとホトケの幕末維新――交錯する宗教世界』（法藏館、二〇一八年）を、各地の実態については、村田安穂『神仏分離の地方的展開』（吉川弘文館、一九九九年）、畑中章宏『廃仏毀釈――寺院・仏像破壊の真実』（ちくま新書、二〇二一年）を参照した。ただし、村田、畑中ともに、被差別民のことについてはまったく触れていない。

（4）塚本『近世伊勢神宮領の触穢観念と被差別民』（清文堂、二〇一四年）における視座と方法は、今後の穢れ観の研究にとって示唆に富む。

（5）外池『幕末・明治期の陵墓』（吉川弘文館、一九九七年）、同『天皇陵の近代史』（歴史文化ライブラリー八三、吉川弘文館、二〇〇〇年）は、幕末まで「遺骸」が埋葬される墓地として穢れ観の対象であった陵墓が近代天皇制の成立に即応して聖域化していく過程を明瞭に論じている。

（6）ここでは、さしあたり小論との関わりが深い斉藤洋一「長野県における明治前期の祭礼参加闘争」（『信州農村開発史研究所報』第八五号、二〇〇三年）および井岡康時「明治初期の被差別部落における神社整備――大和国葛下郡東山村の事例から」（『リージョナル』第五号、二〇〇七年）を念頭に置いている。

（7）たとえば、谷口勝巳『近江の被差別部落史』（滋賀県同和問題研究所、一九八八年）は、「神社獲得闘争」として立項し「本郷と対等のたたかい」「（下野天神を）手に入れることを本郷に認めさせ」る「解放への道を歩み」であるなどと評価した。また、谷口の研究を素地にしてまとめられた滋賀県同和問題研究所編・刊『淡海国における差別の歴史と部落問題』（二〇〇〇年）も同様である。こうした先行研究は、小論で詳述していく一連の動きを、外部――内部あるいは差別――被差別という階層秩序的二項対立の図式で説明し、維新変革期に「賤民廃止令（解放令）」に依拠して差別に立ち向かい氏子加入を獲得する被差別民の積極的な行動（思考）としてのみ評価してきた。こうした評価には、明らかにマルクス主義にもとづく人民闘争史観が反映されている。

（8）近代初頭の行政区画の変遷はきわめて複雑である。ここでは行論の都合上、必要最小限でその経緯を記しておく。大津県（明治五年一月から滋賀県）は、慶応四年閏四月の「政体書」によって、それまでの行政体としての裁判所を廃止し、直轄府県として設置された（「府藩県三治体制」）。このうち、上坂本村が属することになった滋賀郡第一一区は、いわば中間行政単位の「区」にあたり、明治五年九月から、ほかの区とともに総戸長および副戸長を置いた。そして、総戸長・副戸長は明治六年一一月には区長・副区長と改称する。他県では一般的に大区小区制がこの時期に採用されているが、現在の滋賀県に相当する大津県→滋賀県および長浜県→犬上県では、県―郡―区―村という支配系統を採用していたため、旧本村――旧枝郷の慣行や慣例が承継されやすかったと推察される。

（9）この時期の被差別民への視線や認識は、たとえば大和国（奈良県）では「穢多とハ申乍国民一統之義ニ付、実ニ愍然ニ相心得儀ヲ以神前参詣可致義は神慮ニ背キ不申哉と奉存候」（明治四年九月一六日「郡山県宛葛下郡上牧村東山方不法取締願書」）といったように、「穢」と「聖」とが「国民一統」を媒介に併存している場合もあった。しかし近江国（滋賀県）では、町村制の時期まで「民情不適合ニシテ向来自治体ノ旨趣ヲ保持シ難シ」（明治二二年年八月二〇日「滋賀郡下阪本村外三ヶ村戸長諮問答申」）というように賤視が承継されていく。

（10）「伺書」では「当県管内ニ在之元穢多居住所、是迄独立村名者無之候とも、本村地内ニて近キハ弐三丁、或ハ十丁以外ヲ隔罷在候ニ付、元穢多共従来之本村地内之小字ヲ以、村名同様相心得居候趣、就之来申年二月朔日以後御改正戸籍帳編製ニ付而者、双方便利之願ニ任セ、土地人口之多少ニ不拘、元穢多共従前唱来居候本村地内之元字ヲ以更ニ村名ヲ下シ、新規一村与いたし候而も、不苦儀ニ御座候哉」と、被差別民を小字によって「別村」とする方が「双方便利」（本村にも枝郷にも）であることを上申したが、大蔵省からは「漸々諭告シ、追而ハ本村江組込候様可致事」と回答されている（『県沿革書類』一九六）。県の方針を政府は認めなかったということになる。

（11）戸籍制度の推進を企図して太政官より布告された「大小神社氏子取調」および「郷社規則」の内容と経緯については、外岡茂十郎編『明治前期家族法資料　第一巻第一冊　家族関係法規集』（早稲田大学、一九六七年）を参照した。

（12）一連の氏子加入嘆願騒動は、一九七〇年代に翻刻された『上坂本村永代記録帳』（明治五年五月編綴、以下『記録帳』）だけに依拠して記述されてきたが、事の経緯を詳細に記した『倉園神社八木山氏子入願一件記』（A・B・Cの三つの綴、明治五年五～七月編綴、以下『一件記』）が八〇年代になって翻刻されたことによって、八木山の動きの詳細や本村の対応が明確になった。本村では、とくに六月一七～一九日の三日間に集中して行動し、八木山の主張を覆すために奔走し、時として夜半に倉園神社へ参集して対策を練りもした。なお、いずれの資料も、現在は、滋賀県同和問題研究所編・刊『部落史資料』第三・九輯（一九七九・一九八四年）として翻刻されている。

（13）近代初頭の八木山の田畑を記した絵図には二種類あり（『記録帳』）、本村提出のものは八木山所有地をすべて墨塗で表現しており、八木山提出のものには細かな畝歩が記載されている。八木山提出のものに記された反別をみてもわずかであり、地目も急峻な谷間に点在する様子が判る。

（14）日吉山王社に関わる嘆願の後は、明治八年四月に至っても「御輿ノ役」は依然として実現されず、「御幣柩ノ役」のみが許可されるにとどまった。

（15）『上坂本村之内八木山町分村願書類』明治七年五月編綴（滋賀県同和問題研究所編・刊『部落史資料』第七輯、一九八二年）にその過程が明記されているが、「分村独立」というのは、あくまでも被差別民側の名分論であり、実質的には、近代社会において旧「穢多」身分を行財的に包摂しきれなくなった本村による枝郷＝被差別民の排除であった。

第五章　「祈り」への差別と「祈り」による差別

——近世から原爆後の長崎における被差別集団をめぐる宗教性と統治について——

山本昭宏

近世以来、キリスト教の弾圧と被差別部落の歴史を抱える長崎。その長崎の戦後史を「原爆と差別」という問題意識から概観し、被差別部落問題が不可視化されてしまう社会的・歴史的要因を問う。

はじめに

部落史研究の先駆者のひとりとして知られる歴史学者の馬原鉄男は、一九六〇年に長崎の浦上を訪問し、その印象を書き残している。浦上を訪問する前の馬原は、比較対象として戦後の広島を想定していた。戦後の広島では、「福島部落」と呼ばれた地域の人口が増えて「スラム化」していたため、馬服は浦上も同様なのだろうと予想していたのだ。しかし、彼の予想は裏切られる。

長崎の旧市街と新市街とを分ける金比羅山の傾斜地の、いくぶん新市街、つまり浦上天主堂寄りにあるべきはずの浦上部落はすっかり消え失せ、それに代わってにぎにぎしく建ち並ぶ住宅街の谷間に、わずか十数戸のバラックが隠れるように点在しているのみである。（中略）私は、はじめて、部落の人達の大半が原爆で死に果てたことを知った。福島部落にみられるような、スラム化するための核すら消滅していたのである[1]。浦上は爆心地付近にあったため、「部落の人達の大半が原爆で死に果て」ていた。ただし、バラック小屋が点在していたのも事実である。バラックに住む「浦上部落」の人びとは、地域住民からどのように認識されていたのだろうか。馬原はフィールドワークの過程で、ある民家に立ち寄ったときの経験を次のように述べている。

とある一件の民家に立ち寄り、天主堂への近道を尋ね、ついでに例の浦上部落についての話を持ち出してみた。ところが、である。敬虔なカソリックにしては、余りにも不自然な罵詈雑言の数々をあびせられて、私は愕然とした[2]。

近隣地域のカトリックの住民が「浦上部落」に対して「余りにも不自然な罵詈雑言」を口にした――その驚きを、馬原は書き残している。馬原の限定的な体験を一般化することはできないにせよ、ここから重要な論点を引き出すことができるだろう。

第一に、壊滅的な打撃を受け、「消えた」とも言われた浦上の部落が、戦後も一定程度は残っていたこと。第二に、カトリックの信徒による浦上の部落に対する蔑視が、やはり戦後も一定程度は残っていたという可能性である。

浦上の被差別部落については、高山文彦『生き抜け、その日のために:長崎の被差別部落とキリシタン』(解放出版、二〇一七年)や、それに基づくNHKのETV特集「原爆と沈黙~長崎 浦上の受難~」(二〇一七年八月一二日)、同番組のチーフディレクターが中村由一の証言をまとめて子ども向けに編んだ『ゲンバクとよばれた少年』(講談社、二〇一八年)などによって、ある程度知られるようになった。本章では、問題意識においてそれらの刺激を受けながら、別の角度から近世以来の長崎における差別の諸相を分析したい。

そのために、まずは近世以来のキリスト教の弾圧と被差別部落の歴史を確認する。長崎における部落史研究は厚い蓄積を持っており、本章の第一節と第二節における近世の記述は全面的に先行研究を踏襲している。(3) 本章の第一の目的は、先行研究が明らかにしてきた歴史的事実をいかに理解すべきか、考察の手がかりを得ることにある。第二の目的は、原爆後の長崎に関するものだ。戦後の長崎では長らく被差別部落問題が不可視化されていたが、その社会的・歴史的要因を仮説的に提示することが本稿の第二の目的である。両者は厳密には異なる問題ではあるが、差別という問題系で同じ空間の通時的な変容を記述することで、複数の宗教性と職業集団が織りなす差別の諸相を整理したいと考えている。

一　近世初期以降の長崎における「かわた町」

本章に関わる範囲で、長崎における被差別部落の歴史を簡潔に振り返っておきたい。なお、長崎という言葉は直轄領長崎を指す。また、多様な被差別民が存在するが、本章で被差別部落という場合、かつて「えた」などと呼ばれた人びとが集住していた地域を指している。

まずは、安土桃山から江戸期の長崎における「皮屋町」の位置とキリスト教弾圧を確認する。長崎には、一五六九年にトードス・オス・サントス教会が建造され、各地からキリスト教徒が集まっていた。その後、天正一五年(一五八七)七月二四日、秀吉は「伴天連追放令」を出すとともに、当時イエズス会の知行地となっていた長崎と浦上を没収する。さらに、慶長元年(一五九七)一二月五日、長崎の西坂で、フランシスコ会士六名、イエズス会士三名、日本人信者一七名の処刑・殉教を断行した。ここで処刑されたキリスト教徒は、京都と大阪で摘発された者たちで、耳をそぎ落とされたうえではりつけにするという処刑法だった。(4)

他方、同時期の長崎では町の再編が進んでいた。慶長三年（一五九八）までの間に、職種名を付した町が整備される。これにともない、皮革職人たちの居住地は、内町の外側、浄土宗・大音寺と曹洞宗・晧台寺周辺に「皮田町」「皮屋町」として固定された。長崎歴史文化博物館所蔵の『寛永長崎港図』には「かわた町」と書き込まれている。同時に現新橋町には、町人身分の鹿皮職人が住む「毛皮屋町」が固定された。本書との関わりでは、長崎の「皮屋町」には摂津の渡辺村の一二軒もの問屋が買い付けに来ており、彼らを通して全国に売られていったという。(5)

他方で、慶長一〇年（一六〇五）、徳川家康は長崎外町（大村領長崎村新町）を大村氏から没収し、代わりに浦上の一部を大村氏に与えた。この「地替」の直後、大村喜前はキリスト教から日蓮宗に改宗することになった。これらにともない、もともと大村領で布教活動を行っていた宣教師とキリスト教徒たちは、移動（追放）を余儀なくされた。迫害・弾圧もあったであろうと推測されている。(6) そして、慶長一七年（一六一二）以降、駿河・京都・大坂でキリシタンへの処置はいっそう厳しさを増し、その波は長崎をも襲った。慶長一九年（一六一四）には一〇カ所の教会が破壊されている。

長崎でのキリスト教徒の迫害には、注目すべきポイントがあった。それは仏教寺院と僧侶たちの関与である。僧侶たちは、奉行役人とともにキリスト教徒の迫害に加担し、教会の跡地を与えられている。さらに、改宗者たちを檀家として組み入れた。世俗権力と結びついた既存の宗教権力が、新宗教を弾圧し、制度的差別によって基盤を強固にしていくという、わかりやすい事例である。

さて、ここで、「皮屋町」の人びととキリスト教との関係へと移ろう。「皮屋町」の人びとのなかにもキリスト教徒は存在した。しかし、彼らはまた警察権力の末端にも位置していた。捕縛や処刑業務の担い手としての職務を担ったのである。ここに、冒頭で確認したような、戦後にまで引き継がれた、長崎のキリスト教徒による部落民への激しい憎悪の歴史的根拠がある。

江戸期に入って慶安元年（一六四八）、長崎奉行・山崎権八郎が、浄土宗・大音寺と曹洞宗・晧台寺からの増地願いを受け、部落を西坂（長崎駅の北東側、処刑場の近辺）の北瀬崎に移した。その跡地は、大音寺と晧台寺に編入された。さらに、享保三年（一七一八）、今度は部落が浦上山里村馬込郷に移る。ここが、本章が注目する「浦上」である。

浦上の場所には重要な意味があった。阿南重幸は次のように述べる。

皮屋町は二回移転を命じられますが、最終的に行ったところは、浦上と長崎のあいだなんですね。長崎の人口は幕末で二万五千人ぐらい、浦上の人口は四千人ぐらいですが、つまり、八百人の人間が長崎と浦上を分けるかたちになっているんです。これは長崎の人にとってひじょうに意味がありました。浦上には、わけのわからない宗教を信じている人たちがいて、その境に警察である皮屋町があるわけですから(7)。

その後、浦上山里村は、一八九八年に長崎市に編入、一九一三年に浦上町となった。

以上にみたように、浄土宗・大音寺と曹洞宗・晧台寺周辺に位置し「皮屋町」と呼ばれた部落は、二回の移転ののちに浦上に固定されたことになる。潜伏キリシタンが住んでいた浦上と、町の中心である長崎との中間に置かれたのであった。

そもそも、キリスト教徒と「皮屋町」は対立関係にはなかったと考えられている。来日した神父たちは、一六一〇年代から「皮屋町」で布教活動をしており、そこにはキリスト教徒が一定程度存在していた。そのため、「皮屋町」の人びとのなかには、キリスト教徒の捕縛や処刑を拒む者もいたことが記録に残っている。元和四年（一六一八)、元和五年(一六一九)、元和七年(一六二一)、彼らはキリスト教徒と修道士の処刑に関わることを拒否しているのである。[8]それを示す資料として、ドミンゴ会のハシント・サルバネスによるマニラ宛報告を引用しておきたい。

この機会に殉教者から生じた二番目に大きな偉業は、獣類の皮をはぐことを職業としている皮屋cuvayaの上に起こったことです。これらのものは牢の番をし、死刑になるものを縛って連れて行く仕事もしています。この者たちは今から二年前一二人の聖殉教者が焼かれた時と同じように今回も、罪であることを知っているので、処刑の仕事に出て行こうとしませんでした。(中略)

この人々は日本で最もさげすまれている貧しい人々ですから、聖殉教者フライ・エルナンド・サン・ヨセフ及びフラン・アロンソ・デ・ナバレーテ両名は彼らに施しを与え、ミサを捧げ秘蹟を授けて彼らを援け、そのために小さな礼拝所をつくりました。[9]

ここには、キリスト教徒に対する刑務補助の仕事をサボタージュした「日本で最もさげすまれている貧しい人びと」の姿が書き込まれている。また、彼らが洗礼を受けたことも記されている。このように、近世初期におけるキリスト教徒と被差別民との関係は、固定的な敵対関係にあるものではなかった。両者の関係が敵対的なものになるのは享保期であって、非人制度の確立が両者の対立に関係していた可能性を示唆している。

二　浦上四番崩れ

享保年間(一七一六〜三六)の長崎では、「革屋町非人目付」が犯罪人の捕縛を担当するようになっていた。同時に、「非人手下」(非人原送り)判決を下した「犯科帳」が残っている。「非人手下」の判決が増えれば、当然ながら

「非人原」たる浦上の人口も増えた。市中を徘徊し、悪事を働く者も現れるようになった。そのため、「非人原」の住人たちに、一年間に付米三俵を渡して生活の安定を図るという対策がとられた。他方で、重要なことに、「非人原」の住民たちは、市中見廻り、逮捕、牢番など、警察の末端組織により密接に属すようになった。「皮屋町」の人びともまた、潜伏キリシタンの監視や捕縛の役割を担ったのである。

こうして、キリスト教徒と被差別民との敵対関係が固定化する下地が作られたわけだが、両者の敵対関係を決定的にしたと考えられるのが、いわゆる「浦上四番崩れ」である。「崩れ」とはキリシタンの露顕を指す。一七九〇年の浦上一番崩れ、一八四二年の二番崩れ、一八五六年の三番崩れに続く四番崩れが、一八六七年に起こった。一八六七年六月、浦上の潜伏キリシタン六八名が捕縛されたのち、拷問を受けたという事件である。

このとき、長崎奉行による命令により、実行部隊として捕縛牢番を担当したのが「革屋町」の人びとだった（一七世紀初頭のように捕縛業務を拒む者がいたのかどうかは、わからない）。浦上山里村庄屋方で、捕えたキリシタンを一時収容したが、そこでも浦上の部落の人びととキリシタンとの間で激しい暴力沙汰があった。この事件について、浦上の潜伏キリシタンが提出した「伺書」には、「穢多非人ども大勢」の乱暴を受けたと強調されている。潜伏キリシタンたちは、信仰を守るために、権力におもねりつつ、自己正当化の「戦略」として部落民を必要以上に邪悪視したり異常視したりしていたと考えることもできる。(10) そうだとすれば、この事例からは、浦上部落と潜伏キリシタンが、ともに権力（長崎奉行）との関係性のなかで互いに敵対性と蔑視とを醸成させられていく過程を読み取ることもできよう。つまり、権力は、異質な他者を恐れる人びとの意識を巧みに利用し、浦上部落と潜伏キリシタンに対して法的・社会的「異質」の烙印を押した。既存の宗教権力たる仏教や共同体の規範は、抑圧者集団が抱く権力への憎悪や憎しみを、他の被抑圧者集団へと方向付ける機能を果たした。そのような回路の固定化こそが近世ににおける「統治」の一つであり、マジョリティの「安定」だったという皮肉がある。

以上、近世の長崎における部落とキリスト教徒との関係を、先行研究に依拠しながら確認した。仏教が世俗権力と結託してキリスト教徒の迫害を進めたこと、警察権力の末端を部落の人びとが務めたこと、部落民のなかにはキリスト教徒がおり、それゆえキリスト教徒の捕縛・処刑任務を拒否した事例があることなどは、先行研究が踏襲する理解であり定説になっていると言える。

明治期についても瞥見しておこう。明治元年（一八六八）、明治政府は「五榜の掲示」として知られる禁令を出した。これは江戸幕府の禁令を引き継ぐものであり、キリスト教の禁止は続いた。そのため、長崎裁判所と政府は協議の結果、一村総流罪を決める。西日本各地に三三九四人を流配したこの措置は、キリスト教の禁止が撤回される一八七三年まで約六年間にわたって続いた。その約六年の間に、六〇〇人以上の信徒が死亡、九〇〇人が転宗させられた(11)。「浦上四番崩れ」といわれる一連の出来事は、浦上のキリスト教徒の被差別部落観に暗い影を落とすこととなった。繰り返しになるが、信徒の側から被差別部落をみれば、彼らは自分たちを苦しめた「警察権力の末端」に他ならなかったからだ。

そうした見方は、口承やテクストを通じて、世代を越えて受け継がれていく。なかでも、大きな役割を果たしたのが、長崎教区の神父・浦川和三郎（一八七六～一九五五）である。彼は、『浦上切支丹史』（全国書房、一九四三年）などの書物で、「捕上四番崩れ」の際の部落民とキリスト教徒との間の暴力沙汰を、キリスト教の側から描いた。そこでは浦上部落の人びとが、いかに残忍に信者を扱ったのか、偏見・差別を交えて書き込まれていた。被差別者の特徴だとされる要素を名指し、記述するのは差別をする側の人間や制度であるということを、端的に示す事例である。

浦川の記述は、「受難の物語」を引き立てるためのレトリックという要素もあったのかもしれない。しかし、そうだとしても、浦川が有した影響力を考えれば、歴史叙述という「正統性」を持つスタイルで彼が記述したテクストが、結果的に偏見・差別の温床の一つになってしまったと言える。浦川の意図を越えて、教会の「正統性」が偏見・差別を認め、再生産してしまったと理解せざるを得ない。

他方で、明治四年（一八七一）のいわゆる「解放令」によって、封建的身分制度による差別は撤廃された。差別を正当化する制度的根拠はなくなり、「皮屋町」などという名前も廃止された。また、移転の自由や職業選択の自由、婚姻の自由が認められた。

とはいえ、人びとの偏見や差別がなくなったわけではない。解放令以降、一方では近世からの差別意識が温存し、他方では別種の論理（たとえば、「科学」に基づくとされた人種論）によって部落差別は続いたが、それは長崎においても変わらなかった。そこで、明治二〇年代から部落改善運動が全国で起こる。部落改善運動は、官民協働による部落の物心両面での環境整備を進めるものだった。ただし、この運動は、差別の原因を部落の側に求める傾向にあった。変わるべきなのは社会ではなく部落民だという認識が根強かったのである。長崎の浦上町では、青年団を中心に他地域との交流や一種の職業教育が行われ、コミュニティ施設として真宗青年会館が建造されるなど、「部落改善」の展開があった。ただし、「部落改善運動」には、差別する側のマジョリティに対する批判は希薄だった。そこに風穴を開けたのは、一九二二年の全国水平社の結成である。長崎では、一九二八年に真宗青年会館で長崎県水平社が結成された。

これまで確認してきたように、日本における明治以降の部落差別は、それ以前とは異なる新たな問題を浮上させることにもなった。明治から昭和初期までの部落差別を考えるとき、大日本帝国下の社会を、欧米などの近代社会と同列に扱うことはできない。かといって、明治以降の部落差別には、近世からの連続性のみでは説明できない多様な現実があった。そこで本章では、これまで確認してきた長崎の事例について、戦後に焦点を絞って考察を深めたい。

三　原爆後

ここで、冒頭の馬原の回想に戻ろう。一九六〇年に浦上を訪れた馬原は、「すっかり消え失せ」た浦上部落について、「部落の人達の大半が原爆で死に果てた」と記していた。馬原が耳にした浦上部落に対する激しい言葉を発した住民がキリスト教徒だったかどうかはわからないため、戦後のキリスト教と被差別部落の関係に踏み込むことはできないが、ここでは戦後の浦上部落について確認したうえで、考察を付け加えたい。

「大半が原爆で死に果てた」と書いた馬原の認識が間違っていたわけではない。『原爆被災復元調査事業報告書』(長崎市長崎国際文化会館、一九七五年)によれば、一九四五年八月九日の米軍による原爆投下により、浦上町の二四三世帯、二二九戸が全焼。兵役などによる「長期他出者」を除いた九〇九名のうち、即死者一五五名、同年中に死亡した者は一四一名、生死不明者は二九三名、重症者一五九名、軽傷一二九名と記録されている。甚大な被害は明らかである。馬原の印象から引き出すべきは、原爆投下後の長崎において、いったいなぜ「浦上部落」が不可視化されたのか、という問いであろう。不可視化を可能にした社会的・歴史的構造は、いかなるものだったのか。ここでは以下の三点に問題の焦点を絞る。

第一に、土地の権利である。

浦上町では、昭和恐慌時に、生活のために土地を部落外の地主に売り渡した人が少なくなかった。そのため、原爆によって家屋が失われるということは、ほとんどすべての財産の喪失を意味していた。焼け跡には地主によって「立ち入り禁止」の立て札が立ち、多くの人びとが町を離れざるを得なかったのだ。[12] 阿南重幸の研究によれば、町にとどまったのは、わずか二一世帯に過ぎなかった。町外への転出者の内訳は、市内各地へ八八世帯、県内一八世帯、福岡へ一八世帯、大阪には四九世帯だという。[13] 土地の権利を部落外に渡すという前段階があったため、原爆と浦上の被差別民たちの離散とが、ある意味では直線的につながったと言える。

第二に、戦後復興である。

一九四六年、長崎市は戦災復興土地区画整理事業の実施を決めた。さらに、復興の過程では一九四九年の長崎国際文化都市建設法により都市の整備が進むなか、「浦上部落」を縦断する道路が敷かれた。こうして、「浦上部落」は空間的にも見えにくくなる。さらに、戦後復興の過程で、「浦上町」から「緑町」への町名変更も行われた。名称の上でも「浦上」は見えにくくなった。

第三に、「祈り」のイメージである。

占領期において、よく知られた永井隆の存在もあり、「浦上」という名前は、カトリック教徒のイメージを幾重にも身にまとうことになった。[14] いわゆる「祈りの長崎」のイメージである。放射線医学の専門家だった永井は、被爆して重症を負い、妻を失いながらも、原爆による負傷者の救護に当たったという経験を持っている。永井は、体験記『この子を残して』（一九四八年）や『長崎の鐘』（一九四九年）を発表した。『この子を残して』は一九四九年のベストセラー第一位、『長崎の鐘』は第四位になるほどの売れ行きをみせた。『長崎の鐘』は映画化され、歌謡曲になって歌い継がれていく。これらの著作のなかでは、原爆投下は「神の摂理」であるとされ、原爆による死者は

「神への捧げ物」「平和のための聖なる犠牲」であると語られた。彼がカトリックの敬虔な信者であったことを考慮しても、現在からみれば極端な語り方のように聞こえるが、当時の社会では、永井は批判されるどころか、人格者として讃えられたのである。原爆を恨まず、むしろ自分たちの蛮行を反省し、平和な日本になったことを慈しむ、そのような態度が一種の美徳として受け止められた。

また、『長崎の鐘』には、被爆直後の長崎の情景が生々しく描かれていたため、当初GHQ／SCAPは同書の出版を禁じたが、日本軍のフィリピンでの蛮行を告発した「マニラの悲劇」という読み物を添付することを条件に、出版を許可した。GHQ／SCAPが作成した「マニラの悲劇」を添付することで、たとえ『長崎の鐘』が原爆の悲惨さを書いていても、原爆はあくまで日本兵の残虐行為を一日もはやく終えるためのものだったのだと読者が理解できるよう、誘導したのである。

また、本章がこれまで確認してきた長崎という都市の歴史性も「祈り」のイメージに見合うものだった。原爆によって甚大な被害を受けた浦上地区は、近世以降キリシタンの居住地であり、倒壊した浦上天主堂は被爆遺構として有名になっていた。このような歴史性と永井の存在があり、占領下の社会ではすでに「祈り」と長崎との結びつきは強固になっていたのである。

以上、土地の権利・戦後復興・「祈り」のイメージという三点を確認した。特定の空間が「祈りのイメージ」と結びついて社会的に認知されると、その空間内に存在する社会的対立関係は潜在したり、あるいはあくまで個人的問題としてのみ表面化したりする傾向にあると考えてよいだろう。「いま・ここ」のあらゆる不幸・不正義が、未来のどこかで解消されるだろうと期待すること——それが「祈り」であるからだ。長崎の場合は、キリスト教徒への迫害と被爆が「不幸・不正義」としてカテゴライズされ、「祈り」の原動力として社会的な認知を得たが、部落差別という社会問題はそこから漏れた。これもまた、結果的に「浦上部落」の存在を、多くの人びとの認識の外に追いやることに寄与したと考えられる。

つまり、戦後復興の過程で「浦上部落」が見えにくくなったのは、住民の離散のみが原因ではなく、上記のように空間・名称・認識の面でその他の住民の認識の外に置かれたことも、深く関係していたのだった。もっとも、何らかのきっかけで認識の内側に入った場合は、地域社会は彼らを偏見・差別の対象にしたり、存在を否認したりしたということも付記しておかねばならない。

四　被差別部落の否認

部落解放同盟長崎県連の委員長を務めた磯本恒信によれば、長崎県が把握する被差別部落の戸数と人数は、時間が経つにつれて減っていき、一九七二年の調査ではとうとう「同和地区、ゼロ」とされたという(15)。具体的には、一九三〇年の調査では、長崎県下に戸数五四七戸、二五九四人と把握されていたが、一九六四年には八〇戸、三四九人。そして一九七二年にはゼロとされ、総理府に回答報告された。磯本の調査によれば県下に九二八世帯存在するはずが、ゼロと報告されたのである(16)。

なお、ゼロと報告した長崎県に対して、内閣府は再調査を依頼している。それに対する回答では、長崎県は長崎市の被差別部落の存在を把握しておきながら該当なしと報告してよいかと、内閣府に伺いを立てていた。その理由は、「本件は地域住民の社会福祉の認識並びに協力は極めて積極的であり、県といたしましてもいまさら、これを同和地区として取り上げることは、県民感情の上からも適当でない」というものだった。長崎県・長崎市は、同時代の被差別部落の存在を「ないもの」として報告したのである。

この問題の背景にあるのは、いわゆる同和政策である。

一九六一年に発足した同和対策審議会は、総会四二回、部会一二一回、小委員会二一回を重ね、一九六五年八月一一日に、当時の総理大臣・佐藤栄作に対して答申を提出した。答申書は、「同和地区住民に就職と教育の機会均等を完全に保障し、同和地区に滞溜する停滞的過剰人口を近代的な主要産業の生産過程に導入することにより生活の安定と地位の向上をはかることが、同和問題解決の中心的課題」だとしていた[17]。この答申を受けて、政府は一九六九年七月に、同和対策事業特別措置法を交付した。一〇年間の時限立法であった。こうした対策が進むなかで、政府が全国の被差別部落の現況を把握しようとしたことは当然であり、先述の総理府による調査要請と長崎県の対応も、この文脈に置いて理解できる。

長崎の事例は、行政による社会的包摂を目指した試みが、逆に社会的排除につながった例として重要である。長崎県の「これを同和地区として取り上げることは、県民感情の上からも適当でない」という報告は、部落の公的(再)確認を避けようとするものであり、いわゆる「寝た子を起こすな」論の一種としても理解可能だ。あらためて述べるまでもないかもしれないが、被差別部落の存在を否認することは、現在および過去の差別を隠蔽し、温存させかねないものであり、それでは社会的な平等が達成されない。

他方で、当時はまだ長崎県には部落解放同盟の支部がなかった。支部がなかったことも、長崎県側の前述の報告を可能した遠因だったと言える。なお、一九七三年一二月に部落解放同盟長崎県連準備会として発足し、一九七六年四月に部落解放同盟長崎支部が誕生している。

一九七九年、アメリカ・プリンストンで開催された第三回世界宗教者平和会議で、全日本仏教会理事長で曹洞宗宗務総長の町田宗夫が「日本には部落差別はない。それは一〇〇年ほど昔の話であり、今はありません」と発言した。さらに町田は、報告書から部落問題に関する記録を削除させようとした。町田の発言は、「加害」責任の否認・隠蔽として理解できる。ただし、それと同時に、そもそも同時代の差別問題を意識することができなかったという可能性も残る。それは否認・隠蔽よりも根深い問題であろう。以後、全国で宗教や教派を超えた実践が盛り上がり、長崎でも「部落解放にとりくむ長崎宗教教団連帯会議」が結成された。この「連帯会議」には、浄土真宗本願寺派・真言宗各派・真宗大谷派・真宗各派・曹洞宗・天台宗・カトリック教会・日本基督教団など一一の教団が結集している。

では、「連帯会議」結成以後の長崎において、近世に端を発するキリスト教徒と旧・被差別部落との敵対関係(とりわけ前者による後者への差別)は解消されたのだろうか。この問題に簡単に答えることはできないが、部落出身者への差別が解消されたわけではないということは強調しておくべきだろう。それに加えて、近世に端を発する統治技術が現代社会にもなお機能しているかもしれないという、より根本的な問いが浮上するように思われる。

おわりに

本章では、近世長崎の制度的差別をもとに、統治機能の制度面ではなく認識面に注目した。つまり、異質性の刻印を打たれた浦上部落と潜伏キリシタンたちに注目し、両集団に芽生えたはずの権力への憎悪や疑問が、それ自体として表明されず、より身近な他の被抑圧者集団へと方向付けられていくという、精神構造に関わるシステムの存在を推定した。この推定は、より踏み込んだ思想史的議論を要請するものだ。そうした精神構造が完全に過去のものなのかどうかを改めて問い直す必要があるだろう。

【付記】本章執筆に際しては、NPO法人長崎人権研究所・副理事長の阿南重幸氏から多大なる教示を得ました。阿南氏に記して感謝申し上げます。

註

(1) 馬原鉄男「未解放部落とキリシタン部落」(『日本史研究』第四八号、一九六〇年)六三頁。
(2) 同前。
(3) 本章の前半部は、先行研究に基づいて近世以来の長崎における部落差別とキリスト教徒との多様な関係を整理する。本章が参考にした論文として、まずは増田史郎亮「長崎における被差別部落強制移住の諸情況：部落教育史基礎論のために　その一」(『長崎大学教育学部教育科学研究報告』第二八号、一九八一年)、藤原有和「長崎におけるキリシタン弾圧と被差別部落」(『法制史研究』第四〇号、一九九〇年)を挙げることができる。さらに、本章にとってとりわけ重要なのは、長崎県人権研究所事務局長の阿南重幸による一連の研究である。阿南の研究としては、阿南重幸編『被差別民の長崎・学：貿易とキリシタンと被差別部落』(長崎人権研究所、二〇〇九年)、同「長崎の被差別部落」(高橋眞司・舟越耿一編『ナガサキから平和学する！』法律文化社、二〇〇九年)、同「キリシタン迫害と被差別部落」(『部落解放』第五四〇号、二〇〇四年)などがある。
　以下の本文の記述のなかで、近世以降の長崎における差別の歴史的見解に関わる情報は、とくに註記していない限り、ここに挙げた先行研究と、阿南氏のご教示に依拠している。
(4) 註(3)藤原論文。
(5) 註(3)増田論文。
(6) 註(3)藤原論文。
(7) 本島等・谷大二・阿南重幸・上杉聰「座談会　カトリックと被差別部落の出会い直し」(『部落解放』第五四〇号、

二〇〇四年）二五―二六頁。
（8）註（3）藤原論文。
（9）註（3）阿南「キリシタン迫害と被差別部落」中の引用文。ホセ・デルガード・ガルシーア編注、佐久間正訳『福者ホセ・サン・ハシント・サルバネスO.P.書簡・報告』（キリシタン文化研究会、一九七六年）に基づいた記述である。阿南によれば、一六一八年から二二年までの間に、「皮屋町」の人びとが職務を拒否した事例が複数確認できるという。
（10）註（7）座談会における、阿南と上杉の議論を参考にした。
（11）家近良樹『浦上キリシタン流配事件――キリスト教解禁への道』（吉川弘文館、一九九八年）、および、註（3）阿南「長崎の被差別部落」。
（12）磯本恒信「長崎県の被差別部落史と現況」（『論集　長崎の部落史と部落問題』長崎県部落史研究所、一九九八年）六九頁。
（13）阿南重幸「ナガサキ原爆と被差別部落」（長崎県部落史研究所編『ふるさとは一瞬に消えた――長崎・浦上町の被爆といま』解放出版社、一九九五年）三〇頁。
（14）永井隆に関する研究は多いが、本章では、西村明「祈りの長崎――永井隆と原爆死者」（『東京大学宗教学年報』第一九号、二〇〇一年）と、福間良明『「反戦」のメディア史：戦後日本における世論と輿論の拮抗』（世界思想社、二〇〇六年）二〇二―二〇八頁、四條知恵「純心女子学園をめぐる原爆の語り――永井隆からローマ教皇へ」（『宗教と社会』第一八号、二〇一二年）に依拠した。また『長崎の鐘』の出版の経緯については、北村洋一『敗戦とハリウッド――占領下日本の文化再建』（名古屋大学出版会、二〇一四年）が詳しい。
（15）註（12）磯本論文、五八頁。高山文彦『生き抜け、その日のために――長崎の被差別部落とキリシタン』（解放出版、二〇一七年）一一四頁。
（16）同前。
（17）文部科学省ＨＰ「同和対策審議会答申（『人権教育の指導方法等の在り方について［第三次とりまとめ］』から抜粋）」【最終閲覧二〇二一年六月九日】
https://www.mext.go.jp/a_menu/shotou/jinken/sankosiryo/1322788.htm

第2部　秩序と禁忌《タブー》

第六章　古代伊勢神宮のハラエと罪・「穢」の特質

――両宮儀式帳を素材に――

西宮秀紀

両宮儀式帳のハラエ・罪・「穢」記事を検討し、九世紀初頭にハラエが罪だけでなく「穢」を祓う場合があること、「身祓」というミソギとハラエの混用の存在などを明らかにし、ハラエから古代の宗教と差別を考える。

はじめに

宗教と差別について、さまざまな学問的切り口が可能であるが、ここでは歴史学のアプローチの方法をとりたい。歴史学の場合、宗教と差別を考える大きな論点として「穢」の問題があげられる。(1) 古代史では三橋正氏らによって、「穢」（規定）が弘仁式（弘仁一一年〈八二〇〉撰進）・貞観式（貞観一三年〈八七一〉撰進）段階で成立したことがすでに明らかにされているが、(2) それに先んずる時代の「穢」の問題は、歴史学とくに古代史の領域であるにもかかわらず、とりわけ『日本書紀』のケガレ関係漢字をどのように訓むか、という史料的制約のため論証困難な問題がある。(3)

しかしながら、弘仁式以前の成立史料として、延暦二三年（八〇四）に伊勢神宮（内宮・外宮）から朝廷に解文として進上された両宮儀式帳（「皇太神宮儀式帳」「止由気宮儀式帳」）[4]が存在しており、従来触れられていない「穢」記事を検討する必要もあろう。本章では、両宮儀式帳記事から伊勢神宮におけるハラエ[5]を基軸として、それと関わる罪・「穢」の個別性と三者の関係性を明らかにし、古代伊勢神宮においてそれらが宗教と差別の問題とどのように関わるのか、その特質を述べることを目的にしている。

一　「皇太神宮儀式帳」一条目の「祓の法」について

「皇太神宮儀式帳」の一条目は、伊勢神宮（以下、神宮とも略す）の地理・創始伝承に続いて、「種々の事忌」・「祓の法」を定めた記事、祢宜氏定立・職掌の記事など、総論にあたる部分でもある。その中に「祓の法」を定めた記事がある（原文を訓み下しにし適宜ルビを付した。以下同じ）。

亦祓の法定め給いき、天都《あまつ》罪《つみ》と始めし罪は、敷蒔《しきまき》、畔放《あはなち》、溝埋《みぞうめ》、樋放《ひはなち》、串刺《くしさし》、生剝《いきはぎ》、逆剝《さかはぎ》、屎戸《くそと》、ここだくの罪を天都罪と告《の》り分けて、国都《くにつ》罪《つみ》と始めし罪は、生秦断《いきはだだち》、死秦断《しにはだだち》、己母犯罪《おのがははおかすつみ》、己子犯罪《おのがこおかすつみ》、畜犯罪《けものおかすつみ》、白人《しろひと》、古《こ》久弥《くみ》、河入《かわいり》、火焼罪《ほやけのつみ》を、国都罪と定め給いて、犯し過《あやま》つ人に、種々《くさぐさ》の祓つ物出して、祓清めと定め給いき。

この「祓の法」にみえる罪の用語を解説しておくと、敷蒔は種を蒔いたあとにまた種を蒔く行為、畔放は田の畔を破壊する行為、溝埋は灌漑用の溝を埋める行為、樋放は灌漑用の樋を破壊する行為、串刺は耕地に串を刺す行為、生剝は生きたまま動物の皮を剝ぐ行為、逆剝は動物の皮を逆の順序で剝ぐ行為、屎戸は屎による悪意ある行為、ここだくの罪はその他多くの罪、生秦断は生きた者の膚を傷つける行為、死秦断は死んだ者の膚を傷つける行為、己母犯罪は自分の母を犯す罪、己子犯罪は自分の子を犯す罪、畜犯罪は畜を犯す罪、白人は白あざや白なまずなどのある人、古久弥はいぼやこぶなどのある人、河入は河で災難に遭うこと、火焼罪は火災に遭った罪、となる。[6]

さて、この「祓の法」は、ほぼ同時期に都で出された長文の延暦二〇年（八〇一）五月一四日太政官符（『類聚三代格』）のように、たとえば、「一　上祓《かみつはらえ》料物廿六種」の項には、

大刀一口（中略）席一枚

右、新嘗《にいなめ》祭・鎮魂《たましずめ》祭・神嘗《かんなめ》祭・祈年《としごい》祭・月嘗《つきなみ》祭・神衣《かんみそ》祭等の事を闕怠《けたい》し、大神宮禰宜《ねぎ》・内人《うちんど》を殴り、及び御膳物を穢し、幷びに新嘗等の諸祭斎日、喪を弔い疾を問う等六色禁忌を犯すは、宜しく上つ祓を科すべし。輸物は右の如し。

とあるような、祭祀名や神祇職に対する具体的犯行為、また諸祭斎日における六色禁忌を犯したことに対する祓料物の名称・量を明記したものと相違し、これから掲げる神話伝承にみえる罪名（天津罪・国津罪）を列挙し、「祓つ物」を出し祓い浄めると記されているに過ぎないことがわかる。

その神話伝承にみえる罪について、まず天津罪を『古事記』『日本書紀』（以下、記紀とも記す）のスサノオの「勝ちさび」神話部分からみておこう。『古事記』によれば、天の安の河の誓約で自分の心は潔白であることの勝利宣言を行った須佐之男命《すさのおのみこと》は、「勝ちさびに天照大御神《あまてらすおおみかみ》の営田の畔を離ち、その溝を埋み、また、その大嘗聞《おおにえき》こしめす殿に屎《くそ》まり散らしき」という乱行を行ったが、天照大御神は須佐之男命をかばって咎めなかった。さらに天照大御神が忌服屋《いみはたや》で神御衣《かんみそ》を織らせられた時に、その服屋の頂を穿《うが》ち、天《あめ》の斑馬《ふちこま》を「逆剥ぎに剥ぎて堕《おと》し入」れたため、天の服織女がそれをみて死んでしまった。そこで天照大御神が天の石屋戸に籠もるという場面である。以上の中に「屎麻里・阿離・溝埋・逆剥」が挙がっている。

同様の神話が『日本書紀』神代上第七段にも記されており、その本文には「（春）重播種子《しきまき》・畔毀《あはなち》・（秋）駒田伏《たふせ》、

放屎《くそまり》・剝《さかはぎ》」というように罪が季節によって分けられている。『日本書紀』神代には異伝としての一書が併記されているが、一書第一は「逆剝」のみで、一書第二は「（春）渠填《みぞうめ》・畔毀・（秋）絡縄《あぜなわ》冒《ひきわたし》、生剝・送糞《くそまり》」、同紀一書第三は「（春）廃渠槽《ひはがち》・埋溝・毀畔・重播種子・（秋）挿籤《くしざし》・伏馬《うまふせ》」が天津罪とある。この中の、「絡縄冒」（一書第二）と「駒田伏」（本文）・「馬伏」（一書第三）は、先の「皇太神宮儀式帳」や後述する大祓祝詞にはみえていない。

次に、国津罪を記す仲哀記をみてみよう。これによれば、仲哀天皇が筑紫の香椎の宮で熊曽の国を討とうとしたとき、御琴を弾いて神功皇后が神懸かりをし神託を行ったとある。しかし、その神託を信ぜず神の怒りをかい崩御したため、殯の宮に安置し、その上に国の「大奴佐《おおぬさ》」を取り集め「生剝・逆剝・阿離《あはなち》・溝埋・屎戸・上通《おや》下婚《こたわけ》・馬《うま》婚《たわけ》・牛婚《うしたわけ》・鶏婚《とりたわけ》・犬婚《いぬたわけ》」の罪の類を列挙して、国の大祓をし建内宿禰が庭で神託を乞い求め、その結果は先日通りの神託を教えた神が天照大神の御心としている。なお、神功皇后摂政前紀（仲哀天皇九年三月朔条）では、神功皇后が神主となり武内宿禰に琴を弾かせ、中臣烏賊使主を審神者とし聞いた託宣の神は「度逢県《わたらいのあがた》の折鈴《さくすず》五十鈴宮に居す神、名は撞賢木《つきさかき》厳之《いつの》御《み》魂天疎《たまあまざかる》向津《むかつ》媛命《ひめのみこと》」とあり、天照大神の荒魂であったとされている。(7)

ところで、この仲哀記にみえる「上通下婚」は後述する大祓祝詞では「己が母犯す罪、己が子犯す罪、母と子と犯す罪、子と母と犯す罪」、同じく仲哀記にみえる「馬婚・牛婚・鶏婚・犬婚」は大祓祝詞では「畜犯す罪」とあり、大祓祝詞の方が仲哀記より人間を中心とする理知的な用語使用となっているところから、やはり仲哀記の方が古形であると言える。なお、天津罪と国津罪の違いを共同体との関係で区別できるが、(8)基本的に天津罪は、農耕生産の妨害や〈不浄〉なものによる祭祀妨害の罪であり、神話では生剝・死剝・屎戸は新嘗祭・神衣祭への妨害として描かれている。それに対して国津罪は、異常な行為（もの）による状態が起こったことに対する罪でもあった。

このような天津罪・国津罪が、整理されまとめられたのが『延喜式』巻八祝詞12大祓条の大祓祝詞(9)である。次章とも関わるので、罪に関する部分のみ掲げておこう。

・天皇《すめら》が朝廷《みかど》に仕え奉る（中略）官々《つかさづかさ》に仕え奉る人どもの、過ち犯しけむ雑々《くさぐさ》の罪を、今年の六月（一二月）の晦《つごもり》の大祓に、祓え給い清め給う事を、諸聞き食《たま》えよと宣《のたま》う。

・（前略）安国《やすくに》と平らけく知ろし食さむ国中《くぬち》に、成り出でむ天《あま》の益人《ますひと》らが、過ち犯しけむ雑々の罪事は、天つ罪と、畔放ち・溝埋め・樋放ち・頻播《しきま》き・串刺し・生剝ぎ・逆剝ぎ・屎戸・ここだくの罪を天つ罪と法《の》り別けて、国つ罪と、生膚《いきはだ》断ち・死膚《しにはだ》断ち・白人・こくみ・己が母犯す罪・己が子犯す罪・母と子と犯す罪・子と母と犯す罪・畜犯す罪・昆虫の災・高つ神の災・高つ鳥の災・畜仆《けものたお》し蠱物《まじもの》する罪、ここだくの罪出でむ。（中略）かく聞こし食してば、皇御孫《すめみま》の命の朝廷を始めて、天の下四方の国には、罪と云う罪はあらじと、（中略）遺《のこ》る罪はあらじと祓え給い清め給う事を、（中略）かく失いてば、天皇が朝廷に仕え奉る官々の人どもを始めて、天の下四方《よも》には、今日より始めて罪と云う罪はあらじと、（中略）今年の六月の晦の日の夕日の降《くだ》ちの大祓に、祓え給い清め給う事を、諸聞き食えよと宣う。

つまり、大祓（祓）は「犯した過」である罪を祓うもので、重要なのは六月（一二月）晦日を区切って、「罪と云う罪はあらじ」とあるように、いったん罪が消去されるものと観念的に考えられていたことである。先の「皇太神宮儀式帳」の記事と比較すると、天津罪の内容は両者同じであるが、国津罪は大祓祝詞に比べて「皇太神宮儀式帳」の記事の方が少なく、しかも「生秦断・死秦断」の次に「己が母を犯す罪・己が子を犯す罪・畜犯す罪・白人・古久弥」という順番である。これは「皇太神宮儀式帳」では、「白人・古久弥」という当時身体的異変と考えられていたことよりも、近親相姦・畜姦の方が現実的罪と考えられていたことを示すのかもしれない。そして、直接人間に関わらない「昆虫の災・高津神の災・高つ鳥の災・畜仆し蠱物する罪」はなく、「河入・火焼罪」は「皇太神宮儀式帳」だけにみえる伊勢神宮独自の国津罪である。これらの「皇太神宮儀式帳」の罪は、超自然的（神話的）な罪的なものに対して即物的であり、後世的（歴史時代的）な罪の考えに基づくと思われ、やはり後世の神宮の実態が反映している可能性があろう。(10)

天津罪・国津罪記事の時代的変遷をみると、遅くとも記紀編纂時成立とみなせるスサノオの「勝ちさび」乱行に関する記紀神話では天津罪しか記されておらず、仲哀記では天津罪五種類・国津罪二種類がみえているに過ぎない。そして、「皇太神宮儀式帳」や大祓祝詞で天津罪・国津罪の全種類が揃うことになる。なお、大祓は天武朝に成立していること(11)や「河入・火焼」の即物性から考えると、大祓祝詞の天津罪・国津罪が先に成立し、そのあと「皇太神宮儀式帳」の国津罪の項目変更が成立した可能性が高いと思われる。

したがって、「皇太神宮儀式帳」の一条目の「祓の法」は、神宮の祭祀の場での神（天照大神）に対する〈不浄〉・異変（状態）を消去することが当時の最重要課題であり、神話にもとづく朝廷の大祓詞を、一部、神宮の実態に合わせ改変（差し替え）したものだったと言えるであろう。この「祓の法」は多分に理念的なものではあるが、現実問題としてどのようにハラエが神宮で行われることになっていたのか、次にみてみよう。

二　「皇太神宮儀式帳」九条目の御巫内人等のハラエについて

「皇太神宮儀式帳」九条目の禰宜以下の職掌の項をみてみる。それによれば、卜食（うらない）により定め補任される日に「後家《しりえ》の雑の罪を祓い浄め」とあり、他の職掌の記事もほぼ同様で、卜食で補任された日に後家では罪を除去し祓い清めることが大事であった。後家については、九条目の禰宜項に「己の家に養蚕《かうこがい》の糸」、日《ひ》祈内人《のみのうちびと》項に「己が後家の蚕養」とあり、「止由気宮儀式帳」の七条目の大物忌《おおものいみ》項には「後家に帰らず」とあるところから、家族たちの住居のことと捉えてよいであろう(12)。

ところで、「皇太神宮儀式帳」の九条目御巫《みかんなぎ》内人項の職掌には、上述した後家の罪の「祓い清め」記事に続けて、ハラエに関して次のような興味深い記事【A】がある。

【A】職掌《つかさどること》、①三節《みおり》の祭の月の十五日の夜亥の時に、第二の御門に侍《さぶ》らわしめ、木綿蔓《ゆうかづら》・御琴《みこと》給りて、大神《おおかみ》の御命《みこと》を請いて、十六日の朝祟り出ずる罪事を、禰宜館より始めて、内人・物忌四人の館の種々の罪事を祓い、②やがて西の川原にて禰宜・内人・物忌ら皆悉《ことごと》く召し集えて、この宮より西の川相《かわい》の川原に、各《おのおの》奴佐《ぬさ》の麻を持たしめて、まず宮の東の方に皆悉く向い侍らしめて、人別の庤幷《たちなら》びに後家の穢の雑の事申し明さしめ、③さて御巫内人に各その持てる奴佐の麻一条を分け授く。即ち御巫内人管《す》べ集め取り持ちて、その人別の申せる穢の事、細《くわし》く伝え申し明さしむ。④即ち川に皆悉く立ち退き、西の方に下向きに侍りて、各申し明さしめ解除《はらい》して、⑤やがて川原に侍りて、奈保良比《なおらい》の酒幷びに菜、禰宜より始めて皆悉く給わる行事供《つかえ》へ奉《まつ》る。

まず、①一五日亥時（午後九時〜一一時）に第二門で御琴等を給わり（天照）大神の御命を請い、一六日朝に祟りが生ずる罪を請い、禰宜館から内人・物忌四人の館の罪を「祓」う。②次に、西の川原に禰宜・内人・物忌らを全員集め、奴佐の麻を持たせ宮東（神宮・天照大神）に向かい、人ごとに庤（館）と後家の「穢」を申し明らかにする。③やがて、御巫内人に各人が持っている奴佐の麻一条を分け授け、それを御巫内人が集め持ち、人ごとに申す「穢」を詳細に（天照大神に）伝え申し明らかにする。④川に立ち退き西方（川）に下を向いて侍り、（各人の「穢」を）申し明らかにし「解除」する。⑤そのあと川原で、「奈保良比」（直会）の酒・菜を禰宜から始め全員に給わる。

これと同じ内容に関する記事は、「年中行事幷月記事」を記した一六条目の六月例（一二月も同じ）【B】と九月例【C】にもみえる。いささか繁雑ではあるが、【A】との対比のため上記内容の対応番号を○'／○"で示す。

【B】①'十五日の夜の亥時に、第二御門に御巫内人に御琴給りて、大御事《おおみこと》請いて、十六日に、宮より西の川原に退《まか》り出て、②'（+③'）御巫内人をして即ち禰宜・内人・物忌らの後家の雑の罪事申し明《あか》し解除《はらい》しめ、并びに④'清めの大祓畢《おわ》る。⑥'然即《しか》して同日に、この禰宜・内人・物忌の父らを引き率いて、正殿の院に参入《まいりい》り、御内《みうち》を浄め仕え奉り畢る。

【C】①"同日（十五日）夜の亥時に、御巫内人を第二門に侍らしめて、御琴給いて、十六日に天照坐大神《あまてらしますおおかみ》の神《み》教《おし》えを請いて、やがて教えたまえる雑の罪事を、禰宜館より始め、内人・物忌四人の館別に、解除清め畢り、②"やがて禰宜・内人・物忌等、皆悉く宮より西の川原に集い侍りて、先ず神宮に向かい、人別に罪事を明し申しめ畢り、④"やがて川に向かい御巫内人解除し、告刀《のりと》申し畢り、⑥"皆悉く率て、正殿の院に参入り、掃き清め奉り畢り、やがて罷《まかり》出で、（下略）

【B】によれば、①'一五日の夜亥時に御琴を給い「大御事」を請い、一六日西の河原に退出し、②'（+③'）御巫内人に禰宜・内人・物忌らの「後家」の罪事を申し明らかにし「解除」をし、④'清めの「大祓」が畢り、⑥'正殿参入と御内の浄めが行われる、とある。一方の【C】によれば、①"「天照坐大神の神教え」とあり、教えられた雑罪を禰宜館から内人・物忌四人館別に「解除」し、②"では禰宜・内人・物忌ら全員が西の川原に集まり、まず神宮に向かって人別の罪の事を明らかにし申し、④"やがて川に向かい御巫内人が「解除」し「告刀」を申し、⑥'全員を率いて正殿院に参入し掃き清め退出する、とある。

【A】【B】【C】を比較すると、【A】と【C】の過程内容はほぼ同じであるが、【B】は①'部分の禰宜館などの罪の「祓」「解除」がなく、その代わりに②'（+③'）部分に禰宜・内人・物忌ら後家の罪を申し明らかにし「解除」

とあり、また④'清めの「大祓」と簡略化された記述で、宮東・神宮に向かってという重要な文言もない。これを【B】の月次祭と【C】の神嘗祭の祭儀次第の相違に過ぎないとみることもできそうだが、【A】の御巫内人の職掌には三節祭と明記されており、【B】でも御巫内人が「大御事」を請うているので、簡略化された記述と捉えた方がよいであろう。

そうすると、【A】の西の川原での②〜⑤は【B】【C】の②'〜④'及び②"と④"部分に対応する。【A】のみ、集まった禰宜・内人・物忌らの館と後家の「穢」が問題になり、川での「解除」が行われているが、【B】では禰宜・内人・物忌らの後家の「罪」が問題で「解除」と清めの「大祓」が行われることになっており、【C】では人別の「罪」が問題で川での「解除」「告刀」が行われるとあり、すべて同じ事を述べているにもかかわらず、その記述方法が異なっていることになる。「穢」と「罪」の問題に関しては後述するとして、【A】①「祓」が【C】①'「解除」、【A】④の「解除」が【B】④'「大祓」と【C】④'「解除」と同一のことを記述しているので、ここでは「祓」と「解除」、さらに「大祓」も同じ意味で使用されていることになる。

ところで、【A】の過程を簡単に記せば、「琴→御巫内人（男性）→（神託）→奴佐→人別申す「穢」の発露→「解除」」という構図になる。この場面と類似した記事が、第一節で述べた仲哀記と神功皇后摂政前紀の記事である。そこには、「琴弾き→皇后（女性）→神懸かり→皇后神託→大奴佐→罪の発露→大祓」と「琴弾き（武内宿禰・男性）→神功皇后（神主）（託宣カ）→中臣烏賊使主（託宣の審神者）」という構図がみてとれる。「皇太神宮儀式帳」と仲哀記・神功皇后摂政前紀のどちらが古く、またそれを模倣しているかは、神祇祭祀と伝承記事であるから決めがたいが、「皇太神宮儀式帳」の段階では琴弾きは御巫内人という職階の男性で、神懸かり・託宣も記されておらず、これが記紀伝承に反映されるとは考えにくいと思われる。したがって、やはり記紀伝承の構図が先に伝承（記事）としてあり、天照大神への重要な祭祀の前に罪の顕現を同じくするという意味で、伝承（記事）をモデルに「皇太神宮儀式帳」の上記一連の御巫内人の琴弾き儀礼が記述されたと考えたい。

三　神宮の罪・「穢」と二つのハラエ

さらに、【A】の過程を詳しくみれば「α琴↓御巫内人（男性）↓（神託）↓館の罪の祓↓β西川原↓神庤と後家の「穢」告白↓奴佐麻一条回収↓人別申す「穢」を伝申↓川に各人（「穢」）申す↓「解除」↓「奈保良比」」となる。αは天照大神と御巫内人の関係性による罪（おそらく天津罪・国津罪）の顕現とその「祓・解除」、βは御巫内人と禰宜・内人・物忌の関係性による天照坐大神への報告と「穢」の際の「解除・大祓」という、二つのハラエ儀礼が含まれていることがわかる。また、奴佐として麻一条とあり、これが養老神祇令19諸国条にみえる諸国大祓の戸別麻一条と同じ物・数値であることは興味深い。

ところで、このハラエ儀礼というのは、αは天照大神の祟りとなる（される）罪、また（あるいはそれは）禰宜館から内人・物忌四人の館の種々の罪の事を「祓」うことでもある。βは禰宜・内人・物忌の庤と後家の「穢」の雑の事を、奴佐の麻一条の提出によって申告し、川に「穢」の雑の事を申告する「解除」である。βの川に向かってというのは、これはもともと川に入ってミソギをしていたのが原型で、後述するミソギ的ハラエのことを想起させる。つまり、御巫内人は三節祭に、天照大神に対する禰宜等の罪と「穢」を取りまとめ、α祓とβ「解除」をするという重要な役割をになっていたことになる。その後、⑤川原で直会行事[13]が行われていることがわかる。これに関連して、「皇太神宮儀式帳」の一三条目の「神田行事」に、「祭の毎月十六日、川原の禰宜・内人・物忌等の身祓所、奈保良比料の稲六十束〈祭別に廿束〉」とあり、これは三節祭の一六日の川原での神事を指していることからすれば、「身祓」は「解除」のことを指そう。ちなみに、この「身祓」はミソギと訓まれており[14]、身の「祓」とは身体に付着した「穢」を祓うことに通じる。つまり、もともとは実際に川でミソギが行われていた名残を示しているのであろう。これをミソギ的ハラエと呼んでおきたい。

もしそうであるなら、さらに「穢」を申告し、そのあとミソギ的ハラエで「穢」を流すことになる。「皇太神宮儀式帳」では「穢」は本条と、一条目に田蛭は「穢」とある二箇所しかみえておらず、後者は神道大系本にはキタナキと訓まれており、前者は同本ではケガレと訓まれている唯一の例である。この傍訓は同本の凡例に依れば「底本には拘わらず、解本・出口延経校正本・内宮儀式帳（神宮文庫所蔵（一）九五五三号）等に拠り、また他の諸本をも若干参照してこれを附けた[15]」とある。したがって、近世の写本の訓によるものとすれば、これが古代の延暦二三年当時の訓としてどう訓まれていたかは推定するほかない。ここでの「穢」は、罪と区別された個々人の庤・「後家」の「穢」のことであり、訓としてキタナキと訓めないではないが、ケガレ（ケガラワシキ）と訓むことを否定する論拠もない[16]。九条目の御巫内人項は、最初に天照大神への館の禰宜等の罪への祓から始まり、そののち川原での各人の「穢」の「解除」（ミソギ的ハラエ）とする文脈の流れからすると、「穢」は「罪」よりランクが下の雑々の事として記されていたことになる。さらに「穢」が「解除」の対象になっていることは、従来説かれている祓（解除）＝罪、禊＝穢の構図と異なり[17]、内宮では罪も「穢」もハラエ（祓・解除）の対象として記されていたことになるが、これも「穢」がミソギ的ハラエの対象となっていたと考えれば理解しやすいことになる。

四　「皇太神宮儀式帳」にみえるその他のハラエ記事について

「皇太神宮儀式帳」には、それ以外にもハラエが行われていた記事がある。

一つ目は、「晦の大祓」と呼ばれるもので、一六条目の「年中行事并月記事」によれば、五月例・八月例・一一月例の三例みえる。このうち、五月例は「来る六月の月次祭供え奉らんが為に」とあるように六月の月次祭のため、八月例は九月神嘗祭のため、一一月例は一二月の月次祭のためで、いずれも大神宮司に参集し度会川で行われた(18)。

二つ目は、やはり一六条目の九月例の一五日に行われる次のような「大祓」である。

【D】十五日に、（中略）湯貴《ゆき》の御贄《みにえ》、又（中略）雑《くさぐさ》の御贄、（中略）雑の御贄物等、（中略）御塩等《みしおども》を、禰宜・内人等悉く進《まい》り集い、宮より西の川原に大贄《おおにえ》の清めの大祓仕え奉り、幣帛殿《みてぐらどの》に進納《たてまつ》り畢り、やがて御饌に供え奉る。

このように、一五日に御贄物・御塩などの大贄を清める「大祓」がある(19)。大贄の「大祓」とは物であるから、罪ではなく「穢」が対象と解してよいであろう。

三つ目は、一四条目の「御調《みつき》の荷前《のさき》供え奉《つかまつ》る行事」にみえる赤引生糸と御調の荷前の絹は、五月三〇日に郡司・郷長らが「大解除《おおはらい》」し、郡内の百姓らも私家で「解除《はらい》」清めることになっていた。このような郡司・郷長・神民等の「大解除・解除」は、神に供える物に携わる人々の〈不浄〉を排除するために使用されている。これらの物は「皇太神宮儀式帳」の一六条目の六月例にあるように、天照大神が坐す神宮正殿後ろの東宝殿に納められる物でもある。なお、養老神祇令9諸国条によれば国の大祓に一般公民も対象となったが、上記の「大解除」は神郡の特例であろう。しかし、神宮の〈不浄〉の消去が禰宜らだけでなく神民にまで及んでいたことは、天照大神への〈聖性〉が神宮域を越えて度会郡民（神民）にまで及んでいることがわかる意味で貴重である。

四つ目は、「皇太神宮儀式帳」五条目「皇太神《すめおおみかみ》の御《み》形新宮《かたにいみや》に遷し奉る時の儀式行事」によれば、一六日に御装束物などは「祓え清めて」、禰宜・内人と人垣に仕奉する男女らは戌時（午後七時〜九時）に大宮の川原で「大祓」をして清め、明衣を給わっていた。御装束の「祓」は次節で述べる外宮の例と違って記されていないが、物から考えて「穢」に対してであり、川での「大祓」は先述したミソギ的ハラエを意味していよう。

五　「止由気宮儀式帳」にみえるハラエ記事について

以上、内宮の儀式をみてきたが、最後に外宮の儀式をまとめた「止由気宮儀式帳」のハラエ記事をみておきたい。禰宜らの職掌を記した七条目の禰宜項に「後家の雑の罪の事を祓い浄めて」とあり、他の職掌の者もほぼ同文である。この「後家の雑の罪」の「祓」については、先述した「皇太神宮儀式帳」の場合と同じであろう。また、同七条目の御巫内人項の職掌記事には、やはり「皇太神宮儀式帳」と同様「後家の雑の罪の事祓い浄めて」とあるが、その記事に続く職掌には異なる部分がある。

> 【E】㋐毎年の三節の祭仕え奉る時、湯貴の御贄祓え浄め仕え奉る。（中略）㋑又禰宜・内人・物忌らの忌庤《いみだち》晦の別に祓え浄む。㋒又三節祭供え奉る時、禰宜・内人・物忌らの庤《たち》祓え浄む。㋓又正殿の院掃き浄め奉むとして、先ず諸の内人らが身の罪祓え浄む。

とあり、㋐・㋒は三節祭のおりの「祓」とみなされ、㋐は、「皇太神宮儀式帳」では九条目の御巫内人項【A】にはないが、先掲の一六条目の九月例【D】にみえている。

「止由気宮儀式帳」の九条目「三節の祭等幷びに年中行事月記の事」の六月条【F】（一二月も同じ。なお、九月条は【F】とほぼ同文につき省略）には、

【F】十五日に、（中略）雑の御贄、又（中略）御贄、又（中略）雑の御贄、又（中略）御塩等進《たてまつ》り了《おわ》る時に、禰宜・内人ら、皆悉く宮より北の河原に罷り出でて大贄の浄めの大祓仕え奉り、さて湯貴備え奉る所に持ち参入り、（下略）

とあり、北の河原での大贄の浄めの「大祓」とあり、この「大祓」は、大贄という物の「穢」のハラエが目的のものであろう。また、㋒は三節祭に供える時の禰宜・内人・物忌らの庤（館）の「祓」であるが、九条目の年中行事月記の六月例（一二月例も同じ）・九月例にはみえない。「皇太神宮儀式帳」には、御巫内人の職掌として御琴による天照大神の教えなどによる館の「祓」として詳しく記されていたが、ここでは、たんに「祓」としかない。㋑は禰宜・内人・物忌らの「（忌）庤」で晦日に行われる「祓」のことである。これも「皇太神宮儀式帳」、また「止由気宮儀式帳」の九条にはみえていない。㋓は正殿院の清掃に関わる諸内人の祓で「皇太神宮儀式帳」にはみえない。正殿院の清掃は内人がそれに従事するので、神殿の清掃＝清浄のため「身罪祓」の除去が行われるのであろう。この「身罪」も神話的な罪というより、先にみたいわゆる「穢」を思わせる。なお、正殿院の掃き清めは「皇太神宮儀式帳」の六月例、【B】の九月例、【C】の月次祭・神嘗祭の行事の⑥と⑥'にみえている。以上の㋑・㋓の「祓」は、「皇太神宮儀式帳」に規定がないことになる。[20]

以上とは別に、やはり「晦の大祓」の規定もあり、九条目に、五月例・八月例・一一月例の三例あり、それぞれ月次祭・神嘗祭・月次祭のために行う度会川（宮川）での晦日の大祓である。また、前節で「皇太神宮儀式帳」の

遷宮の際の御装束と人垣のハラエをみたが、「止由気宮儀式帳」五条目「御形を新宮に遷し奉る時の行事」によれば、止由気宮の遷宮祭のおり、一五日に御装束の「祓へ浄め」を行うとともに、御装束を遷す際、大神宮司が人垣に仕奉する人々を招集し「大祓」を行うとある。御装束の「祓」は、やはり「穢」に対するものであろう。

おわりに

以上のように、伊勢神宮のハラエ（〈大〉祓・解除）は、内宮・外宮では相違点もみられるが、盛んに行われていたことがわかる。罪を祓うだけでなく、御贄・大贄・御装束などの物に対する「祓」は、明らかに罪ではなく「穢」（ケガレ・ケガラワシキ）＝〈不浄〉を祓うためのものであろう。さらに「身祓」（ミソギ〈的ハラエ〉）というミソギとハラエが混用されていた[21]ということは、九世紀初頭段階の伊勢神宮という限定的場ではあるが、在地のハラエ・「穢」（ケガレ・ケガラワシキ）意識を考えるうえで重要であろう。朝廷の弘仁・貞観式（規定）前に、神宮では一足早く「穢」が記録（規定）されていたと考えても、時期的にあながち間違いではないであろう。

伊勢神宮内でのハラエは換言すれば、あくまでも祭神天照大神等（の場）の〈聖性〉を保つためであった。神（の場）の〈聖性〉を保つため、神に奉仕する者にも〈聖性〉が求められ、そのなかで〈聖性〉が維持されるという自律集団こそが天照大神等（の場）の〈聖性〉を保証したが、それを妨げるものは排除し、罪や「穢」を犯した者はハラエ（ミソギ的ハラエ）によりそれを消去することが求められた。そのような中で、罪や「穢」はハラエ装置によって回収・消去されるわけで、そこに特定の排除や差別は表面上は起こらない、あるいは起こる以前の状態に止めていた、古代的な状況が考えられる。

繰り返し行われるハラエやミソギ的ハラエ行事は、この当時、神祇職とその家族および神民の罪や「穢」を、表層あるいは理念上、いったん消去できる装置でもあり、天照大神等（と場）の〈聖性〉が保たれたのである。これは宮中で行われた大祓の大祓詞でも同じであろう。このように古代の罪や「穢」が一過性のものであると捉えると、そこでの宗教的な（身分）差別は考えがたく、次の問題はそれが効力を発揮できなくなる時代であろう。つまり、罪や「穢」が一過性ではなく人間の意識に澱んで消え去らない、意識転換あるいは制度的転換とでも言うべき時代が、やがて来るのである。その意味で、赤坂憲雄氏がいみじくも述べたように、内に残ること[22]こそ（身分）差別の問題につながり、古代と中世のケガレ（感）を分断する要因なのであろう。

註

（1）紙面の都合により、古代史関係の研究史は三橋正『日本古代神祇祭祀制度の形成と展開』（法藏館、二〇一〇年）第二章「穢」の「はじめに」、四二〇―四二二頁の註（1）～（10）に譲る。北條勝貴「〈ケガレ〉をめぐる理論の展開」（服藤早苗他編『ケガレの文化史――物語・ジェンダー・儀礼』森話社、二〇〇五年）および本書佐々田論文参照。

（2）三橋正「穢規定の成立」（註（1）前掲書所収、初出一九八九・二〇〇〇年）。大本敬久『触穢の成立――日本古代における「穢」観念の変遷』（創風社、二〇一三年）など。

（3）詳細は紙幅の関係で略すが、行論の関係上、現段階での考えを註（16）で少し述べる。

（4）儀式帳は、『神道大系　神宮編一』（神道大系編纂会、一九七九年、以下、神道大系本と略称）等による。伊勢神宮関係史料については、西宮秀紀『伊勢神宮と斎宮』（岩波書店、二〇一九年）参照。

（5）祓・解除・大祓などの表記を含む意味でハラエと記したが、おおむね史料上の表記に従い、注意を要する史料表記には「祓」「解除」など「　」を付けた。なお、伊勢神宮のハラエについては、岡田重精「伊勢神宮をめぐる忌と祓」（『皇學館大学紀要』第一三輯、一九七五年）がある。

(6) 虎尾俊哉編『訳注日本史料　延喜式　上』(集英社、二〇〇〇年)による。
(7) 小島憲之他校注・訳『日本書紀　1』(小学館、一九九四年)、四一九頁の頭注七。
(8) 石母田正「古代法」、「古代法小史」(『日本古代国家論　第一部』岩波書店、一九七三年、初出一九六二・一九六五年)、多田一臣「天津罪・国津罪と「大祓詞」—古代の〈罪〉・ノート」、「〈罪〉〈けがれ〉と「大祓詞」—古代の〈罪〉・ノート(続)」(『古代国家の文学　日本霊異記とその周辺』三弥生書店、一九八八年)など。
(9) 青木紀元氏は、大祓詞の天津罪・国津罪を記した部分は第一次(天武朝初期)に成立したとする(「大祓の詞の構造と成立過程」『祝詞古伝承の研究』国書刊行会、一九八五年、初出一九六三年)。個々の罪については、註(6)『訳注日本史料　延喜式　上』などを参照。
(10) 神宮では溺死者や焼失者が存在したことが、『太神宮諸雑事記』などにみえている。なお、溺死者の「祓除」は『日本書紀』大化二(六四六)年三月甲申条が初出である。
(11) 三橋正「大祓」(註(1)前掲書所収、初出一九七八年)、神野清一「天武十年紀の天下大解除と祓柱奴婢について」(『日本古代奴婢の研究』名古屋大学出版会、一九九三年、初出一九八〇年)、三宅和朗「諸国大祓考」(『古代国家の神祇と祭祀』吉川弘文館、一九九五年、初出一九九〇年)、矢野建一「天下(四方)大祓の成立と公民意識」(『日本古代の宗教と社会』塙書房、二〇一八年、初出一九九一年)、熊谷保孝「『諸国大祓』の成立—天武朝における」(『政治経済史学』第四〇〇号、一九九九年)など。
(12) 佐々木文昭「奈良・平安時代における「後家」について—その語義を中心として」(大隅和雄編『文化史の構想』吉川弘文館、二〇〇三年)、雨宮康弘「日本古代の祭祀組織—烟と後家を事例として」(『専修史学』第六二号、二〇一七年)などを参照。
(13) 直会が解斎の機能を帯びていたことは、岡田重精『古代の斎忌(イミ)—日本人の基層信仰』(国書刊行会、一九八二年)一二七頁参照。
(14) 青木紀元「ミソギ・ハラへ」(『日本神話の基礎的研究』風間書房、一九七〇年、初出一九六四年)、西宮一民「ミソキとハラへ」(『上代祭祀と言語』桜楓社、一九九〇年、初出同年)。
(15) 註(4)『神道大系　神宮編一』、三〇頁。
(16) 『日本書紀』神代紀の古訓を参照。結論のみ言えば、遅くとも『日本書紀』成立時にケガレという訓の存否は不明だが、ケガルという訓や「日本書紀私記」乙本にみえるケガラハシキという訓の存在を溯らせることについてまでは、否定できないと考えている。その意味で、ケガレ（ケガラワシキ）という訓で称しておきたい。なお、本章で述べた点に関して、問題なのは一六条目の記事で、①六月例には「後家之雑罪」と「後家」の罪としかなく「大祓」とあり、②九月例も「人別罪」としかなく、「解除」字の書き分けがない。このように六月例ではハラエ字にはこだわりがないこと、また、ここではすべて「罪」と称していることから、九条目の「穢」記事を重視することはできないと反論できよう。しかし、上記の一六条目記事はかなり簡略されており、ハラエに二段階あるというのは九条目の御巫内人項で初めて詳細に知りうる固有記事であり、無視することはできない。「皇太神宮儀式帳」が神宮から朝廷への解文であり、これを書いた禰宜らの、当時の「穢」意識が反映されていた可能性は高いと思われる。

(17) 青木紀元「日本古代の罪と大祓」（註(9)前掲書所収、初出一九七九年）、註(8)多田論文など。

(18) 『延喜式』伊勢大神宮10神衣祭祓条によれば、四月（九月）の神衣祭も三月（八月）晦日に「祓除」とあるが、儀式帳にはみえない。

(19) 「十六日禰宜内人等身滌の事別に下に見ゆれば、日の異にするかと疑うべけれど然ならず。皆十六日の行事なり。」（『大神宮儀式解　後篇・外宮儀式解』〈臨川書店、一九七六年〉三四三頁）とあり、西の川原での大贄の〈不浄〉を除くハラエであった。

(20) 根倉物忌父の職掌に、「又根倉社の二所の神殿造《つく》り修り祓え浄め奉りて、年別の祭供え奉る〈年中六度〉」とあるが、他に物忌父の職掌で「祓浄」の記事はなく、高宮物忌の父は「又御炊殿《みかしきどの》、幷びに廻《めぐり》の垣、毎月に修理《つくろ》い掃き浄め仕え奉る」とあるので、前者の「祓」は神道大系本の校訂に「経本・巫本・群本、掃」とあるように「掃」の誤字の可能性が高い。

(21) 神亀・天平の頃からミソギとハラエが接近することについては、註(17)青木論文、二八七頁に指摘がある。

(22) 「穢れの精神史」（『境界の発生』講談社、二〇〇二年、初出一九八九年）。

第七章　死穢《タブー》を超越する神
――中世南都律僧の春日信仰に向けて――

舩田淳一

非人に死穢を浄化する呪的権能を認め、「聖なる職人」と定位する網野善彦氏の中世非人論を実証的に批判しつつも、非人救済で知られる中世南都律院では、死穢を超克する神祇信仰も生成していた一面を炙り出す。

はじめに――網野善彦氏の非人論

本章は〈死穢《しえ》を超越する神〉という、いささか特殊なテーマを扱う。通常、「穢れ」とは神が最も嫌忌するものであり、この穢れを近づけることで、神は怒って「祟り」を発動するのである。よって神とその領域（神社・神域）から、周到に穢れは排除され、恒常的に対極的価値である「清浄」の実現が厳しく要求されるのである。そしてそのために穢物《えもつ》を除却する行為を専らにする人々として、中世被差別民としての非人が存在したのだから、最も由々しき穢れである死穢をも超越する神なるものが、特殊な視角設定であることは察しがつくだろう。ともあれ、この神を議論の場に呼び込むためには、まず「穢れと非人」という重要な問題を処理しておかなくてはならない。

さて中世非人研究において、きわめて独特の位置にあって異彩を放ったものが、網野善彦氏による非人研究であった。網野氏によれば、少なくとも中世前期までの非人は、一般の平民百姓や不自由民としての下人・奴婢とははっきり区別されており、むしろ天皇の直属民や神仏の奴婢として聖別された存在であり、畏怖・畏敬される一面があったという。網野氏はとくに「清目《きよめ》」という行為に着目しており、非人には、中世社会において恐れられた穢れをキヨメる〈浄化する〉という呪術的な力があると観念されたと説くのである。よって非人とは排除・差別されて打ちひしがれた弱者ではなく、清目をもって神仏に仕える職能民であり、彼らは「ときに「猛悪」といわれるほどの強烈な生命力を持つ自立した集団だった」(1)と、大変ポジティブに結論づけられた形となる。

歴史家としての網野氏の非人に対する温かな眼差しが窺えるが、こうした理解は、氏の希望の投影であると言わねばならず、研究の現在的地点からすれば支持しがたいものである。網野氏の議論は、史学的言説の上で中世被差別民の尊厳回復を企図したものであったようにも筆者には憶測されてくるが、その結果が、かつて黒田俊雄氏が「現実にあった悲惨や差別から目をそらすことはできない」(2)と語ったところのものに帰着するようであれば、やはり中世差別論としては本末転倒ではないだろうか。網野学説の批判的再検討は、これまでも種々に展開されており(3)、また網野非人論の全体像を対象にすることは、もとより筆者には不可能である。よって本章では、マジカルな〈穢れ浄化の力〉という、氏の非人論における勘所の一つを、史料に即して批判の俎上に上げたい。その先に、異貌の春日神が見出されることとなろう。

一　浄化できない穢れ、そして非人――「清祓」関係史料の分析から――

清目とは、本当に、網野氏が想定したような非人によるマジカルな穢れの浄化行為であったのだろうか。結論を先取りすれば、網野氏の想定は成り立たない。片岡耕平氏は藤原頼長の日記『台記』を根拠に「「清目」が死体を運ぶことは、単なる物体の運搬としか認識されていなかった」と結論づけている(4)。なおこの場合の清目は、死体運搬に従事する非人を指す。清目の行為がその専従者の別称／蔑称としても定着するのである。また島津毅氏も、清目とは「遺棄された死体を取り棄てて排除すること」と定義しており(5)、何らそこに呪的浄化作用など見出しておらず、筆者も全面的に見解を同じくする。先述のように、ここは従来的な非人観の克服を目指して非人＝聖なる職能民と見る、網野非人論の勘所の一端であるから、屋上屋を架すようではあるが、あらためて筆者なりに批判を加えておきたいのである。

網野氏は多分に清目という文字表現《シフィニアン》から、いわゆる「祓《はらえ》」に類する意義を読み取ったのであろうが、この問題を考察する際に有益な史料が、中世春日社の記録である『永仁四年中臣祐春記』の「廻廊諸門清祓勘例」だ。本史料については松村和歌子氏による翻刻と解説があるため(6)、これを参照して中世における穢れと祓の実態を確認してゆくが、「清祓《きよはらえ》」とは、穢れが生じた際に、その因由をなした人物、あるいは死穢であれば発生源となった死者の親族に対し、神域を穢した罪を贖うために財産刑を科す中世神社法の一種であり、「廻廊諸門清祓勘例」とは、この清祓の先例（全一一件）を摘記した史料なのである。従来、法制史や刑罰史の文脈で論究されてきたが、贖物（祭物）を徴取するほかに、神官による祓祝詞の奏上もなされており、松村氏は宗教儀礼としての側面も重視するべきことを指摘する。

さて天承二年（一一三二）正月一二日条によれば、春日社の酒殿で神人（下級神官）が頓死したので、ひとまず酒殿周辺に注連縄を張り巡らしたという。穢れは感染するとされたため、酒殿が穢処であることを明示し、人の出入りによる感染拡大を防ぐ措置である。なお誰が死体を神域から除去する清目を行ったかは明記されない。春日社が天下の執柄たる藤原氏の氏神であることには多言を要しまい。翌月には氏の大祭たる春季春日祭を控えており、この時期の神域における死穢発生は重大事であり、氏長者である藤原忠実へ報告がなされた。そして忠実の召喚を受け改めて神官が上洛している。その間に日数が経過し、忠実が、触穢期間は三〇日であるから、その期間は朝夕の神饌供進を一切中止するよう命じたのは、二一日のことであった。後述するが、九二七年に完成した『延喜式』によって、死穢は三〇日の忌と規定されたのであり、この忌の期間が経過すると、穢れは、いわば自然消滅すると考えられたのである。

そして見落とせないのは、この氏長者忠実による触穢への対処決定の翌日から数えて三〇日後、すなわち触穢による忌の期間が終了した二月二二日に神祇官人らが奈良に下向して、穢処となった酒殿の土を掘り返して清浄な土に入れ替えたうえで、ようやく清祓の儀礼が執行されたことである。つまり清祓とは、死穢が発生した際に即座にこれを修することで穢れを浄化し、本来的な清浄空間を復元するといった積極的な穢れへの対抗呪術・儀礼でないことは明白である。むしろ触穢期間の満了と秩序回復の象徴儀礼と解するべきである。なお『永仁四年祐春記』には記載されていないが、『古今最要抄』という同じく中世春日社に関わる史料よれば、二月の春日祭は延引されている。(7) 当然の措置である。

さらにここで留意すべきは、一二日に死者が出ているにもかかわらず、触穢認定が二一日の忠実による判断に委ねられていることだ。それは、忌の期間が二一日から起算されていることに示されている。穢れは天皇・摂関などの認定によって発効した側面が認められる。例えば井原今朝雄氏は、天皇が認定しなかったために触穢とならなかった院政期の事例を検出し、「穢は天皇から「給《たまう》」もの」であり、「天皇が管理・給付する国家的制度であった」と結論する。(8) 天皇や摂関が否認すれば、触穢ではなくなるのであり、こうなると、穢れとは、いささか場当たり的な人為的システムのようにも見えてくる。そして何より、清祓とは確かに祓という宗教儀礼を本義とするものであろうが、すでにこの一例をもってしても、中世においては、祓の実修によって穢れが浄化されるといった一般的通念が適用できないという事実に気づくはずだ。中世の祓とは触穢期間の終了を待ってからなされるものなのだ。

次に建久六年（一一九五）二月二六日条を見よう。神域で生首が発見され、この時も氏長者の九条兼実に報告がなされ、その裁断で五体不具（死体の一部）の穢れなので七日の触穢と決し、その間の一切の神事が停止された(9)。なお『古今最要抄』では、この時、生首を取り棄てたのは「宿直人」であると記載されており、春日社において鎌倉期の半ば頃までは、社殿の管理・清掃等を職務とする下級神官が結番して勤めたと考えられるこの宿直人が、穢物の処理（清目）を担っている。

以上のことから、清目はごくわずかな宗教的意味を帯びた任務ではあるが、呪的浄化ではなく物理的行為としての穢物除去以上の意味を持たないことは、もはや疑いえないところである。ここから演繹される事実、それは「穢れは祓えない（浄化できない）」ということだ。迂遠な手順を踏んだが、如上の分析からすれば、清目の主体が宿直人から非人に移ったところで結論が変わるはずもなく、非人の清目とは、要するに被差別民に穢物処理を押し付けたに過ぎないということが理解されるであろうし、それでも非人は清目行為の呪能を自認していた、などという理屈も、成り立つわけがないだろう。ともあれ『永仁四年祐春記』の記事は鎌倉初期までであるから、非人が春日社の清目として登場してくる、この後の時代については『古今最要抄』を参照し簡単に瞥見しておこう。

鎌倉後期の文永九年（一二七二）九月二一日条では、春日社内で生首が発見され、「非守」がこれを取り棄てている。「非守」は「氷守」とも表記されるが、奈良坂に蝟集する非人たちの中でも上層の非人であり、鎌倉後期には宿直人に代わって春日社の清目を勤めることとなる。非人が清目を行っても穢れは浄化されないので、七日の触穢と決し、その期間の春日社への参拝が禁じられ、七日以後に清祓が行われた。正和元年（一三一二）五月一四日条では、神域内で鹿が死んだため非守がそれを除去し、六畜の死穢なので五日の忌となり、神事が停止され、その後に清祓がなされた。貞和四年（一三四八）六月一七日条では、春日社の一角で遺骨が発見されたが、神人は触穢を恐れて手出しできず、非守がこれを処分し、触穢期間の後に清祓が行われている。

二　神領興行の嵐――同調圧力としての触穢忌避と公共空間――

なぜ穢れは祓えない（浄化できない）のか。ごく端的に答えるならば、それは穢れが「神話的範疇」から「法的範疇」へと、平安前期の律令国家によってシフトさせられたから、ということになるだろうか。換言すれば、一種の呪的で実体的な力としての穢れを、神祇祭祀に関わる社会的法規範の領域《イデオロギー》へと昇化させたのである。古代国家の法令集である『延喜式』（九二七年）の三巻「神祇三臨時祭」という章において、何が穢れとなるのか、そして触穢した時の忌の期間がどれほどであるのかが法的に明文化される一方で、穢れの浄化方法について一切規定されなかったことはきわめて重大な意味を持つ。この時、国家によって穢れは浄化できず、所定の忌の期間を経ることによる自然消滅を待つほかはないものとして、穢れ観念が再編成されたことになるからだ(10)。周知のごとく『古事記』の神話でイザナギ神は、黄泉国の死穢を海水で禊《みそ》ぐことで浄化している。しかし祓などの儀礼によって穢れを浄化できるという論理を、律令国家は採用しなかったのである。そしてこうした法規定は、国家的神祇祭祀制度として成立したものであり、神は全面的に穢れを忌避するのみの存在であると、国家的に再文脈化されたわけだ。『延喜式』の触穢規定は、いわば神観念とバーターで成立したのである。

よってそれは神祇信仰の衰退など意味しない。神が穢れに対して脆弱であるかに見えるほど、これを忌避することは、その対極としての神＝「聖なるもの」の清浄性の発露となり、現実的には神威の昂揚手段たりうる。穢れが生じた際に、そのつど祓などの儀礼で対処するのではなく、恒常的に穢れを排除することによって「聖なるもの」が維持される構造である。そして冒頭で述べたように、穢れに対する神の祟咎を中世びとが恐怖したことは、彼らがどれほど神域の清浄化に腐心したかを顧みれば容易に得心できるのである。(11)

かかる神祇に対する触穢忌避意識が、明らかな肥大化を見せる時代がやって来る。『花園天皇宸記』正中二年（一三二五）一二月二五日条によると、花園天皇の近臣である藤原清経は自邸で春日曼荼羅を祭祀していたが、下女に春日神が憑依し不満を述べたという。何が神意に沿わなかったのだろうか。それは清経宅が禅林寺（永観堂）の近隣に所在したことであった。なぜなら同寺は裏山で墓所管理を行う念仏系寺院であり、寺僧もまた葬送に従事するため穢れていたからである。すなわち春日神は、穢れが自らの周辺に存在する状況に不快の念を示したのだ。さらに神は邸宅の他所への移転を要求し、それが不可能ならば祭祀を止め曼荼羅を錦の袋に納めるよう、強硬に指示している。自分を穢れに触れさせるな、というのである。邸内に死者が出たわけでもあるまいし、さすがに清経もいささか呆れたのであろう。天魔による偽の託宣ではないかと疑っているほどだ。その疑念の理由は、ある意味で正統的と言える清経の仏教理解に根差していた。「神の本地は仏であり、仏は穢れを忌まぬはずである」と、清経は自らの信念らしきものを言明する。しかし花園天皇は清経に対し、たとえ本地が仏であろうとも、神は垂迹であって穢れを忌むものであると説いている。本地／垂迹の位相差の論理でもって神／仏の無節操な混同を戒めたものと見える。そして花園天皇によれば、清経は実にあっさりと、この論理に納得してしまったようである。

この清経邸で祭祀されていた春日神の託宣からは、貴族に仕える末端の下女にまで、触穢忌避という行動様式が深く内面化され、強制力として駆動していることが如実に窺える。かつて詳細に論じたことだが、鎌倉前期から本地垂迹説に基づき仏の慈悲を優先し、限定的ながら穢れを容認する神の説話が顕密仏教界の一角でも説かれ、触穢忌避の観念を一定程度相対化せんとする思想運動の展開という意義ある一幕が認められるが、鎌倉後期の『八幡愚童訓（乙本）』「不浄の事」には、触穢の規制強化を意図する露骨な説話が登場してくる(12)。そして鎌倉末期には、本地垂迹説による触穢の相対化も容易ではなくなってくるのだ。この穢れ観念の肥大化と見える状況をもたらしたモメントは何であったろうか。それはモンゴル襲来であると考えられる。いまは略述するに留めるが、人々はモンゴル軍が護国の神々の働きによって撃退されたと解した。いわゆる「神風」である。そして諸社への恩賞給与としての神領興行政策が全国的に実施されたことが、「神国思想」の劇的顕在化を誘発した。その過程で、触穢を忌避するという行動規範も全国的に浸透するに至ったのである(13)。

八幡神は、未曽有と言ってよい、この異国からの侵略防衛戦争において、その神威を大いに高揚させた神の代表格であり、『八幡愚童訓』とは、そうした所産としての縁起テクストに他ならない。いまや触穢忌避は強力な同調圧力・社会的拘束力と化したのであり、清浄性を尊ぶ価値観と、それに即応する穢れ排除の行動規範が、共有・遵守されることによって、公共空間が成立する抑圧的な時代の出来を、ここに見届けることができよう。

マジカルな穢れ浄化を想定し、独特な非人論を提示した網野氏は、〈中世非人の可能性〉ともいうべきものを、歴史の中に見出したかったのだろうと思われる。本章では、その試みを批判することとなったが、ここで議論を終えるつもりはない。『延喜式』が穢れに対する宗教的・呪的な浄化可能性を閉じる方向性を結果したため、まず現実的対応策としては、触穢規定の間隙を縫うこと、換言すれば法の死角を衝くことが試行され、中世には触穢回避のための巧みな便法が考案されている(14)。平安期の『延喜式』触穢規定は、中世には『物忌令』という有力神社によって周辺地域に発出された法令を通じて、在地社会にも確実に深く浸潤していった。そうした『物忌令』は神社ごとに固有性があり、通常三〇日とされる死穢の忌が、なんと百日にまで拡張されているものさえある。ある神社が他社よりも触穢に厳格で清浄を重んじることは、その祭神の格式と権威を誇示する有効な方途なのだろう。(15)

しかし忌とは触穢に対する消極的対応として、他者に穢れを伝染させぬために課せられる重度の行動制限に他ならない。百日間の自宅謹慎を想定してみれば、庶民にとってそれは生活に直結する重大事でもあることが理解できよう。触穢回避の手段が模索されることも道理である。その一方で中世には、穢れに対するより積極的な対抗的実践を確認することもできる。そもそも穢れの浄化ではなかった非人の清目行為や、触穢回避の言い訳じみた便法とは異なる、穢れ超克の理論に基づく宗教儀礼の実践が、他ならぬ春日信仰の中から復元できるのである。

三　墓所の春日神――宗教儀礼の実践と主体化――

現在も春日大社の程近くには、高円山を背にした白毫寺という寺院が所在する。同寺は鎌倉時代には南都における律宗の拠点寺院の一つであった。この律院としての白毫寺では、鎌倉中期に、一切経会という、法宝としての一切経（五千数百巻に及ぶ全仏教経典の総称）を転読・供養する大規模な仏教儀礼が創始され、年中儀礼として定着してゆく（現在は廃絶）。建武二年（一三三五）の『白毫寺一切経縁起』という、タイトルのごとく一切経絵創始の由来を語るテクストによれば、中世の白毫寺の門前には、名もなき人々の新旧の墳墓によって埋め尽くされた広大な葬地が展開していたという。叡尊（一二〇一―一二九〇）らによって再興された律宗は、中世における貴賤の葬送の担い手集団としても知られているが、白毫寺周辺は、まさに京都における代表的葬地としての鳥辺野に比肩しうるほど、死の臭いをまとった空間＝穢処であり、白毫寺の律僧は中世都市奈良における〈死の管理人〉としての相貌を有していたのである。

そして同縁起によれば、実はこの白毫寺墓所こそが春日神の最初の鎮座地があった所だというのである。神は御蓋山麓の現社地に遷座するが、その後に弘法大師空海が春日神より旧社地を乞い、死者供養のための「三昧之地《さんまいのち》」「尸陀林《しだりん》」、すなわち墓所の開創を願い出る。その際、神みずから空海にこう語っている。「この地を汝《なんじ》に与《あた》え、永《なが》く墓所《ぼしょ》と為《な》さん。汝、遺骨の地を示せ。我、尸《かばね》を留むるの類《たぐい》を済度《さいど》せん」と。春日神は死者の魂の救済を誓願しており、白毫寺墓所が春日神の旧鎮座地であったことからも、墓所の開基は空海であるが、春日神もまたその起源的位置を占めているのである。この墓所において救済を司る存在は空海ではない。春日神なのである。しかも神の託宣文に「遺骨」「尸」など、忌み言葉に該当しそうな死穢を象徴する文字が現れていることも見落とせまい。この〈墓所の救済神〉という形象が、どれほど神祇信仰において非正統的《アノマリー》であるか、読者諸賢には充分おわかりいただけることと思う。

さらに縁起には、「冀《こいねが》わくば、一切経巻《いっさいきょうかん》を崇《あが》めて、鎮《とこしなえ》に尊神《そんしん》の法味《ほうみ》に備えん」との一文があり、一切経会は春日神の神威を賦活させる儀礼であることが示されている。しかして畢竟その眼目はといえば、もはや明らかであろう。一切経会においては、儀礼の勤修によって威力を増した神による死者救済こそが希求されているのであり、墓寺としての白毫寺の機能からしても、それは至当の結論と言える。事実、一切経会の儀礼次第書が複数、真言律宗の総本山たる西大寺に襲蔵されているが、それら次第書からは、「貴賤の霊等《れいとう》、皆《みな》、仏道《ぶつどう》を成《じょう》ぜんが為《ため》に……」、「過去の霊等、生死《しょうじ》を出離《しゅつり》し大菩提《だいぼだい》を証《しょう》せんが為に……」、「過去の諸《もろもろ》の霊等、三亡《さんもう》の雲晴れ、三菩提《さんぼだい》の月朗《ほが》らかならしめんが為に……」、「南無帰命頂礼《なむきみょうちょうらい》、諷誦《ふうじゅ》の威力《いりき》にて、過去の霊等、極楽《ごくらく》に往生《おうじょう》せん」などと、数多くの亡魂の供養・

救済を祈念する文言が検出されるのだ。そして通常、中世の仏教儀礼には、「神分《じんぶん》」といって神々を法会《ほうえ》の場に勧《かん》請《じょう》する作法――つまりは「神降ろし」である――が組み込まれているが、一切経会の次第書でも、神分作法において春日神が勧請されるのである。

『白毫寺一切経縁起』は、京都で近隣に墓所のあることを春日神が神経質なまでに咎める託宣を下しているように、神領興行の嵐吹き荒れ、触穢忌避という同調圧力の熱量《ボルテージ》が一挙に高まった時代の所産に他ならず、また中世では、春日社そのものは死穢を厳しく排除していたのである。しかし驚嘆すべきことだが、春日社の近傍の律院では、春日神を墓所の本尊のごとくに降臨せしめる儀礼が、例年のように実修されていたのだ。この〈死穢を超越する神〉とも評すべきものは、いかなる仏教的思想基盤から生成したのか。

次のような説話が、そのヒントとなろう。鎌倉末から南北朝期の南都律僧であり伊勢神宮周辺の円明寺で活動した覚乗は、『円明寺縁起』(一六三八年撰)によれば、百日間の伊勢参宮を発願し、その結願の日に憐れな旅の死者を目にして葬送を行う。そのまま参宮を決行するが、天照神の化身が出現しこれを咎める。覚乗は「清浄の戒に穢れ無し」と語り、律僧のアイデンティティである持戒持律の清浄性を根拠に、毅然と触穢を否定し反駁したのである。神はこの主張を受け入れ、「長い年月、神として垂迹しているため(本来的に浄不浄を問題視しない)仏法を忘れていた……」と和歌に託して語り、以降、円明寺の律僧に対しては触穢を問うことがなくなったと伝える。

このほか、『伝律図源解集』(一六八四年)によると、室町期の南都律僧の志玉は、白毫寺付近の貧者の葬儀に参列し、そのまま触穢状態で春日社に参詣したため、神は激しく怒り狂う。そこで志玉は『円覚経』の衆生本来成仏を説く偈文を唱え、本質的に人間は仏と異ならないという論理をもって、どこに死穢などというものがあろうかと触穢を峻拒し、さらに垂迹して神となったため仏説を忘れたのか、と春日神を難詰する。春日神は天照神と同義の和歌を詠じ、以後『円覚経』の偈文を忘れぬ旨を語り社殿の内へと退散していった。触穢思想が瀰漫していた時代に、志玉は仏説を楯にして見事に春日神を論破したのである。

この両説話は近世史料に所見するものであるが、その背景論理は「本地の仏は穢れを忌まない」とする藤原清経の理解に同値されるものであり、中世説話と位置づけて大過ないものと考える。【A】志玉に論破され仏教の本義にようやく立ち還る春日神と、【B】死穢を忌避せず墓所の儀礼空間に顕現する春日神とは、相反した神観念であるが、時系列的にも【A】の説話とは、春日社における春日神観が、【B】の律宗儀礼における春日神観の側から批評的に捉え返されたものとして定位できよう。そして白毫寺の春日神を問題としている本章では、「志玉説話」が重視されるべきところではあるが、律宗の固有性という意味では、やはり「覚乗説話」が注目されるのであり、戒律という視座から死穢を超克する春日神の成立機制について見通しを立てたい。

戒律とは、〈仏教的世界〉(16)を存立せしめる秩序と規範の体系であり、仏説に起源を有する聖界の制度的倫理観とも評せよう。「清浄の戒に穢れなし」の論理は、戒律の実体的呪術化と見えるかもしれないが、短絡的に矮小化と評してはなるまい。戒律の護持こそ、律僧の律僧たる根本的由縁であり、存在根拠《レゾンデートル》に他ならない。〈戒律の力〉の実体化とは、律僧が持戒という身体的実践を通じて得た一つの認識形象であり、律僧の主体化の過程において生成したものであったと位置づけたい。かくして中世社会史的に見れば、持戒の清浄性とは、鎌倉期に新たに形成された宗教者グループとしての中世律宗が、従来的な顕密寺院の活動を補完する形で、葬送―死者供養―墓処管理という職種に参入してゆく際に、あらためて必要とした職業的論理であったとも言える。だが思想史的視座からすれば、持戒の清浄性は、穢れの超克志向を体現する非正統的なる神格を歴史上に登場せしめたのである。戒律とは、過剰なる運動を孕んだ精神の内燃機関でもあったのだ(17)。

そもそも中世南都律宗は、春日神を戒律の外護神として深く尊崇していたのである[18]。そうした春日神観に強固な持戒による清浄の理念を媒介させた時、白毫寺一切経会における〈墓所の救済神〉としての春日神が生成したと言える。それは中世律僧の職能を保証する存在であり、彼らの自己幻視像ともみなせよう。つまり持戒実践による律僧の主体化は、触穢を禁忌とする王朝国家的な春日の神格をも独自に変容せしめるものだったのであり[19]、春日社と白毫寺という近接する二つの寺社に、触穢忌避／触穢超克という、それぞれの宗教的理念を象徴する二つの春日信仰が併存する形となったのである[20]。

仏教的な秩序・規範としての戒律がまとう清浄性は、世俗的な社会秩序・規範として身分編成原理や差別固定化の問題と不可分にある触穢忌避に基づく清浄性の実現という、支配的機制を超出し脱臼せしめる動態的な位置にある。むろん歴史学者がすでに指摘するように、律僧の非人救済活動は階層的機根観に立脚したものであり、彼らは平等的機根観を有していないため、中世社会における平等性を性急に律宗に求めても徒労に終わるだろうし[21]、律宗の存在が触穢忌避イデオロギーの相対化を現実的に促進せしめたに相違ないなどと、ナイーブに期待することもできまい。よって中世社会を考える際に重要なことは、差別／平等という二元論的把握による性急な歴史の価値判断ではなく、未完に終わった「過去の可能性」を担保することであろう[22]。筆者は白毫寺の春日信仰に、そうした潜勢力を認めたいのである。

終わりに——差別と〈可能体としての神〉——

ここまでの議論を総括しよう。非人の清目は呪的な力など帯びておらず、もとより中世社会における穢れは、基本的に浄化不能とされたものであった。さらにモンゴル襲来を契機に神国思想が勃興し、穢れ忌避の観念が過剰に強調される時代が到来する。しかしそうした時代的趨勢の裡でも、中世都市奈良の一隅の律院にて、死穢の空間（墓処）に降臨するという異貌の春日神が、宗教儀礼の内部から屹立してきたのである。

非人による穢れ浄化論は成り立たないが、禁忌としての穢れを超越し、〈清浄なる神国〉という社会秩序の中心化装置を、その内側から動揺させかねない神の顕現を、日本中世史の上に見出す試みを通して、差別のイデオロギー領域において作動する穢れと対峙した、中世仏教における力動的な実践の一端が明らかとなった。それは宗教者（信仰者）の主体形成過程を、アモルフな〈可能体としての神〉を歴史の表層へと分節・析出する実践と不可分に捉えるという、魅力的な視点の提示でもある。また図らずも、網野氏が中世という時代に差し向けた眼差しを、筆者に固有の形で捉え返す叙述ともなったようである。

本章で着目した中世奈良の一律院の事例を普遍化することは容易ではなかろうが、禁忌を超越し、同調圧力や呪縛をもたらす中世社会の支配的言説に亀裂を与え、またその攪乱・脱臼を志向する言表的想像力は、思想水脈として近世・近代社会へと伏流してゆくであろう。そこには例えば、金光教における「祟り神＝艮の金神」を「創造神＝天地金の神」として捉え直す神学的再解釈の運動もまた、見出されてくるはずである。

註

（1）『中世の非人と遊女』（講談社、二〇〇五年、原書一九九四年）三七頁。網野氏の非人論をめぐっては、『異形の王権』（平凡社、一九九三年、原書一九八六年）、『日本の歴史をよみなおす』（筑摩書房、一九九一年）、『日本中世に何が起きたか』（日本エディタースクール出版部、一九九七年）などを参照。また、穢れ・非人を問題とする本章は、本書所収の佐々田・片岡・西宮各氏の論文と密接な関係にある。

（2）「中世社会論と非人」（『黒田俊雄著作集第六巻　中世共同体論・身分制論』法藏館、一九九五年、初出一九八二年）二八〇頁。
（3）それだけ網野史学が豊穣であったことの証左でもある。
（4）『穢れと神国の中世』（講談社、二〇一三年）一六一頁。
（5）『日本古代中世の葬送と社会』（吉川弘文館、二〇一七年）二八八頁。
（6）「平安、鎌倉期春日社の清祓史料」（『国立歴史民俗博物館研究報告』一四二集、二〇〇八年）。
（7）阪本龍門文庫に『春日社家記録』のタイトルで所蔵されており、同文庫のホームページでデジタル画像を閲覧できる。https://www.nara-wu.ac.jp/aic/gdb/mahoroba/y05/html/206/
（8）『史実　中世仏教2』（興山舎、二〇一三年）二一三・二一四頁。
（9）むろん、つねに氏の長者の裁断を仰いでいたわけではない。
（10）それは裏を返せば、時間経過によって確実に穢れは消滅する（消滅したことになる）、ということでもある。
（11）『延喜式』が祓について何ら規定しなかったため、祓の実効力は制度的に保証されないものとなった、と言える。
（12）拙稿「春日神に抗う律僧」（『神仏と儀礼の中世』法藏館、二〇一一年、初出二〇〇七年）参照。
（13）註（4）片岡著書を参照。
（14）井原今朝雄『史実　中世仏教1』（興山舎、二〇一一年）三五一頁以下参照。
（15）三橋正「『諸社禁忌』について」（『日本古代神祇制度の形成と展開』法藏館、二〇一〇年、初出二〇〇九年）参照。
（16）出家者の共同体＝僧伽《サンガ》のみならず、在家信者を内包した広域概念として使用。
（17）中世人が感染を恐れ激しく排除・忌避したハンセン病者に、律僧が接触可能であった背景にも、戒律の呪力が想定される。松尾剛次『鎌倉新仏教の誕生』（講談社、一九九五年）参照。律宗における清浄性とは、穢れを排除して成り立つ清浄性とは異なる概念である。
（18）拙稿「中世南都戒律復興における受戒儀礼と春日信仰の世界」（註（12）前掲書所収）参照。
（19）中世の宗教者（信仰者）や教団が、固有の神格を歴史の上に感得・導出する実践を、主体化という視座から考察することは、筆者にとってはなお今後の課題であるが、近代の事例としては、磯前順一「天に祈り地に伏して生きる」（『朱』第五八号、二〇一五年）などが参考になる。

（20）ただしこれは、白毫寺と春日社が宗教組織として対立関係にあったなどということを意味しない。詳しくは拙稿「中世の春日信仰と死者供養」（『カミと人と死者』岩田書院、二〇一五年）参照。

（21）平雅行『日本中世の社会と仏教』（塙書房、一九九二年）四八六・四八七頁、また救済の問題をめぐっては本書第三部を参照。

（22）歴史哲学者の鹿島徹氏の議論に学んだ（『可能性としての歴史』岩波書店、二〇〇六年）。

第八章　悪神の神性の転回／展開と宗教的主体の生成

——差別・排除を超える構えへの問い——

河井信吉

差別や排除の超克可能性を民衆宗教の「信心」に問う。救済神へと転回した悪神金神が、金光大神の信心において不浄・穢れの禁忌を無化する神性を示し、差別や排除を超える「宗教的主体化」を促した理路を考察する。

はじめに

磯前順一は『民衆宗教論　宗教的主体化とは何か』[1]の第Ⅰ部「謎めいた他者と宗教的主体化」において、金光教と大本教を取り上げて、主体化や主体化過程をめぐる問いを展開している。それは、主体化・公共性・差別の超克といった現代の課題を、安丸良夫や島薗進以来の民衆宗教研究の成果と対話しつつ討究しようとしたものである。金光教について安丸は「強力な祟り神だったものは、人間のがわの信心を媒介にして福神に転化されると、福神としても力強いのであって、こうした祟り神や悪神の福神化という傾向は、民衆信仰史の重要な特質であった」（『出口なお』朝日新聞社、一九七七年、一二九頁）と述べているが、それを承けて磯前は次のように語っている。

私は災いを転じて福となすこの信仰には以前から興味があった。差別を作り出すのが人間の歴史の常であったとすれば、それをプラスの力に転換する装置もまた人間には欠かせない知恵であろう。排除された者がどのように救われていくのか、そして差別を作り出す私たちの心をどのように鎮めることができるのか。安丸の著作を読むなかで、金光教あるいはその流れを汲む大本教の信仰にはその問題を解決する鍵があるのではないかと感じていたのだ。

一九七〇年代から八〇年代にかけて、安丸良夫や島薗進は、中山みき・金光大神・出口なおなど、民衆宗教の教祖とされる人々における宗教的主体形成を内在的に明らかにしようとした。磯前はその再評価を行い、ラカンの精神分析や酒井直樹の翻訳論などをふまえて、金光大神や出口なおにおける主体化過程を分析する。そして、他者と共存する「複数性」の領域としての「公共性」の可能性を、「謎めいた他者の声」に呼応することで促される諸個人の主体化のあり方へと精神分析学的に問う。そこでは、金光大神の宗教的回心が超越性を体験した宗教的主体の変容過程として主題化されている。

本章はその磯前の議論を承けて、金光教の教祖とされる金光大神における金神信仰の転回／展開に焦点を当てる。ただし、ここではより歴史（宗教史、信仰史）的な文脈に内在して、主体化（ここでは差別・排除を超える構えの生成に焦点化する）の道筋を実践論的に考察する。本章の課題は、磯前の問いを金光教研究の立場で受け止めることであり、歴史的具体的な宗教的実践の地平で問い直すことだからである。たとえば、「謎めいた他者」は「金神をはじめとする神々」として、「宗教的主体化」は「信心」という実践に関わることとして。そして、金光大神と金神をはじめとする神々との関係を宗教史的かつ信仰史的に論究することで、「信心」という実践によって生成する宗教的主体が、信心によって結び直される諸関係（神・人・事柄などとの関係）においていかなる構えを身に備えつつ生成するのか。それによって差別・排除の問題と関わる不浄・穢れの観念・感覚がいかに問い直され、また、「難儀」や「おかげ」の意味がいかに転回／展開し、利他的な眼差しが鍛え上げられていくのか。そうした問いの中から、差別・排除の問題を超克するための主体化の道筋を開く可能性について考えていくことにしたい。

一　岡山（備前・備中）地域における金神への信仰の展開

以下のような問いを立ててみよう。①金光大神はいつから「金神という祟り神」を「信心」するようになったのか、②その「信心」にはどのような特徴があるのか、③「信心」と呼応しつつ「金神」はどのような神性を開示していくのか。④そのような神性の転回はいかなるかたちで差別・排除の問題と連関するのか。⑤「信心」によってどのような構えが生成するのか、などの問いである。①は近世末期のこの地域の金神信仰への問いとつながり、②はそれが金光大神の信仰史にどう接続し展開したのかという問いとなる。③と④と⑤は金光大神と金神との相互的・他律的な主体化という事態への問いとして連結するが、その関係性において不浄・穢れ[2]への構えがどう転換していくのかに焦点を当てる必要がある[3]。

のちに金光教の教祖とされる金光大神（一八一四—一八八三）[4]が生涯を過ごした現在の岡山県浅口市金光町は、先進的な農村地帯であり、商品経済が浸透し農民層分解が進行していた。それゆえ、勤勉・倹約・実直などの通俗道徳が発展する一方、人々の苦悩や不安に呼応して、金神信仰をはじめとする民間信仰や民俗宗教が深く浸透していた。金光大神は一二歳の時に隣村の川手家の養子となり、家運の上昇への願いを担って通俗道徳の篤実な実践者となり、社会的成功をおさめた。しかし、そうした成功と並行して「金神の祟り」を想起させる相次ぐ不幸と出遭い、四二歳の厄年には自身も大病を患う。そして、その際に実施された祈禱儀礼の場において重要な宗教的回心を体験する。

ここで、金光大神の「信心」に言及する前に、その信仰史に登場する金神がどのような神として現れ、どのように信仰されていたのか、すなわち、近世末の備中地域の人々の前に現れていた金神の存在性格と、信仰（禁忌への対処法など）の展開について整理しておく必要がある。

近世の日本社会では、日の吉凶や金神などの方位神が記されている京暦や伊勢暦などの暦が全国に頒布されていた。備前・備中地域では山伏や陰陽師の活動も盛んであり、人々が金神の存在やその祟りを、祈禱や易占など実感をともなって確認できる場面が身近に存在していた。こうした環境は災因論における金神の比重を増すことにつながり、日々の生活や人生における凶事、死につながるような災難や苦難などが、金神と結びつけられ、「八百八金神」や「不残金神」と言われるように、祟りをなす数多の存在や神々が、およそ金神と呼ばれる状況にあった。

1　金神のイメージと金神への作法

金光教教学研究所の調査によれば、岡山県下においては近年に至るまで、金神が在坐する方角や時空を侵犯する土木工事・普請・嫁入りなどの非日常的な行為や不浄行為を禁じる信仰が強く生きていた。たとえば、「鬼門」（丑寅金神・未申金神）の方角に汚物や汚水の施設を造ることは避けなくてはならない。「三年塞り（大将軍）の金神様」の方角への普請は危険であり、どうしても避けえない場合は「お断り」の祈禱をしてもらう必要がある。無断で普請をすると「七殺」の祟りを受け家は断絶するからである。このように、鬼門金神、八将（太歳・大将軍・歳破・歳殺・歳刑・太陰・黄旛・豹尾）金神、熊王子金神、日金神、たてこみ金神、八百八金神、回り金神など、数多の金神の実在やその祟りの体験が語られ伝承されていた。なお、金神は「最も不浄を嫌う神」であり、不浄行為を「無礼」として厳しく咎めると信じられていた。

金神に対してなすべき方策としては、大きく二つの作法があった。家相・方位に照らして金神の方角や行路を調べ、「金神除け」「金神封じ」などの儀礼を行って、金神との接触を忌避するというのが一つ。他方、あえて金神を祭祀して祟りを回避するという作法もあった。たとえば、たび重なる不幸を金神の祟りによるものと受けとめて「七殺金神」を祭祀したり、家に金神を祀る神棚を設けたり、屋敷地の丑寅・未申の方角に祠を作って祀るなどである。世界のそこかしこに存在し移動する数多の金神に対しては、侵犯せずに普請をすることは不可能なので、金神を忌避するだけでなく、祭祀し信仰することも行われていた。

家の建築や結婚などの人生の画期において、以上のような作法を遵守しさえすれば、死をもたらす祟りなどの凶事を避けることができる。専門家の助けを借りれば、金神の祟りは判明しその所在地や行路も解析できるので、忌避することは可能である。たとえそれが困難な場合でも、祭祀することでなんとか慰撫することができる。このように制御可能なものである限り、金神が他者として立ち現れ自省的な問いを喚起することはほぼない。しかし、このような作法を遵守したにもかかわらず予期せぬ災厄が襲来することで、他者としての金神の実在を確認することになる。「ですから先祖からの言い伝えと同時に、お金神様はあるものと、なお信仰の念をいっそう深くしました」とか、「金神様が腹を立てるようなことをしないのが一番です」とか、「拝んで解く（金神の祟りを解除する）というような生意気なことを思うても、それは無理です」などといった伝承がそのことを物語っている。

2　救う神としての金神——人に呼びかけ頼む神

このような金神信仰の土壌から、山伏や陰陽師などの専門家・職能者の関与を離れた、金神への実践的な救済神信仰が生成した。忌避したり祭祀するといった消極的な金神への対処ではなく、祟りを受けた絶望からの開き直りのような形で、金神そのものを積極的な信仰の対象とし、金神の救済神・守護神的な神性と出合う人が登場するのである。そこでは、いわゆる「悪神の救済神化」という事態のみならず、他者として立ち現れた金神の声が語り、人との間に応答関係が成立する。金神は人間一人ひとりに対して語りかけ、救済をもたらす神として見出されるのである。それにより、金神に関わる災因論や悪の意味を問い直す契機も生じる。また、金神の神意を理解しうる人、金神の霊験を現す人は「生き神」として人々の噂となり、所在地の地名を冠して「〇〇の金神」と呼ばれるようになる。「金神」と呼ばれる人は、制御可能な悪神ではなく、その声に聴き従う人を救い導く他者なる「神」としての金神への積極的な信仰を説いたのである。金光大神もまたその系譜に連なる。

「堅磐谷（倉敷市）の元金神」こと小野うた（?—一八五九）は、七人ほどの家族を相次いで失い、盲目の娘（孫?）と二人だけが残された。祈禱を頼むと専門家は皆金神の祟りであると言う。万策尽きて「金神は殺すが神か、生かすが神か」と直談判したところ、助ける神だが人が避けたり無礼をするから咎めるのだと応答があり、さらに「神の守をして人を助けてやれ」との金神の頼みがあり、金神を拝みその救いを表すようになったという。

小野うたのもとに通いその信仰に接し、自身も救済神たる金神への信仰を説くようになった「亀山の金神（倉敷市）」（のち、「占見〈浅口市金光町〉の金神」）こと香取繁右衛門（一八二三—一八八九）は、金光大神の実弟である。繁右衛門は長年の眼病に苦しみ、方位家から金神忌避のため転宅をすすめられるが、凶方の指示が専門家により異なるため、妻の実家の後見を兼ねて亀山に移った。しかし家族の死や病気が絶えず、専門家の指示による住宅の移転改造を繰り返し、経済的にも窮乏を極めた。そこで、「藁をも把む想い」で小野うたのもとに通うようになった。ところが安政二年（一八五五）末、自身が病床に臥すことになり、そのまま年を越した。そこで、「今迄とはちがい、法者も易者も家相見も医師も一切堅く断り」、「只静かに沈黙を守」る修行と取り組んだ。「発心開悟」の道が開き、以後、金神との対話に立脚する生活を拓いた。繁右衛門もまた、「若し此金神が悪に強いなら善にも強い筈である。吾は此金神に頼んで助けを受けよう」と金神との関係性を転回させ、救済神としての神性を体験し、神の頼みを受けて「神の使」となるのである。

なお、伝承によれば、小野うたは「長尾（倉敷市）の楠木屋」から「連島（倉敷市）の文十郎」へと伝わる金神信仰の流れを継承したということであるが、詳細は不明である。いずれにせよ、一九世紀の岡山地方において、既存のいかなる方途によっても金神祟りの苦難から逃れることができず、金神の他者性と直面せざるをえなくなった人のなかから、金神の忌避や便宜的な祭祀などの作法を超えて、金神を主神として信仰の対象とする救済神信仰が生起した。金光大神はこの金神信仰と出合うことによって、新たな「信心」の「道」を開いていくことになる。

二　金光大神の金神信仰

1　神々、神仏への信心と救済

先述したように金光大神の信仰史における重要な転機は、安政二年（一八五五）の「四十二歳の大患」時の回心と救済体験である。ところが、この出来事は金神への恐れが通奏低音として響きながらも、土台となる枠組みは金神信仰ではなかった。ここに現れるのは金神以外の神々である。金光大神が香取繁右衛門の金神信仰と関わるのはその二年後である。回心体験と金神信仰とのこの時間的なずれは、先行する小野うたや香取繁右衛門の体験にはなかったものであり、その後の金光大神の信仰の転回／展開に関与していると考える必要がある。

島薗進が鋭く指摘したように、もともと金光大神は金神への恐れをさほど強く抱いていなかったように思われる。他村からの養子という立場もあり、家の繁栄に向けた通俗道徳的な実践に精進することこそが、経済的上昇や村内での信用の獲得に成功する道であった。ところが、家運の興隆に伴う家の増改築と、それに反比例するかのような相次ぐ家族の死との連関において、しだいに通俗道徳的実践の限界を知るとともに金神の存在や禁忌への意識を強めざるをえなくなった。増改築を重ねるたびに日柄方位の禁忌への配慮が念入りになり、母屋の建築に際しては、暦学・和算・測量などの学者として知られ、土御門家の門人でもあった、庄屋小野光右衛門の指示にも従い、さらに加えて、金神を祭祀して「無礼」を「お断り」するなど、なすべき方策をできうる限り丁寧に行っている。とはいえ、金神が神としての信仰の対象になるわけではない。金光大神が「おかげ」を求めて信仰したのは、世間において人を守護し救済するとされる神仏であった。四二歳を迎えて厄晴れ祈願のために参詣したのも、氏神社、備後の鞆津祇園宮、備中の吉備津宮、備前の西大寺観音院など、多くの人々の信仰を集める神仏であった。

では、「四十二歳の大患」とはどのような体験であったのか、そのことを金光大神が記した『金光大神御覚書』(5)をもとに整理しておこう。

養父親子が相次いで死に、子供が三人、年忌の年に亡くなり、飼牛が二年続けて同じ日に死ぬなど、金光大神は一七年の間に「七墓」を築いていた。まさに「金神七殺」を想起させるその状況に陥った理由もわからず、救いや安心を求めて神仏への祈願に身をこらすも状況は変わらず、「残念至極と始終思い暮らし」ていた。そして安政二年四月二五日、自らが「のどけ」を発病し病床に臥すことになる。声が出ず、湯水も通らないほど症状は重く、一命が危ぶまれる事態に陥る。そこで、親類が心配して、石鎚信仰の在家行者であった義弟の古川治郎を先達として勢祈禱を行う。その時、神(吉備津神か、もしくは石鎚神)が治郎に憑依し、母屋建築の際に金神に対する無礼があったことを明らかにする。
治郎に憑依した神は、「普請わたまし（建築、移転）につき、豹尾、金神へ無礼いたし」と告げる。対して義父の古川八百蔵が、「当家において金神様おさわりはない。方角を見て建てた」と抗弁する。すると神はさらに厳しく、「そんなら、方角見て建てたら、この家は滅亡になりても、亭主は死んでも大事ないか」と問い質してくる。こうした神と人間の押し問答は祈禱の進行を導く不文律であったようである。人間は神からの咎め立てを押し返す必要があり、八百蔵の反論はその筋書きに沿ったものであった。ところが隣室でこの問答を聞いていた金光大神は驚き、祈禱の流れとは無関係に、その神の言葉を真摯に受けとめた。その瞬間、声が出るようになり、病床にあって自らの真意を告げる(6)。

ただいま氏子の申したは、なんにも知らず申し。私戌の年、年回り悪し、ならんところを方角見てもらい、何月何日と申して建てましたから、狭い家を大家に仕り、どの方角へご無礼仕り候、凡夫で相わからず。方角見てすんだとは私は思いません。以後無礼のところ、お断り申しあげ。

このように自らの「無礼」を認め「お断り申しあげ」たところ、治郎に憑依した神もまた想定外のことを告げる。氏神・吉備津の神・石鎚の神をはじめとする神々が、この場に集っていること、これらの神々はずっと金光大神の行動を見守っていたこと、実意丁寧な金光大神の信仰を神々はすでに受納しており、本来熱病で死ぬところを「のどけ」に替え、しかも病気のことも予告していたこと、五月一日には霊験を授け、生涯壮健に生活できるよう守護すること、などが明言され、さらに、金神をはじめとする神々への御礼の作法などが指示されたのである。
ちなみにこの出来事は、神仏の側にとっても意味のあることであったとされる。『覚書』執筆時における神の言葉が次のように記されている。

ここまで書いてから、おのずと悲しゅうに相成り候。

金光大神、其方の悲しいのでなし。神ほとけ、天地金乃神、歌人なら歌なりとも読むに、神ほとけには口もなし。うれしいやら悲しいやら。どうしてこういうことができたじゃろうかと思い、氏子が助かり、神が助かることになり、思うて神仏悲しゅうなりたの。また元の書き口を書けい。

この件の記述の際に生じた金光大神の感慨は、実は神々の感動の発露だという。この出来事が「神が助かる」ことにつながり、神仏もまたそのことに驚喜し、感極まっているのだというのである。ここに、人と神の相互の受動的、他律的な主体化(7)といった事態を見て取ることができるが、そのことについては後述する。

さて、金光大神はこの後、人々が神仏を拝む日としていた月の「三日（朔日・十五日・二十八日）」に、自宅の神棚のみならず氏神社や近隣の寺社に参拝することを思いつき、実行している。しばらく体調が優れなかったこともあるが、自らを見守り救いの道を用意してくれている、神仏への感謝と祈願の参拝である。神仏の実在や働きを感得する端緒を得て、神仏になしうる行為が何であるかを問うた時、思いついたのが三日参りであったものと思われる。ただし、金神との関係性を構築する手がかりはなく、課題として残っていた。

2　金神からの頼み、金神への信心

安政四年（一八五七）一〇月一三日、亀山村に住む弟の繁右衛門の家から使いが来て、繁右衛門が神懸かり、憑依した金神が金光大神に用があるという。すぐに来てほしいというので駆けつけると、金神から神の頼みを引き受けてくれないかと尋ねられた。思わず「私の根にかなうことならば」と返答すると、宅替えする繁右衛門の建築費用の用立を頼まれ、それを受諾する。翌月、家は完成し、繁右衛門はここを「広前」として「神前奉仕」の生活に入ることとなる。

　金光大神はこの出来事を「神の頼みはじめ」「信心のはじめ」と明記している。以後、この「亀山の金神様」のもとを訪ね、「信心する」ようになる。金光大神にとって、金神の神意を取り次ぐ存在となった実弟を通して、金神との回路が開かれたことは驚きであったに違いない。しかも、金神から直接の依頼を受けたのである。以後、金光大神は繁右衛門の広前に通い、金神を祀る自宅の神棚を整え朝晩に祈願を込めるようになったが、やがて自身の手に神意を感受できるようになり、さらに口から神の言葉（「お知らせ」）が表出するようになり、繁右衛門を頼むことなく、神との直接の対話によって信心を構築していくようになる。

　ここに対話の回路が開かれた金神は、人格性を備えた救済神である点において、また、生活のすべてに関わる神である点において、もはや従来の金神のイメージでは説明し難い顔を持っていた。そのためか、「金神」に加えて「金乃神」という神名が用いられるようになる。農作業をはじめ生活のあらゆる局面で、神との対話に導かれる実践が試みられていく。神の指示には世間の常識を逸脱するものがしばしばあったが、金光大神はそれを愚直に実践する。それは身に修めてきた通俗道徳、世間の常識や規範、伝統的な世界観などを一つひとつ問い直す経験でもあったといえる。神との対話は日々の生活のただ中でなされたが、生活は幕末維新期の諸変動とともにあった。「世」の動きは金光大神が記した『覚書』『お知らせ事覚帳』『金光大神年譜帳』(8)などにしばしば記述され、「世間」や「世」の意味が神に問われていたことが窺える。こうした対話と実践を通して、金乃神の「教え」や「天地の道理」への理解が進み、金光大神が生きる「信心の道」、実践規範や世界像が生成する。

　このような信心の展開は、人と神の両者の神性の展開でもあった。金光大神は金乃神の「一乃弟子」に始まり、信心によって醸成される神性を示すように「文治大明神」「金子大明神」「金光大明神」「金光大権現」「生神金光大神」と、段階的に神名が授与された。他方、「金乃神」として現れた金神もまた、金光大神や金光大神の下に救いを求めて訪ねくる数多の人のさまざまな問いに耳を傾け、生活・人生を救い導くという神性を現すようになる。また、「日天四（子）」や「月天四（子）」などの神々との関係も明らかになり、「日天四　月天四　丑寅未申鬼門金乃神」といった形で、神としての存在と働きを示すようになる。この「日天四」「月天四」「鬼門金乃神」という「天地三神」は、やがて「天地金乃神」という「天地」を「神体」「社」とする「一つ」の神として立ち現れてくるようになる。

3　信心と相互的・他律的な主体化

このように、信心の展開とともに人と神の双方の神名が変遷する。それは神から付与されるものであるが、「世間」「世」を生きる生活のさまざまな出来事の中にある「わが身」、訪ねくる人々の願いを受けとめる「わが身」、そこに生起する神の働きや意味への自省的な観察によって理解されたものでもある。金光大神はしばしば次のような神の「お知らせ」を受けていた。「一つ、辰年（明治元）より丑年（明治一〇）まで、十か年先、わが身の姿を見よ、末のため、お知らせ」や、「一つ、今般（明治七年旧一〇月一五日）、天地金乃神様お知らせ。生神金光大神、生まれ所、なにか（あれこれと）古いこと、前後とも書きだし」など、「わが身」を振り返ることやそれを記述することを促す「お知らせ」である。それにしたがって、天地と神と人間の関係を問い、それを生きる「わが身」のあり方を確認し、自らの理解を更新し続けていたのである。金神の神性の転回／展開と宗教的主体の生成は、以上のような神との対話と自省的な実践の積み重ね、金光大神のいう「信心の稽古」によって進められていたのだといえる。

そして、神が教えるところによれば、「天地の間に住む人間は神の氏子」である。したがって、金光大神の経験は誰もが経験可能なことである。それゆえ「氏子あっての神、神あっての氏子、あいよかけよ（古い方言に由来し、相依、相補、互助的な関係を示す）で立ち行く」という言葉で表象されるように、人間と神との相互の他律的な主体形成は、すべての人に妥当する当為として語られていくのである。

このことについて少し押さえておこう。金光大神が経験したのは次のような事態であった。「凡夫で相わからず」と、人間の側が神と対峙／対抗する主体であることを放棄すると、神の側もまた人間と対峙／対抗する神としての主体を放棄する。「金神という神ものう、親見識を出して当たり障りをする時分にはのう、神棚の隅へ押しこまれておったわいのう。神が子に従うようになったらのう、金神様と言うて、様をつけてくれるようになったわいのう」といった、「親見識」を放棄することによって初めて神として立つことのできる神、あるいは、「氏子が助からなければ神が助からない」といった、人の助かりに自らの助かりを依存する神と、出会うのである。また、金神＝金乃神の依頼を受諾することが信心の始まりであり、他方、「此の方金光大神あって神は世に出た」と神が語るように、金光大神の信心によって「天地金乃神」が現れる。このような相互に受動的、他律的な関係性の中で、人間と神がともに助かる主体として立ち現れるのである。また、「氏子あっての神、神あっての氏子、子供のことは親が頼み、親のことは子が頼み、天地のごとし、あいよかけよで頼み合いいたし」とあるように、その相互性は「頼み合」う実践でもある。

このように金光大神の「信心」は、神との対話や内省に導かれて、人々の神仏への信仰や繁右衛門たちの金神信仰をふまえつつも、それらとは異なるものになっていく。なぜなら、人が助かること／神が助かることのためには、誰もが、しかも生活のただ中で、神と人の緊密な協働関係を構築することができる必要があるからである。「氏子が神様と仲よくするのが信心である。神様を離れるようにすると信心にならない。神様に近寄るように」することが「信心」であるとされる。ならば、その「信心」は、どのような立場や状況に置かれた人でも実践可能でなければならない。それゆえ、加持祈禱や「拝み信心」なども必要ないとされるが、とりわけ神と人を遠ざけるものとして批判されるのが、不浄・穢れの禁忌の体系と実践である。

三　金神への信心と差別・排除を超える構えの構築

1　不浄・穢れの禁忌と金神への信心

神々が不浄・穢れを嫌うため、その禁忌を遵守することは祭祀・信仰における基本的な作法となっていたが、とりわけ金神は、不浄・穢れの禁忌の侵犯を「神への無礼」と厳しく咎める神であるとされていた。そのことは香取繁右衛門の金神信仰においても変わらず、繁右衛門は禁忌の遵守に厳格であり、金光大神もその信仰を継承した。しかし、「教祖も初めは二尺ばかりの御幣を持たれ、それを振りながら「丑寅の方角に建物をしている。それが御無礼となっている。お断りをせねばならぬ」などと仰せられていたが、後にはそういうことはいわれぬようになった」という伝承があるように、既存のものとは異なる信心を説くようになる。「信心はみやすくしなければならない。占見の弟繁右衛門も道を開いているけれども、あのようにむずかしくしては、信心がしにくい。……手を洗ったり口をすすいだりしなければ信心はできないということはない。百姓をしていて、灰や下肥をあつかっている間に事が起こった時、手を洗ったり口をすすいだりしていては間に合わない。そうした時には、すぐそのままご拝をして、お頼み申せばよい」とあるように、金光大神は禁忌の体系や実践を批判し、禁忌に拘泥しない、生き方としての信心を人々に勧めるようになるのである。

そのような転回／展開がなされたのは、人間と神との関係を妨げることとして、人間の側と神の側の双方の問題が批判的に把握されたからである。

人間の側の問題とは、不浄や死穢・血穢・産穢などの禁忌を遵守することが、神との間に隔たりを生むということである。「死亡の時、月経の時、出産の時、ほかの神様へは遠慮しておられるが、この天地の親神様へは、通常より余分事ある時には、格別のおかげを受けねば万事成就いたすまい」とあるように、穢とされる状態にある時こそ「格別のおかげ」を受けねばならないのに、禁忌を遵守して神に遠慮してどうするのかという問いである。さらに、「神仏の宮寺社氏子の家宅みな金神の地所」という存在論的な理解からの、日柄方位や不浄・穢れの禁忌の体系・実践への根本的な批判がある。人々は禁忌に従い神への「無礼」を問題にしているが、大地のすべてが「金神の地所」ならば、はたして人間は「無礼」を侵さずに生きていけるのかという問いである。その視座から見れば、禁忌の体系と実践は欺瞞であり、かつ神を制御しようとする「無礼」ではないかというのである。

他方、神の側の問題としては、神が不浄・穢れや日柄方位の侵犯を嫌悪する限り、神の救いから疎外される人が生じてしまう。しかもその疎外される人こそ、苦難の渦中にあったり、社会的に差別され排除されたりしている人である。しかし、禁忌の侵犯を神々の中でも最も厳しく咎めるとされている金神が、不浄・穢れや日柄方位を問題にしない神であるならば、神の救いは差別なくあらゆる人にもたらされることになる。そして金神＝金乃神は、自らが不浄・穢れ、日柄方位を問題にしない神（「きれいずくのない」神）であることを、金光大神が直面する事柄に即して対話的に明らかにしていく。

2　人を助けることと差別・排除を超えること

小野うたや香取繁右衛門と同様、金光大神もほどなく神からの依頼を受けて、隠居をし自宅を「広前」として開放し、「難儀な氏子を取次助け」る生活に入る。このように「金神のおかげ」を受けた人のなかから、人々の苦難に耳を傾けその救いを神に祈り、「おかげ」を受ける「信心」の「道」を人々に説く人が、連鎖反応的に生まれるようになる。そして、このような人助けの営みが、「信心」を構成する一つの柱、さらには人間の本質として語られるようになる。

金光大神はしばしば「難儀な人を助けるのが人間」「自身がおかげをいただいた喜びに、万人を助ける心になれ」「神信心しておかげを受けて、難儀な人を助ける身にならせてもらうがよい」「人を一人助ければ、一人の神である。十人助ければ、十人の神」などと語り、人々が金光大神と同様に「信心」して「神心」となり、「人を助けて神になる」ことを人間としての当為であるとした。そして、この「神心」となる必要条件には、不浄・穢れを忌避する認識や感覚を大きく転回することが含まれている。「天が下の人間は皆神の氏子」という「親神」の「神心」に思いを寄せると、他者を嫌悪し恐れ忌避する自らの心を超克することが求められることになる。不浄・穢れを嫌うとされた金神が、人を助ける神であり、「きれいずくのない」神であることも、それを促す。もちろん身体化した価値観や感覚を大きく変えることには困難がともなうが、その困難との取り組みもまた「信心の稽古」となり、新たな主体の構築に結実する。たとえば、参拝者のための宿屋を営む金光大神の娘に対して、「難渋な者、汚き者と言うな。……乞食でも盗人でも神がくり合わせてやる」と神が語っているが、訪問者を招き入れる時、たとえその人がどのような人であっても、そこに神の「くり合わせ」があることを信じ、一切を「神に任せて」歓待するには覚悟がいる。また、人を迎え入れることに対する世間の眼差しとも向き合わなければならないが、金光大神がそうであったように、それによって、世間や世の価値観を相対化する視座を開くことにつながる。このように「人を助ける」ことへの促しに対して、それを「信心」の実践として取り組む中で、一人ひとりの中に差別・排除を超える構えが生成し、身体化される回路が開かれるのである。

3　差別・排除を超える実践の諸相

ところで、「世が開けるというけれども、開けるのではなし。めげるのぞ。そこで、金光が世界を助けに出たのぞ」という金光大神の言葉が伝えられている。しかしそれは、「難儀」を生み出す社会的な構造を剔抉してその克服を目指すものではない。眼前の「難儀な氏子」が「神の氏子」として助けられ／主体化されることを、第一に志向するのである。そして、「人を助けて神になる」人、差別・排除を超克する構えを自らの内に構築する人が、連鎖的に生まれていくことを願い、そのことが「世」の救いに連続するものと考えるのである。

金光大神が導く「道」に出合った人々のなかには、自らが遭遇した「難儀な氏子」との関係性において、差別や排除の問題と言わば生身で取り組む人が生まれている。眼前の他者の問題や自らの内なる問題と取り組む中で積み重ねられた、「信心の稽古」によって生成した各宗教的主体による実践である。そこでは、出会った人の助かりを祈り願うことの意味や、その人が抱えている難儀の意味、それとの取り組みを通して自己理解される自身の難儀や救いの意味などが繰り返し問われ、そのつど、神や「教祖」の、教えや意志への問いが深められ、各自各様の仕方や水準の「信心」が、同時に「社会的実践」として結実している。今日、資料的に確認できるものには、癩者・被差別民・芸娼妓・都市貧窮民・朝鮮人など、差別や排除の眼差しに晒され、あるいは、生活の糧を奪われつつ生きる人々との積極的な関わりを、「信心」として生きた人々が生まれ、また、その人々に導かれて、「信心」による助かりを求めた当事者たちがいる。それは、「金光教」の歴史の中から、歴史学や金光教学などの研究者によって発掘され、その歴史的意味、実存的意味などが、実証的に考察されてきている[9]。

現在では、当事者からの宗教的主体化への問いや互助的な運動も見られるようになっている。たとえば、欧米にあってインターネットやSNSなどを通して金光教の情報に接し、信仰を求める人々のなかには、自己のセクシャリティを受容し、宗教的に生きる道を金光教に見出すLGBTQの当事者が見られる。日本では、LGBT当事者の金光教教師が中心になって、二〇一六年に金光教LGBT会が発足している[10]。設立メンバーの一人は、「子孫繁盛家繁盛」というややもすれば保守的な規範ともなりうる「教え」との関係で葛藤を抱えていたが、ある金光教教師の言葉によって救いの端緒を得て、同様の痛みを抱えた人々に道を開くため、この会の結成に参画したという。

おわりに

以上、磯前の議論を受けつつ、今日までの金光大神研究の成果に学びながら、「信心」の実践による主体化と差別・排除の克服の可能性について、信仰史的にたどり直してみた。「神」と出会うこと、その「神」がいかなる「神」であるかということ、「神」と人がどのような関係性を結ぶのかということ、それらのことが差別や排除の問題を考える上でどのような意義を持つのかを、金光大神の「信心」の実践に問いかけてきた。ここで、磯前の論考にもどって問いを深めることもできるし、他の「宗教者」「信仰者」の実践に問いを広げて、それを比較宗教論的に考察し、宗教的主体化の一般的な可能性／不可能性を議論していくこともできる。また、差別や排除の問題と取り組む非「宗教」的な実践やそれを生きる人の主体化と関わらせて問うことも重要である。本章がそのような問いや議論の展開にいささかでも寄与することができれば幸いである。

註

（1）島薗進・安丸良夫・磯前順一著『民衆宗教論　宗教的主体化とは何か』（東京大学出版会、二〇一九年）

（2）佐藤弘夫「神・天皇・非人――日本列島における差別の発生と深化の構造」（上村静ほか編『差別の構造と国民国家――宗教と公共性』法藏館、二〇二一年）。

（3）以下、金神信仰については、真鍋司郎「民衆救済の論理――金神信仰の系譜とその深化」（『金光教学』第一三号、一九七三年）、金光和道「資料論攷「堅磐谷の婆さん」考」（『金光教学』第五号、一九七五年）、福嶋義次「金神、その神性開示について――金光大神理解研究ノート」（『金光教学』第一七号、一九七七年）、瀬戸美喜雄「神の怒りと負け手――明治六年十月十日の神伝をめぐって」（同上）、岩本徳雄「「不浄・汚れ」に関する金光大神理解――その背景と意味について」（『金光教学』第二六号、一九八六年）、岡成敏正「研究ノート　金神とその信仰の諸相について――民間陰陽道・金神信仰調査から」（『金光教学』第二八号、一九八八年）、木場明志「民間陰陽道と金神信仰について」（『金光教学』第四五号、二〇〇五年）などの他、島薗進「金神・厄年・精霊　赤沢文治の宗教的孤独の生成」、同「宗教の近代化　赤沢文治と日柄方位信仰」（いずれも註（1）『民衆宗教論　宗教的主体化とは何か』所収）を参照。

（4）金光大神の名は生涯に幾度も変遷しているが、煩瑣になるので「金光大神」に統一する。なお、「金光大神」を宗教名であると見なし「赤沢文治」と記すこともあるが、一八六七年には公的に「金光」姓を名のっており、一八七二年の戸籍にも「金光大陣」と記されている。「陣」の字の使用は役所の指示によるものである。

（5）『金光教教典』（金光教本部教庁、一九八三年）所収。明治七年（一八七四）神から「此方一場立て、金光大神生まれ時、親の言い伝え、此方に来てからのこと、覚、前後とも書きだし。金神方角恐れること、無礼断り申したこと、神祇信心いたしたこと」といわれて起筆したとしており、それが主題であると考えることができる。以下、『覚書』と略記する。

（6）本章では紙幅の制約もあり、引用に当たって注記は行わないが、いずれも『金光教教典』や紀要『金光教学』などからの引用である。

(7) この受動的ないし他律的な主体化という捉え方については、金光教学の大林浩治氏のご教示による。

(8) 『お知らせ事覚帳』は明治元年(一八六八)頃起筆。註(5)前掲書所収。以下、『覚帳』と略記する。『金光大神年譜帳』は、近年発見されたもので、明治四年(一八七一)起筆。出生から晩年までを記録する。

(9) たとえば、小沢浩『生き神の思想史 日本の近代化と民衆宗教』(岩波書店、一九八七年)、高木博志「金光教と遊郭・花街――都市布教と民衆」(『金光教学』第五八号、二〇一八年)、大林浩治「明治末から大正にかけての本教社会実践――佐藤重助・片島幸吉の活動を中心に」(『金光教学』第三三号、一九九三年)、同「戦前期金光教の信仰実践」(『金光教学』第三五号、一九九五年)、児山真生「「癩者」の金光教――教団の成り立ちへの問いかけとして」(『金光教学』第四〇号、二〇〇〇年)、渡辺順一「諸人救済の視座――差別・暴力を視点とした「生き神の宮」試論」(『金光教学』第三八号、一九八八年)、同「「大東亜」戦時下の教団態勢」(『金光教学』第三五号、一九九五年)など。

(10) この点について、批判的な考察を試みたものに、藤本拓也「「子孫繁盛家繁盛」に関する試論:金光教教祖実弟の自死をめぐって」(『死生学年報二〇一八』東洋英和女学院大学死生学研究所編、二〇一八年)

第九章　植民地朝鮮のアマテラス型一神教

——血族ナショナリズムの観点から——

後発帝国主義国の日本は国民国家の形成過程で帝国主義の時期が重なる。本章ではこの時期に、血族ナショナリズムで排除していた支配下の異民族を、帝国日本に包摂せんとしたアマテラス型一神教の出現を提示する。

青野正明

はじめに

近代日本が国民国家における単一民族としての国民の形成を目指していたなら、その形成過程において、社会の各位相で人びとの同質性づくりを進めたことになる。その同質性づくりの際に引かれる境界線として、たとえば地域社会における地縁の境界線や民族の自他を区別する血縁の境界線などをあげることができる。

だが、ここで留意しておかなければならない点は、近代日本は単線的に国民国家を形成していったわけではないということである。後発帝国主義国であった日本は実際のところ、国民国家の形成過程で帝国主義の時期が重なってくる。さらに、西洋列強がもっていたキリスト教のような教化の手段を、つまり国民統合のために異民族に対して普遍性のある教化の手段を、近代日本はもっていなかった。これらの点に、日本の近代国民国家形成における同質化の特徴があると私は考えている。しかしながら、近代日本を対象とする差別論や宗教研究（国家神道研究も含む）の多くは、国民国家形成のみを見る単線的な視座に立って書かれているように見受けられる。

まず用語であるが、本章ではナショナリズムを帝国日本における国民主義として用いる。その前提で先行研究を見てみよう。帝国日本（「内地」と各植民地および満洲事変後の占領地）の規模でナショナリズムを論じる先行研究がほとんどなかった時期に、帝国日本において、単一民族の国民形成と多民族を抱え込む帝国主義との間の矛盾究明に果敢に取り組んだのは、駒込武である(1)。その研究のナショナリズム論に関わる要点を私なりに整理してみると次のようになる。台湾や朝鮮では総督府がもたらした近代性が選択的であったことからもわかるように、一九二〇年代に始まった内地延長主義の「同化政策」もまた選択的かつ部分的に実施された。たとえば、憲法・教育勅語・日本語が三位一体となって統合を創出した国民国家・日本と、植民地・朝鮮との間の距離は大きかった。これらの統合原理に格差と時差を設けて適用するのが、内地延長主義による「内地」との同一化であった。それゆえ、近代日本が植民地で用いたナショナリズムにおいても、帝国主義的膨張に適合的な観念と、それに非適合的な観念との使い分けがあった。駒込の用語を用いるなら、前者は植民地で同一化を進める原理として機能した「言語ナショナリズム」であり、後者は異民族を排除する原理となった「血族ナショナリズム」である。

このように整理できる駒込のナショナリズム論を参考にして、本章では私の帝国神道論を帝国日本のナショナリズム論の俎上に載せてみる。つまり、植民地朝鮮の場で、異民族を排除する原理として機能したとされる血族ナショナリズムにおいて、異民族の包摂を進めるために新たな統合の論理を纏って登場するアマテラス像を提示しようと思う。

一　「聖なるもの」としてのアマテラス

幕末の後期水戸学で打ち立てられた国体観念は明治政府に受け継がれ、アマテラス祭祀を政治の中心に置くことが構想されたようである。それは、アマテラス祭祀を通じて民衆に天皇統治の正統性を知らしめ、もって民衆を天皇の下に統合することを意図したもので、神道国教化政策が企図されたが、この政策はすぐに破綻した。しかし、アマテラス祭祀を通じた天皇統治の正統性を説く国体論自体は、大日本帝国憲法（一八八九年公布）と教育勅語（翌年公表）により定式化され、近代日本を呪縛していく。憲法の「大日本帝国ハ万世一系ノ天皇之ヲ統治ス」（第一条）や教育勅語の「天壌無窮ノ皇運ヲ扶翼スヘシ」という言葉で知られるように、「天壌無窮の神勅」が国体論の重要要素となる。この神勅は日本書紀の「天孫降臨」の場面に書かれていて、アマテラスが「降臨」する孫のニニギノミコトに対して、皇位は天地とともに永遠に栄えると祝福した言葉を指す。この神勅は天皇が永久に統治権を総攬するという論の根拠になった。以上は一般的な国体論の概略である。

近代日本で、このような天皇統治の正統性を根拠づける政治的装置としての役割を担ったアマテラスに着目し、「政治シンボル」としてアマテラスを論じたのは千葉慶である。(2) その研究によると、帝国憲法体制はアマテラスを「政治シンボル」に収めて機能させたが、徐々にその体制に亀裂が入り始め、抑制されていたアマテラスの宗教的性質（宗教シンボルとしての性質）が際立つようになる。つまり、日露戦争後の「精神的な大亀裂（シズム）」(3) の時代に入ると天皇統治が揺らいできて、官製国体論とは別に、アマテラスや神道を宗教的面から捉え直した神がかり的な国体論が盛んに唱えられた。そして、一九二〇年代後半から一九三〇年代前半になると、神がかり的国体論のニーズが高まる政治状況を迎え、後者のような異端の国体論が前者の正統国体論を逆転し、天皇はアマテラスと一体化した「現人神」と見なされていったという。

千葉によると、天理教（天理研究会）や大本教は「シズム」状況にいち早く対応した団体で、「世直し」のアマテラスを独自に打ち立てたが、このようなアマテラスの多様化した宗教的性質は官製国体論からの逸脱であるため、両団体は弾圧されるのであった。

一方で、アマテラスの多様化した宗教的性質は、近代国民国家のナショナリズムにおいて、「内地」や植民地の各位相で引かれる同質性づくりのための境界線には影響しないだろうか。それを分析するために、ここではチャールズ・テイラーの説く「聖なるもの」を参考にしてみよう。

近代国家が「人民」を形づくる想像上の帰属意識の背景となる感情的同質性の感覚のことを、テイラーは「政治的アイデンティティ」と呼んでいる。そして、この政治的アイデンティティを生み出す最も重要な要素として、宗教あるいは神が存在し、それは「聖なるもの」であるという（「聖なるもの」の詳細は、本シリーズ第一巻第一章「近代主権国家における排除と差別の論理」を参照）。近代日本の場合、この政治的アイデンティティを生み出した要素である「聖なるもの」には、まさにアマテラスが当てはまると考えられる。

だが、この「聖なるもの」の議論を日本「内地」だけで論じると視野が狭くなってしまう。なぜなら、前述したような神がかり的国体論のニーズが高まる政治状況を迎える時期は、満洲事変後の帝国主義的ナショナリズムが要請される時期と重なってくるためである。そこで、植民地朝鮮にまで対象範囲を拡大して「聖なるもの」がもたらす境界線を考察してみよう。

二　帝国日本の国家神道体制

本章で用いる「国家神道」とは、近代日本において非宗教とされた神社神道を意味し、「国家神道体制」とは、このような神社神道を通して天皇制ナショナリズムを国民に教化しようとした戦前の社会体制を指す[4]。神道国教化政策の破綻後にアマテラスは政治レベルに収められたため、アマテラス崇拝は非宗教で「国民道徳」とされ、神社神道もまた非宗教とされ、アマテラス・伊勢神宮を頂点とする近代神社神道が編成された。この編成に合わせて、制限付きながら「信教の自由」を掲げた帝国憲法体制において、宗教的存在は結社として団体化したうえで序列が設けられる[5]。それは非宗教の神社神道つまり国家神道が宗教団体を超越した位置に置かれ、公認・非公認の宗教団体がその下に順に配置されるという国家神道体制であった。

このような帝国憲法体制下で機能した国家神道体制は、公認・非公認団体にとっては国体論により序列化され呪縛される枠組みであったため、体制内にいる限りアマテラスの存在は至上の価値を有し、各宗教団体は否応なしに「聖なるもの」と受け止めざるを得なかったと考えられる。

この国家神道体制において、前述したようにアマテラスの多様化した宗教的性質が際立っていく時期に、官製国体論に依拠する帝国憲法体制に亀裂が入っていく。そこで、国家神道体制はアマテラスから政治シンボルのタガを外し、多様なアマテラス崇拝を否定して、皇祖神としてのアマテラス崇拝を推進したといえる。この皇祖神崇拝に変容した国体論にもとづき、公認・非公認団体に加えられる圧力が高まることに、私は注目している。

そして、この国体論の圧力が高まる時期に、くしくも帝国日本では「五族協和」を唱える満洲国を樹立させ多民族を抱え込み、国家神道が担う国民教化には、単一民族主義的ナショナリズムに加えて、新たに多民族帝国主義的ナショナリズムが重なっていく。

帝国神道とは、国家神道を「内地」でのみ完結させず、帝国日本の規模で把握・理解するための概念である。国民国家の「外地」への拡張過程において、帝国主義的ナショナリズムに立脚して国民教化を担うことになった国家神道が帝国神道である。また、「外地」の個々の国家神道体制は地域ごとで濃淡の差はあっても、帝国日本において共通する序列構造をもっていた。よって、帝国日本に共通するという点で、国家神道体制は国家神道の帝国神道化に先んじて帝国規模で展開したといえ、これを私は帝国的国家神道体制と呼ぶ。

帝国的国家神道体制を支えた法令は、「内地」に先行して植民地朝鮮で、公認団体と非公認団体を一括統制する法令として制定された布教規則である（一九一五年、朝鮮総督府令第八三号）。この法令では公認宗教が明文化され、さらに「類似宗教」に関する規定も明記されている。[6] この「類似宗教」とは、治安重視の立場から朝鮮総督府が作り出した宗教的存在の範疇で、警察当局が所管する朝鮮の非公認宗教団体のうち、懐柔して宗教行政に包摂する対象となる団体を指す概念である。この概念は、「内地」で非公認団体を宗教行政に包摂し公認・非公認団体を一括統制する法令制定を企図した、文部省により取り入れられたと考えられ（一九一九年の文部省宗教局通牒にある「宗教類似ノ行為ヲ為ス者」が「内地」での初出）、のちの宗教団体法（一九三九年制定、法律第七七号）に結実した。その間、樺太と南洋群島でも朝鮮のを下敷きにした布教規則が制定されている。[7]

なお、「類似宗教」は、その名称が社会に浸透する過程で、非公認団体であるうえ新宗教への偏見も加わり、「内地」の一般社会で「新興宗教」「擬似宗教」という認識に変化したと考えられる。[8] 植民地朝鮮の新聞でも「類似宗教」を邪教視した報道が見られるし、戦後の韓国でもまた、「擬似宗教」に相当する「似而非宗教」という認識を生んでいる。

三　動かない血族ナショナリズムの境界線

駒込と並んでつとに帝国日本の規模で日本人のナショナリズムを論じた研究に、言説を中心に政策研究も取り入れて社会学的に分析した小熊英二の二つの著書がある。(9) 単一民族神話の起源を究明した方の研究によると、意外にも戦前は混合民族論の論調が主流で、戦後になってから単一民族神話ともいうべき論調が主流となった。また、戦前の混合民族論者の多くはその論によって、「同化政策を推進することが差別の解消であり、人種主義をとる欧米にくらべ日本は倫理的にまさっているという論調に流れてしまった」という。(10)

それから、このような「同化政策」により、支配者側は「日本人」の定義権を握った状態のまま包摂の範囲を拡張した。この拡張は、「「日本人」の境界を消失させたわけではなく、ただ必要に応じて境界をずらしたにすぎない」もので、「こうした境界は固定的な実態ではなく、可動する概念」であった。つまり、その時期や政策ごとになされる国家側の判断によって、朝鮮や台湾をはじめ「日本人」の境界にあたる地域や人びとは、包摂の対象にされたり、あるいは排除されたりもした。そのうえで、「大日本帝国における排除は、必ずしも民族的な単位で行なわれたとは限らない」と、「血統」による排除に疑問を呈している。(11) この疑問は駒込に向けられたものかもしれない。

前述したように駒込のナショナリズム論によると、帝国主義的膨張に適合的な観念は同一化を進める原理として機能した言語ナショナリズムであり、それに非適合的な観念は異民族を排除する原理となった血族ナショナリズムである。しかし、「日本人」の境界は「可動する概念」（小熊）だという理解を踏まえるならば、「血統」による排除の「可動」部分を見出して検証する必要がある。それを次節で試みよう。

　ところで、朝鮮への移住者は現地に祠を建てて神宮大麻でアマテラスを奉斎した。[12] アマテラス奉斎の「外地」への拡散・拡大であり、移住者たちは、アマテラス奉斎により国民意識・民族意識という、国民国家における単一民族主義的ナショナリズムを形成していた。こうした日本人の移住村には、公的領域でのアマテラス奉斎と、私的領域での他の神々の奉斎、という二重性が確認できる。つまり日本人の心意世界に二重性が生じていたのだ。[13]

　この二重性は、島薗進が国家神道論で指摘した「宗教や精神の二重構造」[14]と共通しているだろう。それは、「公」の領域に属する「ある範囲の天皇崇敬の言葉遣いや儀礼的皇位《ママ》を受入れさえすれば、「私」の領域ではキリスト教徒であったり、啓蒙的な学問に従って真理追究に没頭したり、天理教の救済活動にわが身を捧げたりすることができた。これが一八九〇年頃に確立し、第二次世界大戦終了まで続いていく、日本の宗教や精神の二重構造だった」という指摘である。

　これから検証が必要であるが、この二重性には、アマテラス奉斎に象徴される日本人のナショナリズムや国体論に関わる公的領域と、個人の信仰・信念に関わる私的領域とで、両者の使い分けが比較的に可能であった時期と、困難となる時期があったのではないか、と私は推測している。

　両者の使い分けが比較的に可能であった時期は、植民地朝鮮では一九二〇年代までを想定している。たとえば、朝鮮神宮（一九一九年創立、一九二五年鎮座、祭神は天照大神と明治天皇）でのアマテラス奉斎は、前述の日本人移住者におけるそれと同じ公的領域にあり、同神宮は日本人に向けた伊勢神宮を象徴する存在だったといえる。[15]

　これに関連して、井上智勝が考察した近世までの二つの宗廟観、[16]つまり系譜・血縁の論理にもとづく「天子の宗廟」と地縁の論理にもとづく「日本の宗廟」が、近代にどのように継続・断絶したのかについて、私見を述べてみよう。前述した国体論の概略からもわかるように、皇祖神を祀る伊勢神宮は系譜・血縁の論理で捉えることができる。それは、日本人移住者にとっても同じで、アマテラス奉斎が国民意識・民族意識を形成させる要素であったうえ、朝鮮神宮は伊勢神宮を象徴していたため、彼らに対して朝鮮神宮もまた系譜・血縁の論理が働いていたと理解できる。

だがこの時期、被治者である朝鮮人に対しては、この論理は適用されていなかった。たしかに、韓国併合（一九一〇年）時や三・一運動（一九一九年）後には、日鮮同祖論や混合民族論が、日本の朝鮮統治を正当化する言説の主流であった[17]。しかし、戸籍により日本人と朝鮮人の峻別がなされていたうえ、鎮座時の朝鮮神宮祭神論争で檀君奉斎論は退けられた。総督府は朝鮮人の祖先神とされた檀君を否定し、かつ朝鮮人の血族ナショナリズムについては曖昧にして展望を示すわけでもなかった。むしろ、朝鮮神宮は「同化」が進められる側面において地縁の論理を象徴する存在として君臨していたと考えられる。その理由としては、鶴見俊輔が表現した「文明のハシゴ[18]」や、駒込のいう言語ナショナリズム、選択的に朝鮮に実施された内地延長主義の諸施策など、実体化する「同化」は地理的な中心から周縁へと向かう地縁の論理の枠組みにあったからである。

よって、一九二〇年代までの総督府の政策は、血族ナショナリズムにおいて、日本人の単一民族主義的ナショナリズム形成に沿うもので、朝鮮人はその対象の外に置かれていた。

四　動き始めた血族ナショナリズムの境界線

満洲事変後の一九三〇年代から、日本は単一民族のナショナリズム形成と、多民族支配を前提とする帝国主義との間に生じる矛盾の問題に直面した。そこで、この問題を解決するために国民統合の論理を見直し、皇祖神のアマテラスに異民族への普遍性をもたせて教化の手段にすることが試みられる。この教化の手段を国体論から説明すれば、近代国民国家の日本が掲げた正統国体論は、アマテラスを全国民の始祖とする「祖先崇拝」を基軸とした家族国家観にもとづいたものとして形成された。この「祖先崇拝」は、神社神道の用語では「敬神崇祖」の「崇祖」に該当する。変容した国体論では皇祖神崇拝が強化されたため、神社神道の「崇祖」の部分が宗教性の受け皿となる。つまり、「崇祖」を論理的に利用し、皇祖神崇拝を異民族に適用できるようにアマテラスに普遍性をもたせる試みが実施された。

植民地朝鮮での神社神道は、一九三〇年代半ばからアマテラス奉斎を中心に据えていく。このことは、神社神道が日本人と朝鮮人の国民意識形成に関わりながら自ら変容し、国体論と結びついたことを意味する。その直接的な契機は「内地」における一九三五年の国体明徴声明で、翌年一月に朝鮮で本格的に始動した心田開発運動において神社神道と国体論との結びつきが具現化し、それは皇民化政策に移行していく。心田開発運動は国民統合のため朝鮮民衆の「信仰心」を編成替えしようとした宗教政策で、アマテラスを祀る神社・神祠（神社の下級施設）に朝鮮人を参拝させる神社参拝強要政策も生み出した。

この心田開発運動のイデオロギーは、穂積陳重が祖先祭祀として捉えた神社祭祀観と、筧克彦の「天皇帰一」論の強い影響を受けたアマテラス奉斎論で、祖先が神となってアマテラスに「帰一」するという論理をもっていた。これが朝鮮人に適用された場合、朝鮮人はその始祖神を通じてアマテラスへと「帰一」することを説く論理となる。この論理を生み出すために、本国政府と総督府は「国魂大神《くにたまのおおかみ》」という朝鮮の始祖神を創作し、京城神社や龍頭山神社等、国幣小社に昇格する八社に、天照大神と一緒に合祀させた。

しかしながら、「内地」と朝鮮の神々は同じ帝国内であるといっても、同じ「帝国の神祇」として扱われるわけではなかった。朝鮮の神々は「国魂大神」のみ認められ、アマテラスに「帰一」することで「帝国の神祇」となり得たのである。これを血族ナショナリズムの観点から説明するなら、アマテラスへの「帰一」のし方が直線的である日本人とは異なり、朝鮮人はその始祖神である「国魂大神」を経ることによりアマテラスに「帰一」するという論理である。ここからアマテラスを基準に民族間の序列が生じたことがわかる。

このように、論理上において異民族に適用可能となったアマテラスの普遍性は、天皇統治を正統化することを目的としたアマテラス崇拝の強化を意味した。それゆえ、アマテラスと天皇の関係は、ドイツへの留経験がある筧の「天皇帰一」論を念頭に置いてみると、キリスト教という一神教に類似していて、唯一神信仰がキリストの神格化を生む両者の関係と対比することが可能である。したがって、この段階のアマテラス崇拝を「アマテラス型一神教」と呼ぶことができる(19)。

抽象的な表現になるが、ここにおいて本国政府と総督府は血族ナショナリズムの境界線を動かしていることに気がつく。つまり、帝国内の異民族を排除しないで包摂して民族間の序列化を反映した国民意識を生み出し（これを私は多民族帝国主義的ナショナリズムと呼んでいる）、同時に、日本人が中心民族となる単一民族主義的ナショナリズムを温存して、日本人を序列の頂点に立たせていた。

以上のような血族ナショナリズムの境界線の動きは、「崇祖」が神社神道の宗教性の受け皿となり重要視される点において、その後「内地」にも影響を及ぼした可能性を指摘できる。なぜなら、総督府当局による心田開発運動の解説では、そのイデオロギーである「敬神崇祖」に関して、「崇祖観念は、更に押し進んで、敬神観念に結合した」としたうえで、「敬神崇祖は茲に於て国体観念と合致すること、なつた」と説明されていた。[20] 国体論が吹き荒れる「内地」でも、松永材『敬神崇祖一体論』（一九四一年）で「敬神崇祖の一体化」が主張され、本国政府に一九四〇年に設置された神祇院の編集による『神社本義』（一九四四年）でも、「敬神は即ち崇祖であり、崇祖の念は、神社の崇敬と融合」するという、いわば「敬神崇祖の一体化」観が述べられているからである。[21]

また、戦後は単一民族神話が主流となったが、民族間の序列化を反映した国民意識が消え去ったとは思えないため、その連続・断絶について検証が必要であろう。

五　家族制度の包摂問題

小熊は日本人の家制度ゆえの「血統のあいまいさ」に注目して、日本の多くの論者が混合民族論を受け容れたことと「血統のあいまいさ」は無関係でないかもしれないと指摘している。[22] 私もこの指摘に同感であり、そのうえで、この「血統のあいまいさ」という血統認識が、宗族集団の血統を重視する朝鮮社会に家制度、つまり家を単位とした家族制度の導入を可能と思う思考の下地にもなったと考えている。[23]

たしかに、日本の家制度を導入する政策の一環でもあった創氏改名の時期に、総督府は宗族集団の強固な血統主義にもとづく儒教的な家族制度を「陋習」と批判し、なかでも「特に取り立て、大きなもの」として、家族制度の

「慣習」である「同姓不婚」「異姓不養」「姓不変」という三つの「問題」があると認識していた。[24]そこで総督府は、朝鮮民事令（一九一二年、制令第七号）の改正法令（一九三九年に制定、翌年に施行）により、朝鮮人に家の名称である氏を創設する創氏改名を実施した。これからもわかるように、この法改正自体が家制度の導入を目指すものであった。ここにおいて、血族ナショナリズムの境界線が法令面でも動き始めていることを確認できる。

そうならば、境界線の動きは祖先祭祀の面ではどうであろう。前述した心田開発運動のイデオロギーは、祖先が神となってアマテラスに「帰一」するという論理であった。この「帰一」には「国家祭祀」「共同体祭祀」「家祭祀」という三つのレベルの祭祀が設定されていたと考えられる。国幣小社での「国魂大神」との合祀は「国家祭祀」を象徴し、朝鮮人の村々に増設されていくアマテラスを祀った神祠は「共同体祭祀」の場が想定されていた。少し補足しておくと、異文化社会にも普遍性をもつキリスト教が教会を建てて朝鮮の村々に浸透していったことと、アマテラス型一神教の教会ともいえる神祠を朝鮮の行政村に一祠ずつ建てようとした政策とは、土着化を目指した側面で対比が可能と思われる。とはいえ、後者の方は、反感・反発という点以外にも、朝鮮社会に受け入れられる要素に欠くという点で普遍性をもたないため、失敗に終わっている。[25]

それから、「家祭祀」の実現に関しては、法令面で家制度の導入が目指されていたことは前述したとおりである。しかし、総督府は朝鮮社会に根付いている儒教祭祀、つまり宗族集団の祖先祭祀に対しては、何も対策を講じられなかった。総督府は、法令上・行政上はこれら儒教祭祀を「旧慣」として「温存」したままで、その実施の黙認は植民地支配の終わりまで続く。儒教祭祀は宗族集団の結集力であったため、刺激を与えないよう慎重な姿勢が貫かれたものと私は考えている。

六　包摂されない「類似宗教」

帝国憲法体制が崩れ始め、一九三〇年代に入り国体論が本格的に暴走を始める時期、アマテラスの多様化した宗教的性質が際立ってくると、国家神道体制における公的領域と私的領域での二重性においても、それまで使い分けが比較的可能であった均衡関係が崩れ始めると思われる。前述したように、植民地朝鮮で神社神道が変容した国体論に結びついてアマテラス型一神教が出現すると、それに並行して公認・非公認団体に、皇祖神＝アマテラス崇拝を絶対とする国体論の重圧が加えられたということである。

三・一運動後の朝鮮では、いわゆる文化統治下で懐柔方針が取られ、非公認団体のなかで布教活動ができる「類似宗教」に認められる団体が、数団体から一気に六〇余まで増えていた。第二節で述べたように、公認団体と非公認団体を一括統制する布教規則を先行して制定・施行した朝鮮は、帝国的国家神道体制におけるモデルケース的な存在であった。しかし、一九三六年一月に心田開発運動が本格的に始動する時期に、懐柔方針は変更され、治安当局はこれらの団体を弾圧する方向へと邁進していく。それは「内地」で一九三五年末に大本（当時は皇道大本）が弾圧されたことを受け（第二次大本事件）、その直後に朝鮮の「類似宗教」団体である普天教《ポチヨンギヨ》が解散させられたことに始まる（保安法第一条規定の適用）[26]。警察当局は「類似宗教」団体に対して、それらがもつ国体および植民地支配に反抗する終末思想を危険視する認識で臨み、その取締り方法の重点が「秘密布教」の発見へと移っていく。その取締りの根拠は、政治活動取締りに用いられる保安法第七条違反で、適用対象が団体の布教手段にまで及ぶのであった。そして、終末思想を用いた布教手段を、警察当局は「秘密布教」と認識していた。

終末思想への危険視は、「内地」の天理教・大本教のような「異端」のアマテラス崇拝とは関係がない。それは独立運動に結びつくという点での危険視である。朝鮮の終末思想は『鄭鑑録』予言の影響に特徴がある。この予言は、朝鮮半島中央よりやや南に位置する鶏龍山《ケーリョンサン》に新王が現れ、そこが新王朝の都になるというものであったため、三・一運動後の一九二〇年代に、鶏龍山には、日本の統治の後に新王朝を建設するという終末思想の色濃い新宗教団体が多く集まった。

しかし、心田開発運動の開始にともない、皇祖神崇拝を基軸とする国体論の立場から、警察当局はこのような終末思想を危険視した。それにともなう取締り強化は、「類似宗教」に対して新たな排除を生み、多くの団体が解散に追い込まれた（保安法第一条の適用）。また、このような弾圧を背景に、総督府に協力していた真宗大谷派への「改宗」まで迫られる団体もあった。それらの団体は偽装「改宗」で対抗したが、それが発覚するとまた検挙されている。

一例であるが、教主を弥勒大仏と信じて鶏龍山に本部を置き、周りに信徒村を築いた金剛大道《クムガンデド》に対しては、一九三〇年代後半に、警察当局の信徒村解体計画のもとで弾圧が開始された。二度の受難を退けた後、保安法第七条違反となる事実無根の予言事件を捏造され、一九四一年一二月に強行手段に出た警察当局により、教主以下五三名が検挙される。留置場での過酷な拷問により死者一一名を出し、受難史は日本の敗戦まで続いた。大本事件を彷彿させるこの受難史からもわかるように、宗教団体への大弾圧は「内地」だけではなかったことを指摘しておきたい。

おわりに

アマテラス型一神教の出現は、それまで血族ナショナリズムで排除していた異民族を、序列化で帝国日本に包摂することを意図したため、止まっていた血族ナショナリズムの境界線が動いたといえる。このような異民族包摂は、帝国日本の領土拡大にともない、地縁の論理である「同化」を新たな領土に拡大していくための国民統合の措置であり、朝鮮で先行して試験的に実施された施策であったと理解できる。だが、そのための装置であるアマテラス型一神教は、朝鮮社会で影響力をもち得るものではなかったため、ひたすらアマテラスを祀った神社施設への参拝だけが強制された。

また、一九三〇年代後半の皇民化政策期には「内鮮一体」の諸策が実施されたが、戸籍の峻別は維持されたままであった。同じ血族として包摂しながら差違化するこのような統治方法は、家制度ゆえの「血統のあいまいさ」に依拠した血族ナショナリズムの反映として理解できる。そのような統治方法の出発点は、同じ血族となる日本人と朝鮮人を始祖神で区別し、民族間に序列を設けた異民族包摂を生み出す、アマテラス型一神教の出現であった。

註

（1） 駒込武『植民地帝国日本の文化統合』（岩波書店、一九九六年）。同書には、「言語ナショナリズム」は「「日本語は日本人の精神的血液」であるという上田万年のマニフェスト」に、「血族ナショナリズム」は「「君民同祖」の「血統団体」として「日本民族」を定義する穂積八束の議論に、核心となる内容が示されている」と説明されている（三五七頁）。

（2）千葉慶『アマテラスと天皇――〈政治シンボル〉の近代史』（歴史文化ライブラリー三三四、吉川弘文館、二〇一一年）。千葉はリン・ハントが説く政治体制の「シンボル」という政治的装置を手がかりにして、これを「政治シンボル」と呼び、平易な言葉で次のように説明している。「統治者・被治者の双方に、この統治に対して自発的かつ積極的支持をさせなくてはならない」ため、あらゆる統治が「政治シンボル」という政治的装置を必要とする。つまり、「政治シンボルは、統治者層の間に目指すべき統治（者）の理想についての合意を作り出し、その合意を被治者層に共有させる有効な手段になり得る」という（五頁）。

（3）千葉慶による、橋川文三『昭和維新試論』（ちくま学芸文庫、二〇〇七年）からの引用。

（4）以下、本章の二節は拙稿「第一五章　宗教と信仰」（日本植民地研究会編『日本植民地研究の論点』岩波書店、二〇一八年）、三節は拙著『帝国神道の形成――植民地朝鮮と国家神道の論理』（岩波書店、二〇一五年）第一章第一節と第三章第四節、四節と五節は同前書の第三章第三節、六節は拙著『植民地朝鮮の民族宗教――国家神道体制下の「類似宗教」論』（法藏館、二〇一八年）第五章の成果を参考にし、本章のテーマに沿うように編集して議論を展開している。紙幅の都合で、この明示により各節で根拠にした史料等を省略する。

（5）宗教行政や治安上の取締りから、宗教的存在は「結社」という単位で把握される対象と「結社」をもたない対象が生まれていった。前者は公認団体および非公認団体で、のちに「宗教」と認識され、後者は、のちに「民間信仰」と認識されていくと考えられる。

（6）布教規則の第一条は「本令ニ於テ宗教ト称スルハ神道、仏道及基督教ヲ謂フ」で、いわゆる公認宗教が成文化され、「神道」（教派神道）、「仏道」（内地仏教）と「朝鮮仏教」）、「基督教」と定められた。さらに第一五条では、「朝鮮総督ハ必要アル場合ニ於テハ宗教類似ノ団体ト認ムルモノニ本令ヲ準用スルコトアルヘシ」と、「宗教類似ノ団体」（略称は「類似宗教」）が規定されている。この「宗教類似ノ団体」という用語は、「内地」よりも早い「類似宗教」概念の先駆的な使用といえ、しかも条文に明記されている。しかし、植民地支配を通じて、「類似宗教」のなかで布教規則が準用されて宗教行政に包摂される団体はなかった。

（7）樺太の布教規則（樺太庁令第五〇号）は一九二〇年、南洋の布教規則（南洋庁令第九号）は一九三一年に制定された。両者とも、キリスト教にも管理者を置いて届出を簡便にしつつ管理を強化した朝鮮の改正布教規則（一九二〇年、朝鮮総督府令第五九号、第六条で）と同内容だが、宗教的環境が異なるためか「宗教類似ノ団体」の規定はない。

(8)『最近に於ける類似宗教運動に就て　昭和十六年度』(社会問題資料研究会編『社会問題資料叢書』第一輯、東洋文化社、一九七四年)には、「内地」で「宗教類似ノ行為ヲ為ス者」の語が一九一九年に初出して以来、「専ら非公認宗教を指称し、時に新興、擬似の意味に於て使用せられ来つたのであつた」と説明されている(三頁)。この資料の原本は一九四三年に刊行された司法省刑事局『思想研究資料』(特輯第九六号)。

(9)小熊英二『単一民族神話の起源――「日本人」の自画像の系譜』(新曜社、一九九五年)、および同『〈日本人〉の境界――沖縄・アイヌ・台湾・朝鮮植民地支配から復帰運動まで』(新曜社、一九九八年)。

(10)註(9)小熊『単一民族神話の起源』三七三頁を参照。

(11)註(9)小熊『〈日本人〉の境界』六三七―六三八頁と六五九頁を参照。

(12)これらの祠は神社行政では営内神社と同様の扱いとなり、神社行政内での区分は「内地」では神祠、北海道と朝鮮では無願神祠となる。

(13)註(4)拙著『帝国神道の形成』第一章第一節を参照。

(14)島薗進『国家神道と日本人』(岩波新書、二〇一〇年)五〇―五一頁を参照。

(15)関東洲の旅順に建てられた関東神宮(一九三八年に創建、一九四四年に鎮座)も、本国政府は朝鮮神宮と同等に見なしていたため、日本人に向けた伊勢神宮を象徴する存在であったと私は理解している。註(4)拙著『帝国神道の形成』第一章第一節を参照。

(16)井上智勝「天子の宗廟・日本の宗廟――近世日本における二つの宗廟観と伊勢信仰」(『埼玉大学紀要(教養学部)』第四七巻第二号、二〇一一年)を参照。

(17)註(9)小熊『単一民族神話の起源』第六章と第九章を参照。

(18)鶴見俊輔『戦時期日本の精神史――一九三一~一九四五年』(岩波書店、一九八二年、岩波現代文庫、二〇〇一年)を参照。「明治時代が始まってから、文明のはじごという架空の存在が日本国民の想像力のなかに働き続けた」(九頁)といえ、「政治活動に入っている人たちは、朝鮮政府に対してこの文明のハシゴを一段登るように強制するためには、暴力を使ってもいいのだ、と信じて」いたという(一〇一頁)。

(19)註(2)千葉前掲書では、明治初期の神道国教化政策で一神教的な「アマテラス教の創出」があったことを論じている（八九—九二頁）。この「アマテラス教」とアマテラス型一神教は、アマテラスが「宗教シンボル」である点で共通している。

(20)　註(4)拙著『帝国神道の形成』第三章第三節を参照。

(21)　註(4)拙著『帝国神道の形成』終章の「課題」を参照。

(22)　註(9)小熊『単一民族神話の起源』三八二頁を参照。

(23)　創氏改名については水野直樹『創氏改名——日本の朝鮮支配の中で』（岩波新書、二〇〇八年）が参考になる。創氏改名に関わる朝鮮民事令の改正については、拙稿「創氏改名の政策決定過程——朝鮮民事令改正をみる視点から」（『朝鮮史研究会論文集』第五〇号、二〇一二年）を参照。

(24)　「半島統治に一画期／朝鮮の家族制度と新制令／内鮮一体の具現結実」（『京城日報』朝刊、一九三九年一一月九日付、一面）による。

(25)　一九三〇年代前半の農村振興運動期に、「天地神壇」という名称で、朝鮮人の村に朝鮮式の村祭りの祠を建て、神社の機能をもたせようとした試みがあった。これは神社神道の土着化の可能性を示唆しているが、アマテラス型一神教の出現にともない「天地神壇」は統制の対象となった。註(4)拙著『帝国神道の形成』第一章第三節を参照。

(26)　大韓帝国期に制定された保安法（法律第二号、一九〇七年七月）は、併合直後に制定された「朝鮮ニ於ケル法令ノ効力ニ関スル件」（制令第一号、一九一〇年）により、併合後も効力を有した。保安法は朝鮮人を対象とした法令で、「内地」の治安警察法（集会・結社、さらには労働争議・小作争議などを取締まる治安法として運用された）の必要な条項だけを借用した「縮約」版であったといえる。第一条は、「朝鮮総督ハ安寧秩序ヲ保持ノ為メ必要ノ場合ニ結社ノ解散ヲ命スルコトヲ得」である。また、終末思想を用いた布教手段を取締る際に適用された規定は第七条で、「政治ニ関シ不穏ノ言論動作」という表現で朝鮮人の政治行為を禁じた規定であるが、本文で説明しているように、警察当局はその解釈を広げて布教手段にまで適用したわけである。

第3部　救済とコスモロジー

第一〇章　日本の仏教と女性の〈救済〉

吉田一彦

仏教の教えの中には、女性は男性に変身して成仏するとする教説や、女性だけが血の池地獄に堕ちるとする教説が見える。本章では、大乗経典や疑偽経典に見える女性差別思想の日本での受容の歴史について考察する。

諸仏の大悲ふかければ、仏智の不思議をあらはして、変成男子の願をたて、女人成仏ちかひたり

（親鸞『浄土和讃』「大経意」より）

女性はお産の時に血を下して地神の頭頂を汚濁する。また穢汚の衣裳を川で洗濯するので、善男善女が誤ってその川の水を取って茶を入れて諸聖に供養し、不浄を致すことになる。（中略）そこで、目蓮は、悲哀して、どうすれば私を産んでくれた母の恩に報いて、血盆池の地獄から離れさせることができますかと獄主に問うた。

（『血盆経』より、吉田一彦訳）

はじめに

仏教の教えの中には、女性を差別する教説が見られる。[1]女性差別の教説は複数の仏教経典に記される。それらの教えはインドで誕生し、人々を仏教に導くために説かれた。その中には、『法華経』『無量寿経』など中国・韓国・日本などアジア東部で広く流布した経典がある。では、日本では、それらの教説はどのように説かれ、どのように人々に受けとめられたであろうか。

一方、仏教の信徒という視点から問題を考えてみる時、数多くの女性信徒が存在することに思い至る。十分な統計的データが明示されているわけではないが、男女比という観点から見ると、女性信徒が男性に比して多数を占める国や地域が多いように思われる。日本においても、寺院調査の際の聞き取りなどによるに、地域の寺院の日常活動を支えているのは、女性の信徒たちである場合が多い。

この現象をどう理解するか。ここでは経典に記される女性差別の教説をどう読解し、評価するかからあらためて考察し、続けて、この思想の流通の様相について歴史的に考察する。本章では、この作業によって女性と仏教をめぐる差別と信心の特質について考究する。

一　差別と救済の一体性

1　差別なのか救済なのか

仏教には女性差別思想が見られる。特に大乗仏教には、〈変成男子《へんじょうなんし》〉の思想（女性は男性に変身して成仏あるいは往生を遂げるとする思想）が説かれる経典が複数あるなど、顕著な女性差別思想が見られる。[2] だが、そうした見解を述べると、いやそうとばかりは言えない、そう見るべきではない、とする反論が一方から聞こえてくる。そうした思想は、たしかに一見すると差別の思想のように思われるかもしれないが、子細に考察すると、そうとは理解できず、救済の思想と評価しなければならない、と論じる見解である。本章では、この問題から考えていきたい。

経典に記される〈変成男子〉思想について、今、その代表的なものの一つである『法華経』「提婆達多品《だいばだったほん》」の記述を見ておこう。[3] 次のような話である。（1）文殊菩薩と智積《ちしゃく》菩薩がシャカの前で議論し、『法華経』の力ですみやかに仏の覚《さと》りに達した者がいるか否かが論じられた。（2）文殊菩薩は、いる、それは娑竭羅《しゃがら》竜王《りゅうおう》の女《むすめ》であると説いた。（3）この女はわずか八歳であるが、智慧にすぐれ、菩提心を起こして退くところがないという。（4）これに対し、智積菩薩は、シャカでさえ長い難行苦行の末に覚りを得たので、その女が一瞬のうちに完全な覚りを得たとは信じがたいと反論した。（5）舎利弗《しゃりほつ》も、完全な覚りとは信じられない。女身は垢穢《くえ》であり、菩提は得られない。また、仏道修行には長い年月が必要だ。さらに、女人の身は「五障《ごしょう》」であり、一には梵天王、二には帝釈、三には魔王、四には転輪聖王《てんりんじょうおう》、五には仏身、の五つにはなれない。はたして女性が成仏できるのか、と述べた。（6）すると、竜女は宝珠を仏にたてまつるや、「忽然の間に変じて男子となり、菩薩の行を具」した。（7）そして、南方無垢世界に往って覚りを得て仏となり、妙法を衆生に説いた。(8) 菩薩・天・竜・人などはそれを見て歓喜敬礼したという。

ここには、女身は垢穢であるとする〈女身垢穢〉思想、女人は仏身など五つの存在になることができないとする〈女人五障〉思想、女人は男子に変わって成仏するとする〈変成男子〉思想が記されている。私は、これらの思想はどれも女性差別思想であると考える。(4) これらは、女性という集団と男性という集団をマイナスとプラスの価値評価を伴って弁別する思想になっており、差別思想と評価しなければならない。

しかしながら、こうした評価とは異なり、この思想をその〈救い〉の部分に重点を置いて理解すべきだとする見解がある。たとえば、歴史学の松尾剛次《けんじ》氏は、「薬の比喩」を用い、遁世僧《とんぜそう》(=鎌倉新仏教者)の女人救済には女性差別思想を固定化させたという限界性が見られるが、それは薬の副作用にあたるもので、最終的に女性は成仏するのだから、そこを薬本来の効能と評価すべきである。ならば、遁世僧によって女人は救済されたので、そこに力点を置いてこの思想を評価すべきであると論じた。(5) また、仏教学の植木雅俊氏は、小乗仏教は女性差別の五障、三従の教説を説いたが、大乗仏教はこれに対抗して変成男子の思想を説き、これによって小乗仏教の差別思想を、「変成男子」という妥協的表現によってではあれ、女性が成仏可能なことを主張し」て克服したと論じた。(6) これは、〈変成男子〉思想を、女性差別の思想としてではなく、女性差別を克服する教説と位置づける見解である。

一九八〇年代後半からこの問題をめぐる議論に参加してきた私は、歴史学・宗教学・文学研究の分野においては、これらの思想を女性差別思想だと評価するのが多数意見であり、救済に力点を置いて理解する見解は少数意見として分布しているとの感触を持っている。他方、仏教学分野においては、救済に力点を置いて捉える見解はやはり少数意見であるのだが、近世の宗学以来、宗派の教学がこれらを女人救済思想として位置づけてきたということもあって、他分野よりは救済に力点を置く理解がやや多いとの感触を持っている。もちろん、少数意見であるから論議の対象にならないとは私は考えない。ここでは、私なりの見解を、一部再論を含めて述べ、あらためてこの問題について考察したい。

2　差別かつ救済という構造——その一体性をめぐって

〈変成男子〉思想の厄介なところは、それが救済の思想として語られているところにある。救済を含みこんだ差別の思想、あるいは差別と一体になった救済の思想と表現すれば、ご理解いただけるだろうか。私は、初めてこの問題に論究した一九八九年の「竜女の成仏」において、「差別と救済とが一体となった思想」であると評価し、一九九九年の「女性と仏教をめぐる諸問題」においても、「差別と救済とが一体となった構造の思想」「女性を忌避して遠ざけたのではなく、女性を劣った存在だとし、その上で自分の教団はそんな女性も歓迎します、と誘って布教した」「救済という概念自体がそもそも差別的だと考えている」と論じた。この考えに今も変化はない。

私が「差別と救済とが一体となった思想」と位置づけたことについて、吉田はこうした言い方によってこの思想が差別の思想とばかりは言えないと擁護しているのではないか、と読解された方もいたかもしれない。しかし、それは全くの誤解である。この思想は救済を説く部分があるにせよ、明確に差別を説いているから、差別の思想だと考える。最終的に女性が救済されるのだから差別の思想と評価すべきではない、とする見解には賛同できない。

私は、そもそも、「差別なのか救済なのか」という問いの立て方に疑問があると考えている。救済ならば差別ではない、あるいは差別ならば救済ではない、とする排他的二元理解では、〈変成男子〉思想を十分に考究することができない。ではどう考えるべきか。かつて平雅行氏は、この思想を「いかがわしい思想」だと論評した[7]。これは、この思想の巧妙性をよく表した表現であるが、しかし文学的な表現でもある。この思想の論理構造をもっと明確化して解き明かすことはできないか。私は、二つの論点があると考えている。一つは救済とは何なのか、またそれは仏教史上においてどのように位置づけられるのか、である。もう一つは、信徒の拡大や教団の発展とは何であり、どのような教説が信徒たちに有効性を持ったのか、である。

〈救済〉とは何か。それが対象者全員を救うのならいざしらず、対象者の中から特定の者を救う、あるいは優先的に救うとなれば、そこには弁別の論理が働くことになる。その宗教を信仰する者全員を一律に救うというのなら円満である。だが、一つの集合体と、別のもう一つの集合体を弁別して救済するとなると、そこには差別の思考が入りこむ。救済がすべて差別だとまでは言えないのかもしれないが、救済の多くが差別と一体性を持つとは言えると私は考える。救済とは、多くの場合、上から下を掬い上げる方向性の論理になるからである。

今、インド仏教史を顧みるに、シャカとその弟子たちのいわゆる〈原始仏教（初期仏教）〉の時代には、まだ〈女人五障〉思想も〈変成男子〉思想も存在しなかった。これに対して、シャカが死去して四〇〇年ほどが経過して誕生し始める〈大乗仏教〉の時代になると、〈変成男子〉思想に代表される女性差別思想が顕著に語られるようになる。なぜだろうか。それは当初のシャカ教団は〈救済〉の思想を説かず、救済型の思想を説く宗教集団ではなかったのに対し、(8)〈大乗仏教〉の諸集団が、救済の思想を説く、救済型の宗教集団であったことによると理解される。救済型の仏教の成立に伴って、女性差別の思想が語られるようになった。

そうした教説は、信徒の獲得、拡大にも大きな効果を発揮したと推定される。宗教集団は、時代の進展の中で消長を繰り返す。その中で、これらの教説は、多くの信徒を獲得し、団体を確立、発展させるポイントの一つになったものと推定される。男女の区別なく、みな一律に救済するという教説よりも、女性は劣った存在だとされるが、私たちの集団ではそうした女性を特に救うのだ、男性に変じて救済するのだ、とする教説の方が信徒を引きつける力があった。大乗仏教とは何かをめぐっては多くの議論があるが、私見では、大乗仏教は仏教の大衆化とともに成立した新仏教で、仏教史の発展という文脈の中に位置づけられるものであるととらえている。だが、当然のことながら、当初の仏教が持っていた特質は大きく変化した。仏教史の発展の過程で新しい仏教として大乗仏教が誕生し、その中で救済の教説を説く集団が形成され、〈変成男子〉の教説に代表される女性差別思想が説かれていった。〈変成男子〉思想を説く経典は多数あるから、複数の大乗仏教集団がこの教説を説いたことが知られる。個々の集団の発展、確立にとって、女性信徒の拡充は欠かすことができない。それには、男女の別なく救済するという教説よりも、男性に変じることによって特に女性を救済するとする教えが有効性を持つ(9)。そうした戦略的な意味を伴いながら、変成男子の教説が説かれたものと推定される。しかりとするなら、この思想は、差別と救済が一体となった思想であるとともに、その団体の教説の魅力をアピールする教宣の思想として大きな意味を持った。

二　竜女成仏の論理構造と日本社会への流通

1　隋唐の学僧の解釈を重視する見解の提起

近年、『法華経』「提婆達多品」の竜女成仏の話は、変成男子の教説として読むべきではなく、即身成仏あるいは現身成仏の教説として読むべきである、と説く論が提起されている。それは、中国の隋唐の学僧である智顗《ちぎ》（五三八―五九七）、吉蔵《きちぞう》（五四九―六二三）、基《き》（六三二―六八二）、湛然《たんねん》（七一一―七八二）らの経典解釈を重視する見解で、こうした読み方こそが経典の正しい、あるいは望ましい読解であると説く論になっている。

大久保良峻氏は、天台宗の教学においては、「提婆達多品」の教説は、女人成仏というよりも、即身成仏《そくしんじょうぶつ》の教説として解釈されてきたと説く。智顗の解釈は、海中における菩提（成仏）から南方無垢世界の成仏に至る竜女の成仏をひとまとめにして初住位と判定するものであるという。そして、海中の成仏は生身《しょうじん》（竜の女の身体のまま）の成仏で、それは生身得忍（無生法忍を得ても生身のまま、つまり竜の女の身体のまま）の成仏を示しており、南方無垢世界における成仏は、生身を捨てて法身《ほっしん》（仏の抽象的な身体）となった後に再びこの世界に来て、権《かり》に生身（竜の女の身体）を示現したものと理解されるという。大久保氏は、生身を捨てることを認めない円仁や安然《あんねん》の教学や、密教思想と融合させて竜女成仏を密教の三摩《さんま》地《じ》法《ほう》による成仏と解釈する安然の教学があることに留意しつつ、日本天台宗では、この教説を、即身成仏の教説として教学上に位置づけてきたと論じる。[10]

阿部龍一氏は、傑作として名高い「平家納経」（厳島神社蔵）の『法華経』「提婆達多品」の見返絵《みかえしえ》を読解し、同時代の経絵の多くが〈変成男子〉や〈竜女成仏〉の場面を絵画化しているのに、これが優美な王女の姿を描くものになっていることに着目した。そして、この絵画は、『法華経』の竜女譚が「女性が男性に転生する必要なしに仏陀に等しい悟りを獲得して利他行を実践することが可能であると主張する物語」であることを表現したものであって、同経の物語は「転女成仏の必要性を否定し、仏教の実践者として女性が男性に全く劣っていないことを示すための物語」として語られていると説く。阿部氏は、「提婆達多品」の教説は、〈変成男子〉思想を説くものではなく、ましてや〈女人五障〉思想を説くものではなく、それらを克服する男女平等の思想を説いていると論じる。氏によるなら、竜女譚は、日本中世の学僧による読解以来、近現代に至るまで、〈変成男子〉を説く教説と読解されてきたが、それは「通俗的な龍女譚の解釈」にすぎないとする。そして、隋唐の智顗、吉蔵、湛然らによる「現身得成仏」「現身成仏」の物語だと読む解釈が、竜女譚の正しく妥当な読解になるとする。[11]

2　変成男子の場面の重要性

私は、しかし、こうした経典理解に賛成することができない。阿部氏の論説は拙論（旧稿）への批判が含まれており、ここで御批判にお応えすることによって議論を深めたい。たしかに、両氏が指摘する通り、隋唐の仏教教学では、竜女成仏の話は現身成仏あるいは即身成仏の教説として読解されており、日本の仏教教学にもそれを継承する論説が見られる。それは事実として認められる。智顗は「竜女は刹那《せつな》の頃において菩提心を発して等正覚《とうしょうがく》を成ず。即ちこれ涅槃を明かす。発心《ほっしん》と畢竟との二つは別せず」（『法華玄義』）と述べているから、発心はそのまま等正覚に等しく、だから竜女は発心した時点でもはや仏に等しく、その身体は本質的には抽象的な「法身」であって、竜の女の姿は仮の姿として現しているだけのものだと理解している。そうした教学的読解は不可能ではない。

しかし、「提婆達多品」を読むと、サンスクリットにしても、漢訳にしても（『岩波文庫』版はサンスクリット現代語訳と『妙法蓮華経』書き下し文の両者を掲載する）(12)、竜女が男性に変じる〈変成男子〉の場面が、具体的かつ衝撃的に語られており、漢訳『妙法蓮華経』には「忽然の間に変じて男子」となったと劇的に記述されている。それは、この品の重要かつ結論的な場面として記されており、軽視できないと私は考える。智顗、吉蔵ら隋唐の学僧たちは、にもかかわらず、そうした記述には注目せず、竜の女が生身のまま、現身のうちに成仏したとする部分を重視して経典を解釈した。それは、経文の一種の読み替え、あるいは脱構築（ディコンストラクション）とも評しうる作業と言うべきだろう。しかし、たとえば、『海竜王経』のように、女身が女身のまま成仏すると記す経典ならいざ知らず、『法華経』の場合は〈変成男子〉の場面が核心部分に記述されているのだから、それを軽視する読解は、正面からの批判を避け（僧が経典の記述を批判することは簡単なことではないから、やむをえないのかもしれないが）、目を背けたような読解になっているように私には思われる。

阿部氏は、竜女が男子に変じたのは、「智積と舎利弗が理解しやすいように」「方便力の発揮」として、あえて示した姿にすぎないと説く。しかし、そうだろうか。吉蔵が説くような、男女に関係なくすべての存在が成仏を遂げることが可能であることを示すだけなら、この場面は不要だ。ない方が明快なはずだ。しかし、この場面が設定されているのはなぜなのか。私は、この場面は、智積菩薩と舎利弗に竜女の過去世の一場面を視覚的に示すために設定されたものと評価すべきではなく、広く信徒、そして読者に、『法華経』の力を示すために設定されたものだと読解する。

3　提婆達多品のドラマツルギー

「提婆達多品」には、なぜ〈変成男子〉の場面があるのか。阿部氏は、竜女の物語は「文学的な豊かさ」を備えていると指摘する。私はこの見解に賛成で、旧稿でも指摘したように、ここの教説は、文学的に、あるいは演劇的に語られている(13)。そこは氏と私は同意見である。では、どのようなドラマツルギーによってこの物語は構成されているだろうか。ここで想起されるのが、アンデルセン童話『みにくいアヒルの子』や、講談『水戸黄門漫遊記』（のちテレビドラマ『水戸黄門』）などに見られる、表面的には価値の乏しいもしくは劣った存在が、実は大きな価値を持つ存在だったと展開する形式の作劇述である(14)。八歳の竜の女は、幼少であり、畜類であり、女性であるという、劣った身の上である。しかし、経典では、そうした存在が実はブッダになることが約束された絶大な価値を持つ存在だったのだと進展する。このストーリーは、右の作劇構造と合致する。

こうした作劇において重要になるのが以下の三点である。第一は、読者あるいは観客に、最初から主人公の価値がうすうす判るように布石をしておくことである。一人の旅の老人が舞台に登場する。観客は、それが只者《ただもの》ではないこと、きっと水戸黄門に違いないことを、最初から察するように場面が構成される。同様に「提婆達多品」においても、文殊菩薩が竜女を皆に紹介するくだりから、読者はそれが只者ではないことにうすうす気づく。智顗が、竜女は発心の段階ですでに等正覚を成していると説くのは、提婆達多品のドラマツルギーを読み取り、それを解説したものと理解される。あの老人は只者ではなく、今は仮の姿をしているが、実は黄門様なのだと私たちに教えてくれたのである。第二は、敵役《かたき》の必要性である。弁証法論理学で言うなら、アンチテーゼの提示に当る。旅の老人が自らの真の身の上を明かすには、それを必然とするような、前提となる場面が必要で、悪者たちが善男善女（特に女性）に乱暴狼藉を働くような場面が不可欠になる。それなくしてはジンテーゼ（大団円）の場面へと進むことができない。同様に「提婆達多品」においても、智積菩薩や舎利弗は、竜女ごときが完全な覚りを得たとは信じられないと述べ、さらに〈女身垢穢〉や〈女人五障〉の見解が論説される。そのようにしてアンチテーゼが提示されたその次に、それを反転させるようにして竜女の真の姿が明かされる場面が設定される。第三は、主人公が正体を明かす場面の必要性である。それは一幕のクライマックス（最高潮）として設定されなければならない。そこでは、それまでうすうすと判っていた正体がはっきりと明示され、読者・観客の鬱積感情は開放され、カタルシス（陶酔感）が与えられる。それなくしては一幕を終えることができない。こうして、旅の老人が実は水戸黄門であったことが集った人々全体に明かされ、悪者たちは皆の前で平伏を余儀なくされる。同様に「提婆達多品」においても、竜女は仏に宝珠を奉るや忽然の間に男子に変身して菩薩の行を具し、南方無垢世界に往って仏の姿を示し、衆生に妙法を説いた、となる。

だから、〈変成男子〉の場面は、阿部氏が論じたように、智積菩薩や舎利弗に対しても示されているのだが、それだけではなく、実は集会の参加者全体に対して示されており、より直接的には読者に対して示されたものと読解しなければならない。水戸黄門の印籠は、舞台上では悪者たちを含む参集者全体に示されるが、それは実は観客に対して示されているのである。そう読解するならば、竜女が男子に変身する場面は、決して付随的な場面とは評価できない。〈変成男子〉は、「提婆達多品」にとって、クライマックスの重要部分を構成する根幹となる思想だと評価しなければならない。そもそも主人公を幼少で、畜類で、女性の身の上に設定したところからして、この進展は一つの必然的展開となっている。私は、以上のように、「提婆達多品」の竜女の物語を思想のドラマとして読解する。それは、したがって、諸先学が説いたように女性差別の思想と評価しなければならない。

私のこうした読解は変わった読み方でも屈折した読み方でもなく、素直で直截的な読み方だと思う。それは通俗的な読解を含む読み方なのかもしれないが、『法華経』はアジア東部の人気経典で、多くの信徒の支持、信仰を集めてきた。信徒たちはこうした一般的な読み方あるいは説かれ方で『法華経』の教説に触れたと理解して問題ないと考える。そして、多くの女性を含む信徒たちがこの教説に心を打たれたと理解される。

4　日本社会への流通、浸透

日本では、『法華経』「提婆達多品」の教説は、当然のことながら、最初は僧尼・寺院などの仏法の世界に受容されたが、やがてそれとともに文学や芸能の世界でも盛んに受容されるようになった。それは、この教説が経典において文学的・演劇的に語られたことによるからなのだろう。旧稿で、私は、日本の文学・芸能・演劇の世界で語られる〈竜女成仏〉〈五障〉〈変成男子〉に着目し、『発心和歌集』『公任卿集《きんとうきょうしゅう》』『源氏物語』『和泉式部集』『栄花物語』『新猿楽記《しんさるがくき》』『更級日記』『浜松中納言物語』『今昔物語集』『梁塵秘《りょうじんひ》抄《しょう》』『平家物語』『沙石集』、能の『現在七《げんざいしち》面《めん》』『海女《あま》（海士）』などにおける表現を指摘し、若干の考察を試みた。

私は、この話や、その用語・思想が日本の文学・芸能・演劇に広く受容されたことは軽視できないと考える。中でも事例として重要だと考えるのが『梁塵秘抄』の今様である。今、二首引用したい。

竜女は仏に成りにけり、などか我等も成らざらん、五障の雲こそ厚くとも、如来月輪《がちりん》隠されじ

竜女が仏に成ることは、文殊のこしらへとこそ聞け、さぞ申す、娑竭羅王の宮を出でて、変成男子として終には成仏道

今様は、当時の今風の歌のことで、遊女、傀儡《くぐつ》、巫女、白拍子《しらびょうし》たちにうたわれて流行し、皇族・貴族にも愛好者があった。そこで、右のような「竜女」「五障」「変成男子」に関わる歌がうたわれていた。厳島神社蔵「平家納経」は、平清盛をはじめ一族・門人など三二人が贅を尽くして制作、奉納したもので、その「提婆達多品」の見返絵には、美しい王女が仏に宝珠を捧げようと進む場面が描かれた。それは平家一門、とりわけ一門の女性たちの心性に、ぴたりと収まる絵画表現だったのだろう。他方、遊女や白拍子たちは〈五障〉や〈変成男子〉に関わる今様を芸能の場でうたった。平家一門の宴席に呼ばれた者もいただろう。それらの歌は仏教の女性差別思想が語られる中で紡ぎ出された哀歌であり、魂の歌であって、二〇世紀のブルースやソウルあるいはゴスペルに比すべき歌だろうと私は思う。

ただし、ここで参照しなければならない研究がある。野村育世氏の研究[15]である。野村氏は『鎌倉遺文』所収の文書を調査して、当時の一般社会には五障、転女成仏、竜女成仏の教説がほとんど受容されていなかったことを明らかにした。そして、そこから「鎌倉時代の社会全般の女性たちが、仏教を如何に自分なりに解釈し、信心していたか」と論じた。氏の研究は実証的であり、これによって、これらの教説が、鎌倉時代に寺院社会・貴族社会およびそれらと連関した文学・芸能の世界には流通していたが、非寺院社会・非貴族社会には限定的にしか流通、浸透し

ていなかったことが解明された。

野村氏は、続けて一四世紀から一七世紀に至る北陸地方の寄進札《きしんふだ》を検討し、「五障」「竜女」「五障三従」といった女性差別文言が寄進札にいつ登場するのかを調査した。そして、これらの文言は一五世紀末～一六世紀初頭以降に用いられ始めると結論した。この研究によって、これらの教説が、室町時代後期以降に日本社会に流通していったことが明らかになった。この一五世紀末～一六世紀初頭という時期は、埼玉県の板碑《いたび》に「竜女成仏」文言が登場し、(16)また『血盆経《けつぼんきょう》』が日本社会に受容され始める時期と合致するとも指摘した。野村論に依るなら、竜女成仏の思想が寺院社会・貴族社会を越えて社会的に流通、浸透し始めるのは、室町時代後期以降のこととするのが妥当であろう。

以上を総合すると、

i　日本では、『法華経』「提婆達多品」の教説は、最初、仏法の世界で受容され、僧たちがこの教えを語り始めた。

ii　平安・鎌倉時代には、寺院社会・貴族社会における受容が進展し、あわせて文学・芸能の世界で受容されて作品の中に記述されていった。

iii　日本では、室町時代後期以降に社会への流通が進展し、一般の人々にも一定程度、流通、浸透した。

となる。

三　仏教の大衆化と女性差別

1　『血盆経』の信仰

最後に、室町時代後期以降の展開について若干の展望を述べてむすびに代えたい。この時代における仏教の女性差別で重要になるのは、すでに多くの指摘があるように『血盆経』の信仰の流通である。(17)『血盆経』は、正式には『仏説大蔵正教血盆経』『仏説大蔵血盆経』『仏説目蓮正教血盆経』などといい、全四〇〇文字余りの短文の経典である――曰く、ある時、目蓮尊者が羽州追陽県で「血盆池」を見た。広さは八万四千由旬で、鉄梁・鉄柱・鉄枷・鉄鎖などがあり、髪を長くし、手かせをされた女人たちが、獄卒・鬼王らに責めさいなまれている。目蓮が哀れんで、獄主になぜ女人がこのような苦痛を受けるのかと問うと、獄主は答えた。女人はお産の血で「地神」を穢し、また穢汚の衣裳を川で洗うと、誤って善男女がその水を取って茶を入れて諸聖に供養するので、不浄を致すことになる。天大将軍は各人の名の下にその人の善悪の行為を記録しており、女人は命が終わったのちにこの苦しみの報いを受けるのだという。目蓮が獄王に、どうすれば私を産んでくれた母の恩にむくいて、「血盆池地獄」から離れさせることができるのかと問うと、獄主は、「小心孝順」に暮らし、三宝を敬い、母のために「血盆斎」を三年持し、「血盆勝会」を実施して、僧を招いてこの血盆経を転誦せしめて懺悔せよと言う。そうすれば般若船が出現し、奈河江岸を過ぎると、やがて血盆池の中に五色の蓮華が出現して罪人たちは慚愧の心を起こし、仏地に生まれることができるのだと言う。諸大菩薩と目蓮は、南閻浮提の善男女にこのことを来たり告げ、早く覚り修めるように、と教えた。仏は、女人に血盆経を説いて、この経典を信心、書写、受持せよ。そうすれば三世の母親を天に生まれしめ、諸々の快楽を受け、衣食が思うままに入手でき、長命、富貴となる、と告げた。その時、参集していた天竜八部、人、非人らは皆大歓喜し、礼をもって退出したという。

『血盆経』は中国撰述の偽経で、女人は死後「血の池地獄」に堕ちる、とする教説を語るものである。[18]ここの「血の池地獄」は、道教の「血湖池」の影響を受けて成立した概念で、『血盆経』は道仏融合の進展の中で成立した経典である。経文に記される「将軍」「斎」「勝会」という表現にも道教からの影響がうかがえる。こうした教説は、道教、仏教、弘陽教、民間信仰の世界で広く語られ、[19]宗教芸能の台本である「宝巻《ほうかん》」に記された。[20]『血盆経』は、仏教が中国化および大衆化を遂げる中で成立したものであった。その教説は、最初に、女性は血の「穢」あるいは「不浄」によって「血の池地獄」に堕ちる定めであると前提しておき、次に、けれどもこの経典はそこから女性たちを救済するものであると説くものになっている。[21]これは、先に見た『法華経』「提婆達多品」と同質の論理構造である。それは差別と救済が一体になった教説であり、またこれを説く宗教集団の信徒を増加せしめる教宣の教説になっている。

『血盆経』は、室町時代の一五世紀頃に日本に伝来した。[22]以後、同経の信仰は日本社会に流通し、戦国時代、江戸時代を通じて女性信徒を中心に社会に広まった。その中核になったのは、立山、恐山《おそれざん》、羽黒山、白山、山寺立石寺《やまでらりっしゃくじ》、正泉寺（千葉県我孫子市）などの場で、拠点となったのは本山派修験の寺院が多いが、各宗派の寺院にまたがっている。あわせて、熊野比丘尼たちの『観心十界曼荼羅』の絵解きによって「血の池地獄」の信仰が流通し、『血盆経』の信仰が浸透した。正徳三年（一七一三）には、『血盆経』の解説書である松誉厳的『血盆経和解』が版行された。[23]また、『血盆経』の思想は目蓮の物語とのさらなる融合を進め、それが、能、絵解き、説教節、古浄瑠璃、盆踊り歌、縁起芝居、地獄芝居、地芝居などの芸能によって民衆世界へと流通していった。[24]こうして、中国同様、日本でも『血盆経』の信仰が社会に流布した。

2　仏教の大衆化と女性差別教説の浸透

以上、女性と仏教の問題をめぐり、仏教が説く女性差別の教説の特色とその流通の様相について考究してきた。『法華経』「提婆達多品」は、女性は垢穢の身であり、成仏することができない存在であるが、『法華経』の力によるなら、男性に変身して成仏することができると説く。その際、竜の女が男性に変身して成仏する場面を劇的に描く。『血盆経』は、女性は血の穢あるいは不浄によって、死後、血の池地獄に堕ちる存在であるが、『血盆経』を信心するなら、その苦しみから逃れ、天に生まれることができると説く。その際、目蓮の母が血の池地獄で苦しむ様子を劇的に描く。これらは、いずれも、差別と救済とが一体になった思想であり、最後は救済を説いているから差別思想ではないと評価することはできない。差別して救済する、という構造を持つ、差別思想なのである。日本では、こうした仏教思想は、室町時代後期以降に社会への流通が進展し、一般の人々に一定程度、流通、浸透していった。

最後に、これまでの考察によって判明したことをまとめておきたい。

第一は、仏教の大衆化とともに女性差別教説が生まれ、進展し、流通したことである。それは、インドにおいてそうであり、また中国や日本においても同様であった。

第二は、それと連関することであるが、文学・芸能・演劇の世界における教説の採用が、その宣揚、流通に大いに関わったことである。日本では、これらの女性差別教説は、平安、鎌倉時代には和歌、物語、今様、語り物などを通じて、室町、戦国、江戸時代には能、説教節、浄瑠璃などを通じて、民衆世界に浸透した。

第三は、各時代、各地域における仏教の大衆化を先導したのは、その時々のその集団のリーダーたちであったと考えられることである。彼らは知識層であったから、仏教の大衆化は集団内の知的リーダーを中心に推し進められ、女性差別教説もそうした層によって宣揚された。

第四は、仏教の女性差別教説は、大衆の心をつかみ、評価を得たのであるから、その支持によって社会的に流通したと理解されることである。それは、だから、仏教界の先導者が一方的に生み出したものとばかりは言えず、大衆との協働によって創り出され、発展していった思想だと評価される。したがって、社会が仏教の女性差別思想の受容、およびその浸透に関与したと言わなければならない。

以上をふまえて、最後に若干の拙見を述べて本章を終えたい。仏教史を振り返るに、仏教は時代の進展とともに変化を遂げ、また伝播した地域の文化に対応して変化を遂げてきた。私は、その総体を〈仏教〉ととらえるべきだと考えている。それらの時代的および地域的変化の中には、進歩と評価しうるものが多くある。しかし、その一方、退歩と評価すべきものも少なくない。仏教史のある時点から女性は仏教の主要な信徒となり、今日に至った。今後とも女性は仏教の世界を支える主要な存在として活躍するだろう。二一世紀の今日、仏教は女性差別思想を否定、放棄し、そこから脱却すべきだと考える。それが達成されたなら、それは仏教の歴史の進歩の一齣となるだろう。

註

（1）岩本裕『仏教入門』（中公新書、一九六四年）。同『仏教と女性』（レグルス文庫、第三文明社、一九八〇年）。

（2）遠藤元男「女人成仏思想序説」（西岡虎之助編『日本思想史の研究』章華社、一九三六年）。同「中世仏教と女性」（歴史教育研究会編『女性史研究』四海書房、一九三七年）。

（3）『法華経』の成立および「提婆達多品」の位置をめぐる諸説については、伊藤瑞叡『法華経成立史』（平楽寺書店、二〇〇七年）。

（4）拙稿「竜女の成仏」（大隅和雄・西口順子編『シリーズ女性と仏教2　救いと教え』平凡社、一九八九年）。本章ではこの拙論を「旧稿」と呼ぶ。同「女性と仏教をめぐる諸問題」（吉田一彦・勝浦令子・西口順子『日本史の中の女性と仏教』法藏館、一九九九年）。なお、「竜女の成仏」の英語訳は、「The Enlightenment of the Dragon Kings Daughter in The Lotus Sutra」（Margaret Childs, trans）『Engendering Faith: Women and Buddhism in Premodern Japan』（Barbara Ruch, ed）, Center for Japanese Studies The University of Michigan, 2002.

（5）松尾剛次「遁世僧と女人救済」（註（4）『シリーズ女性と仏教2　救いと教え』所収）。同「鎌倉新仏教と女人救済」（『仏教史学研究』第三七巻第二号、一九九四年）。

（6）植木雅俊『仏教の中の女性観』（岩波書店、二〇〇四年）。

（7）平雅行『日本中世の社会と仏教』（塙書房、一九九二年）。

（8）中村元訳『ブッダのことば――スッタニパータ』（岩波文庫、一九八四年）。宮元啓一『仏教誕生』（ちくま新書、一九九五年）。佐々木閑『ゴータマはいかにしてブッダとなったのか』（NHK出版新書、二〇一三年）。同『大乗仏教』（NHK出版新書、二〇一九年）。今枝由郎『ブッダが説いた幸せな生き方』（岩波新書、二〇二一年）。

（9）ここで注意したいのは、すべての大乗仏教集団がこの教説を説いたわけではないことである。教典を見る限り、大乗仏教の集団には、原始仏教・部派仏教以来の男女の区別なく教えを説く集団が多数あり、むしろそちらが多数を占めていたと理解される。多数の大乗仏教の集団の中で、大衆化をほかより積極的に推進し、女性信徒を特に〈対象者〉として設定した集団が、当時の女性差別的な社会思想を前提にしつつ、それに立脚してこうした差別の教説を説いたものと理解される。それは、結果を見るに、女性信徒の獲得に効果があり、集団の拡大に寄与したものと理解される。

（10）大久保良峻「天台教学における龍女成仏」（『最澄の思想と天台密教』法藏館、二〇一五年）。同『伝教大師最澄』（法藏館、二〇二一年）。

（11）阿部龍一「龍女と仏陀――「平家納経」提婆品見返絵の解明をめざして」（小峯和明編『東アジアの仏伝文学』勉誠出版、二〇一七年）。

（12）坂本幸男・岩本裕訳注『法華経』（岩波文庫、一九六二―六七年）。

（13）西口順子「解説」（註（4）『シリーズ女性と仏教2　救いと教え』所収）は、拙稿「竜女の成仏」に触れて、吉田は提婆達多品の教説は「差別と救済の論理に立脚し、演劇的手法によって「教宣の論理」を構成」したものになっていると説いており、「経典読誦（わが国では経典は内容よりも読誦に重きをおいた）や教学研究よりも、その比喩――演劇的な物語性に着目し、物語としての『法華経』を語った人びとを想定して考えようとしたことは、今後の研究に別の視点を提供する」と解説した。本章はこの方面からの考察を進展させたものになっている。

（14）日本の古典芸能で言うなら、文楽・歌舞伎の『仮名手本忠臣蔵』七段目「祇園一力茶屋の段」の大星由良之助、あるいは『義経千本桜』三段目「鮓屋の段」のいがみの権太、『鬼一法眼三略巻』四段目「一条大蔵譚」の一条大蔵卿、などがただちに想起される。能では、世阿弥によって確立された複式夢幻能の形式は、形式自体がこの構造に立脚していると評価される。

（15）野村育世『仏教と女の精神史』（吉川弘文館、二〇〇四年）。

（16）峰岸純夫「中世東国社会と板碑」（『板碑』図録、埼玉県立博物館、一九八三年）。

（17）ミッシェル・スワミエ「血盆経の史料的研究」（『道教研究』Ⅰ、昭森社、一九六五年）。武見李子「『血盆経』の系譜とその信仰」（『仏教民俗研究』第三号、一九七六年）。同「日本における血盆経信仰について」（『日本仏教』第四一号、一九七七年）。時枝務「中世東国における血盆経信仰の諸相」（『信濃』第三六巻第八号、一九八四年）。同「中世東北の血盆経信仰」（『立正大学文学部論叢』第一二五号、二〇〇七年）。松岡秀明「我が国における血盆経信仰についての一考察」（『東京大学宗教学年報』第六号、一九八九年）。高達奈緒美「血ノ池地獄の絵相をめぐる覚書」（『絵解き研究』第六号、一九八八年）。同「疑経『血盆経』をめぐる信仰の諸相」（『国文学　解釈と鑑賞』第五五巻第八号、一九九〇年）。同「『血盆経』と女人救済」（『国文学　解釈と鑑賞』第五六巻第五号、一九九一年）。同「越中立山における血盆経信仰」Ⅰ・Ⅱ（『富山県立立山博物館調査研究報告書』一九九二年）。同「血盆経信仰霊場としての立山」（『山岳修験』第二〇号、一九九七年）。勝浦令子『女の信心』（平凡社、一九九五年）。蕭登福「道教血湖地獄対仏教《血盆経》的影響」（『道教与仏教』台湾学生書局、一九九五年）。大島建彦「正泉寺と『血盆経』」（『西郊民俗』第一七九号、二〇〇二年）。前川亨「中国における『血盆経』類の諸相」（『東洋文化研究所紀要』第一四二冊、二〇〇三年）。小林順彦「越中立山における血盆経信仰の受用について」（『天台学報』第五九号、二〇一六年）。吉川良和「わが国目蓮物への血盆経浸潤初探」（『人文学研究所報』六一、二〇一九年）。

(18) アジア東部における神仏融合、道仏融合については、吉田一彦編『神仏融合の東アジア史』(名古屋大学出版会、二〇二一年)。
(19) 註(17)スワミエ論文。前川論文。吉川論文。
(20) 澤田瑞穂『増補　宝巻の研究』(国書刊行会、一九七五年)。註(17)前川論文。
(21) 日本において、女性の穢をめぐる観念が中国の穢観念の影響を受けつつ、次第に形成され、発展していく様相については、勝浦玲子「七・八世紀将来中国医書の道教系産穢認識とその影響」(『史論』第五九集、二〇〇六年)。同「穢れ観の展開――産穢・血穢・血盆経」(総合女性誌研究会編『時代を生きた女たち――新・日本女性史』朝日新聞社、二〇一〇年)。同「穢れ観の伝播と受容」(佐藤文子・上島享編『日本宗教史4　宗教の受容と交流』吉川弘文館、二〇二〇年)など参照。
また、日本では、一部の寺院および一部の山において、女人禁制(女人結界)の慣行が成立、展開した。牛山佳幸氏によると、その理由づけは、歴史の進展の中で次第に変化していくことが注目されるという。そして、室町時代頃になると、当初の理由づけとは異り、血の穢れなど女性は穢れているからとする理由づけが多くなるという。これについては、牛山佳幸「「女人近世」再論」(『山岳修験』第一七号、一九九六年)参照。
(22) 註(17)武見論文。勝浦著書。高達「『血盆経』と女人救済」。
(23) 高達奈緒美編『仏説大蔵正教血盆経和解』(岩田書院、二〇一四年)。
(24) 註(17)吉川論文。

第一一章　律宗と親鸞系諸門流の聖徳太子信仰

後藤道雄・吉田一彦

奈良平安時代に誕生した聖徳太子信仰は、鎌倉室町時代に新たな展開を見せ、社会の周縁部に浸透していく。本章では、律宗と親鸞系諸門流の聖徳太子信仰を美術史学・歴史学の視座から考察し、その特質を明らかにする。

はじめに

日本における宗教と差別について考える時、聖徳太子信仰の社会的展開の問題は重要な論点の一つになる。聖徳太子を神仏にも等しい存在として崇拝、信仰する聖徳太子信仰は、早く奈良時代に開始され、平安時代中後期になると日本の仏法の特色ある一信仰に発展した。最初、皇族・貴族の世界および寺院社会から開始された聖徳太子信仰は、鎌倉時代・南北朝時代になると、下層民や被差別民を含む社会の多様な層へと浸透を開始し、その傾向は室町・戦国時代へと続いた。

聖徳太子信仰の基軸になったのは、当初は四天王寺と法隆寺であった。鎌倉時代に、より広範な層に浸透するにあたっては、叡尊《えいぞん》（一二〇一―九〇）・忍性《にんしょう》（一二一七―一三〇三）の律宗（真言律宗）と、親鸞（一一七三―一二六二）を祖とする門流（初期真宗、親鸞系諸門流）が大きな役割を果たした。律宗にしても、親鸞系諸門流にしても、その信徒たちの実像を明らかにすることは、日本における宗教と差別の問題を考究することに直接関わる。また、それらの宗教者たちがどのような存在でいかなる論理を説いたのかを考察することも、この問題に直接関わる。

考察にあたっては、現在の茨城県に焦点を当ててそこから全体を展望したい。というのは、常陸国《ひたちのくに》では忍性が注目すべき活動を展開しているし、親鸞および彼の弟子たちは常陸国・下総国《しもうさのくに》など現茨城県を中心に活動し、そこから各地へと展開していったからである。取り上げる史料としては、文献史料とあわせて彫刻・絵画などの美術史料に着目して問題を考察したい。聖徳太子信仰とは何かを明らかにすることは、アジアの中における日本の仏法の特質について論究することになるから、日本の文化・思想・宗教の特質を明らかにする作業となる。同時に、本書の課題である宗教と差別の問題について、時間軸と空間軸の中で具体的に論じることになる。本章は全二節で構成している。第一節は後藤道雄が執筆し、第二節と「はじめに」は吉田一彦が執筆した。

一　初期真宗と律宗の聖徳太子信仰――水戸市善重寺聖徳太子立像とその周辺

1　親鸞・忍性とその風土

恵信尼の消息によると[1]、親鸞は建仁元年（一二〇一）、比叡山を出て、洛中六角堂に参籠、本尊救世観音に後世のことを祈ったとき、聖徳太子の夢告を受け、法然のもとに行って他力の念仏に帰入したという。のち、建保二年（一二一四）配流の地越後から常陸におもむき、一時、下妻の境郷にいたが、やがて稲田郷に住み、主著の『顕浄土真実教行証文類（教行信証）』の初稿を書き終えたようで、文暦二年（一二三五）のころ帰洛するまで、常陸での二〇年の歳月は、親鸞自身にとっても、意義深かったのである。

親鸞には、常陸で多くの弟子ができた。[2]なかでも、鹿島の順信以下の鹿島門流、奥郡の人々と呼ばれた久慈・那珂の門流、下総飯沼にいた性信以下の横曽根門流、それに下野高田に住む真仏以下の高田門流などは、初期真宗の中心となった。これらの弟子たちには、親鸞が後年とくに心の支えとした太子信仰の思いが受け継がれ、太子信仰は真宗の特色となった。

真宗における聖徳太子像の受容は、親鸞伝絵に「聖人親鸞、傍に皇太子を崇たまふ」[3]とあるように親鸞に遡る。しかし、美術史の立場からみると、常陸・北下総では、親鸞の在世中となる、弘長二年（一二六二）までの太子木像（彫刻）も影像（絵画）も見出すことができない。重要文化財に指定されている茨城県水戸市善重寺聖徳太子立像、同坂東市妙安寺聖徳太子絵伝や、同那珂市上宮寺聖徳太子絵伝は、いずれも一三世紀末から一四世紀初めの制作で、その背景は、真宗だけでは説明できない。

妙安寺本や上宮寺本は、近年、実態はいまだ不明ながら、四天王寺絵所による「律宗系絵伝」として検証することが有効であろうとの説が出されている。[4]そこで注目されるのが、鎌倉時代後半から常陸・北下総で大きな展開を示す真言律宗の存在である。奈良西大寺流の真言律宗では、叡尊や弟子忍性が、ともに篤い聖徳太子信仰をもっていた。忍性は、『性公大徳譜』[5]によると、建長四年（一二五二）教化のため東国にくだり、鹿島社に詣でたあと、守護小田氏の菩提寺を律院三村山清冷院極楽寺（つくば市小田）と改め、一〇年余り過し、律宗が東国に広まる大きな足跡を遺し、慈善にも尽している。

忍性の太子信仰を考える時、二つの重要な「場」がある。一つは、永仁二年（一二九四）、七八歳の時、四天王寺別当に補任されたことである。聖徳太子を深く追慕していた忍性が、この職に附いたことは大きい。四天王寺は、西門近くに「念仏所」があり、門の外には鳥居があった。しばしば同寺に参詣した鳥羽法皇は、久安五年（一一四九）、西門付近に「念仏三昧院」を建立せしめたという[6]。四天王寺は、その西門は釈迦の転法輪所であり、また、極楽の東門にあたるとする言説を説き、西門を拠点に念仏の信仰を隆盛させていった。その西門の鳥居を石で再興したのが忍性であった。『元亨釈書』巻第一三[7]には、

永仁二年。勅を奉じ天王の主務を管す（中略）この寺の大門の外に衡門あり。俗に鳥居と曰う。鉅木宏材。歳久しく朽ち頽る。性（忍性）新たに意を出し石をもってこれを新しくす。高さ二丈五尺。堅確瑩滑《けんかくえいかつ》。国の人目を拭う。

とある。衡門とは、木を横たえた粗末な門のことである。

もう一つは、『性公大徳譜』など忍性の伝記類には見当らないが、しかし、中世を通して京都における太子信仰の中心的地位を保った東山太子堂で、忍性を中興に仰ぐようになったといわれる場である。東京大学史料編纂所架蔵写真帳『醍醐寺文書（一一函）』中（六一七一・六二／六七／三―二）[8]に、

白毫院ハ、東山、只今智（知）恩院境内ニ太子杉ト申アリ、是其跡ナリ、当時ハ五条下寺町太子堂速成就院、白毫寺号
替地也、替地ニ給ひたる也、
西大寺末寺也、律院也、

とある。

京都白毫寺に、東山太子堂周辺絵図（図1）がある。江戸時代後期の考証家による作図とみられるが[9]、「応永頃ノ古図写」とある。これから、青蓮院・祇園社・知恩院・本願寺（親鸞上人廟所）など、重要な寺社が周辺に密集

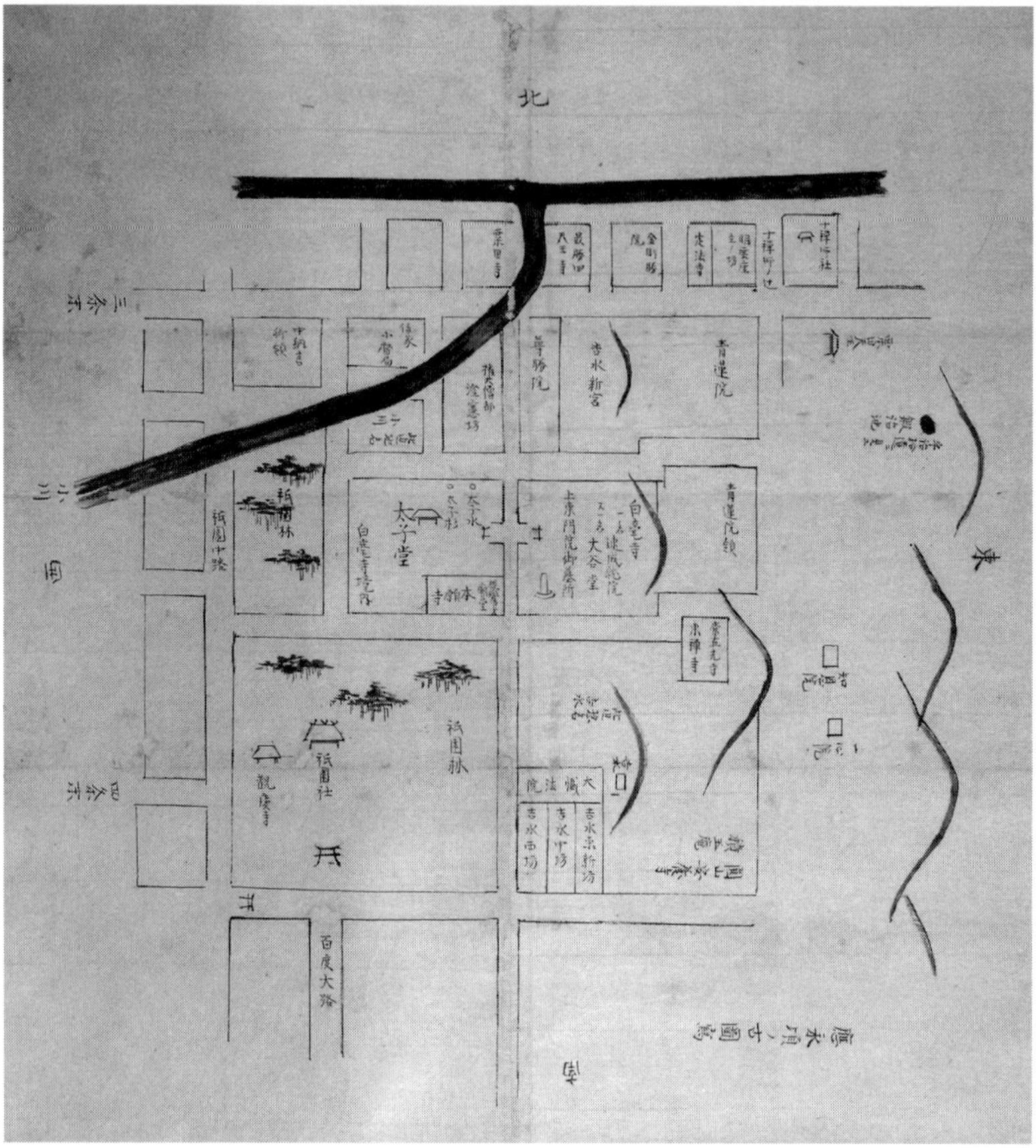

図1　白毫寺（東山太子堂）周辺絵図（白毫寺蔵　江戸時代）
（データ提供：神奈川県立金沢文庫）

していることがわかる。

太子堂白毫寺は、安永九年（一七八〇）に刊行された『都名所図会』によると、知恩院中門の北、浩亥院の後とあり、慶長年間（一五九六―一六一五）の知恩院再建拡張の時、現在の五条富小路に移ったと記されている。太子堂白毫寺は、この絵図のように知恩院の西側に広大な寺地を占め、白毫寺・速成就院などから構成されていた。本願寺を境内の一部にもつ太子堂は、鎌倉時代中・後期には、聖徳太子信仰に基づきながら、真言律宗の京都における拠点であった。さらに「関東祈禱所」[10]となるに及び、金沢《かねさわ》称名寺・鎌倉極楽寺・三村山極楽寺などの京都における窓口として機能し、東山太子堂で仏画や仏具が調達されて三村山極楽寺に送付されたりしている[11]。

これら律宗の宗教財が極楽寺に送られた当時、親鸞の門流には、鹿島社の神官であった順信や性信、山伏から帰依した明法、那珂郡毘沙幢の念信のような武士もいたが、多くは名主以下の田夫野人と呼ばれた人々が、道場に拠りながら住んでいた。

一方、執権北条氏の厚い保護を受けた律僧たちがこの地に律を弘めるについて、風土の影響は大きい。初期真宗や律の展開を考えるとき、常陸・北下総の地形と、南北朝・室町時代の内乱の政治を知る必要がある[12]。中世の常陸は、現在の茨城県の大部分を占めるが、県西地域に下総国北部を含めており、久慈郡太子町は依上保《よりかみのほ》といい、陸奥国に属していた。また、栃木県の那須郡武茂荘《むものしょう》、現在の那珂川町は、佐竹氏が一時領有していた。

『常陸国風土記』や近世の地誌『新編常陸国誌』[13]を参考にこの地域の地形を復元すると、常陸南部は鹿島灘の入海が内陸深く広がり、水田は不安定で水郷地帯の様相を呈していた。北浦、霞ヶ浦には多くの河川が流入し、とくに北下総の小貝川や鬼怒川は支流を合せて乱流し、少しの台地のほかは大方は低湿地であった。親鸞が一時過した下妻境郷も、横曽根門流の拠点飯沼も沼地に囲まれた所であった。一方、筑波山系の山並は、笠間に至る峰と、下野国境を北上し那珂・久慈を経て八溝山に至り、東には多賀の峰が続く。その間を久慈川・那珂川が海に注ぎ、沖積地は少ない。

古代・中世の常陸・北下総は、このように境界領域が多かった。海では浜あるいは浦・崎など、川では河原や中洲などの場所が、山では山の根、坂、峠などが境となる。いずれも不安定な所である。井上鋭夫氏がいう[14]「山の民・川の民」の世界である。太子堂跡や「太子山」などの小字《こあざ》などは、そのような場所に多い。

親鸞の弟子唯円が『歎異抄』一三で、「うみ・かわに、あみをひき、つりをして世をわたるもの」「野やまにし、をかり、とりをとりて、いのちをつぐともがら」と述べているのは、このような境界の風土に生きた人々であった。不安定な海・川・山などに治水や作道などの律の伝承が残り、律宗集団が関わるのも同じ時、同じ風土であった。

2 柄香炉と笏を持つ太子像

水戸市善重寺聖徳太子立像(15)は、像高一三二・五センチ、寄木造り、玉眼嵌入、彩色。境内の太子堂に安置される。角髪《みずら》を輪状に結い、筒袖の内衣・盤領の袍・表袴を着け、七条袈裟と横被を纏う。七条袈裟は左胸前で背後から肩越しに渡された紐に衣角の環金具をかけて吊り、上端を折り返しながら腹前、右脇腹を覆って背面に及び、左袖の外側でその端を左手の甲に向けて収める。横被は背後から右肩を覆い、腋前を通って垂下する。左手は柄香炉の柄を握り、右手は笏を執る。沓を履き、正面を向いて立つ。像表面は素地全面に布貼りを施し、黒漆塗りの上に白土地をつくって彩色。肉身部は白肉色。緑青を用いた盛り上げ地とする着衣のうち、袍は表を赤色地として鳳凰丸文を散らし、宝相華唐草をめぐらす。袈裟と横被には、輪宝文や握部を隠した三鈷杵文を施す。

眉目秀麗で厳しい面貌、動きを抑えた正面観において威容を示す本像は、細部にわたって丁寧に彫出され、その豪華な彩色、文様ともども、中世に数多く造られた太子像のなかで、保存もよく出色の作例といえよう。制作年代は、作風の近い、京都市仏光寺の像内納入文書から元応二年（一三二〇）の造立が判明する太子像より、やや早い一四世紀初頭と考えられる。本像にみる、緑青盛り上げ地を多用した賦彩ともども破綻のない端正な造形は、京都府宇治市正覚院毘沙門天立像の作風と共通点が多い。正覚院像も造立当初の彩色を鮮やかに留め、右足枘に「法印朝円作」の刻銘がある(16)。

図２　聖徳太子立像（水戸市　善重寺蔵）
後藤道雄『茨城彫刻史研究』〈中央公論美術出版〉より転載）

図３　毘沙門天立像（宇治市　正覚院蔵）
村田靖子『京都の仏像』〈淡交社〉より転載）

法印朝円は、西園寺公衡の『公衡公記』[17]正和四年（一三一五）四月二五日条に、後伏見上皇の院庁沙汰で日吉山王七社の御輿新造奉献を行うべく、院庁年預安部資重に命じて注進させた「日吉社神輿七基造替幷神宝・雑人装束調進雑事」に、新造の七社御輿のうち聖真子の御輿造営に携わり、奉献に際して同社へ同行する諸工人の「道々輩交名」の中の「木仏師」の項に現れた「三条法印朝円」である。京都・三条の地に工房を構え、円派仏師として知られ、院の造像もなし得た、当代一流の京仏師による太子像の、東国への伝来が検討されなくてはならない。

善重寺聖徳太子像が、文献に現われるのは、寛文三年（一六六三）の『水戸藩開基帳』[18]である。その「浄土宗慈願寺」の項に、建治二年（一二七六）善明開基の京都聖徳寺から、善明が聖徳太子像を携えて関東に下向して慈願寺を創建、太子堂を建てて三尺余りの像を安置したとある。この像が、善重寺にいまある太子像であることは、「善重寺十五代念了一代記（水戸善重寺由緒）」（同寺蔵）の寛文一一年（一六七一）の項に、「夏四月八日聖徳太子像を拝領す。（中略）右の太子像は当国太山村慈願寺とて浄土宗の寺に御座也、此の慈願寺は往昔、我が宗の由、去るに依り、本宗が安置して宜しうべし」とあることによって明らかである。

京都聖徳寺は、現在浄土宗で、下京区綾小路大宮西入にある。大悲山上宮王院と号し、太子が四天王寺建立のための木材を伐り出す集積所をその始まりとする太子創建の寺と伝える。しかし、聖徳寺には、開基善明はもちろん、関東下向の太子像についてもいっさい伝えがない。

太山慈願寺については、健武慈願寺（栃木県那珂川町）の天和二年（一六八二）一五代願専筆『粟野山慈願寺略縁起』[19]に、佐竹氏一族の稲木義清が親鸞に帰依し、信願と称して下野粟野鹿崎《しがさき》に開いたのが始まりという。三代慈慶の時、佐竹宗家七代義胤、八代行義の招請により那珂西《さい》太山郷（現東茨城郡城里町）に移り、四代唯願の時、兵火で焼失、廃寺と記す。一方、同縁起には、初代信願の弟子定念が八溝山麓の武茂の地に一宇の道場を建て、三代慈慶の代に健武慈願寺になったと伝える。健武慈願寺は真宗寺院で、那珂川町大字武部淘金《ゆりがね》の金掘りたちの子孫が、門徒となって寺を護っている。[20]

水戸藩開基帳に出てくる善明は、奥郡における初期真宗の有力門弟であった。その善明が京都から太子像をもたらしたとしているのは、水戸藩からすれば、太子像と佐竹氏との関わりを消し去る意図があったのではないか。

八溝は、常陸・下野・陸奥の三国にまたがる山である。古くは天台の山林修行の山であり、[21]久慈川の水源である水分《みくまり》の農業神の山であるとともに、山頂、日輪寺本尊十一面観音の観音信仰の山でもあった。同時に、金山として知られていた。八溝山の金鉱採掘は、金掘り、すなわち「山の民」＝太子信仰[22]という、採掘を財的価値よりも聖なる価値をもつとする宗教の時代から、佐竹氏が金山を直轄経営し、領国支配を強固にする動きの時代へとなっていくのである。

同じ八溝山系の一つにあり、下流が那珂川に注ぐ竹茂川沿いにある健武山神社は、『続日本後紀』承和二年（八三五）二月二五日条に「この神は砂金採取の山に鎮座する」とある。佐竹氏が、この地の慈願寺の金掘りたち、すなわち八溝の金鉱を掌握するために行ったのが、二階堂氏を妻に迎え、幕府に出入し、京都の貴族社会とも交渉のあった[23]という佐竹行義（嘉元二年〈一三〇五〉没）最晩年の太子像将来という作善ではなかったか。一四世紀初頭、この地に当代一流の京仏師朝円の太子像をもたらす財力と接点を、金掘りの太子信仰や奥郡の門徒だけに求めることはできない。金山を抑えようとした佐竹氏の動向と庇護があったと考えるのである。

初期真宗で造立された十六歳太子像で、柄香炉と笏を持つ孝養太子像を「真俗二諦像」と呼ぶ。袈裟と柄香炉で真諦を、袍衣と笏で俗諦を表すとされ、茨城には七例ある。この姿の古い作例は、京都市広隆寺上宮王院本尊聖徳太子立像[24]で、保安元年（一一二〇）、太子五〇〇年忌に造られた像である。造立を発願した定海は、四天王寺から広隆寺に移った念仏聖と推定されている。(25) 像の木彫部分は下着姿に造られた、着装像である。像高一四七・〇センチ。

四天王寺には、室町時代と桃山時代の同形の画像がある。(26) 再三火災にあった同寺の古像によるものであろう。この姿は四天王寺こそふさわしい。

親鸞『皇太子聖徳奉讃』の一五の「太子手印《しゅいん》の御記《ごき》にいはく」から五八までは、(27) 寛弘四年（一〇〇七）八月、四天王寺の慈蓮が発見したという『四天王寺御手印縁起』に因るものである。縁起末尾には、太子自らが「故に十七の憲章を製して王法の規模となし、諸悪莫作の教を流布して仏法の棟梁となす」とある。(28)『皇太子聖徳奉讃』五八の「十七の憲章《けむしやう》つくりては　皇法《わうはふ》の槻模《きぼ》としたまへり　朝家《てうか》安穏《あんおむ》の御《み》のりなり　国土《こくど》豊饒《ぶねう》のたからなり」は、親鸞の太子観であったろう。「真俗二諦像」は、「王法仏法相依像」の呼称こそふさわしいといえよう。これについては、本章第二節で詳しく論じられる。

3　内乱の世紀の律宗から初期真宗へ

一四・一五世紀の常陸・北下総は、鎌倉時代末まで、北条得宗領が圧倒的であった。真言律宗は、この時期、北条氏の権力のもとで一気に広まったのである。しかし、元弘三年（一三三三）鎌倉幕府が崩壊し、北条氏一門が滅亡すると、この地の様相は一変する。網野善彦氏はいう、「長い間、常陸・北下総の空にわだかまっていた暗雲は、一挙に消え去った。新たな時代がここに始まるかに見えた。（中略）しかしそれは長期にわたる内乱の開始前の、一瞬の晴間でしかなかったのである」。(29)

網野氏が語る暗雲とは、北条氏である。長期にわたる内乱とは、旧族佐竹氏の勢力回復、拡大である。佐竹氏は

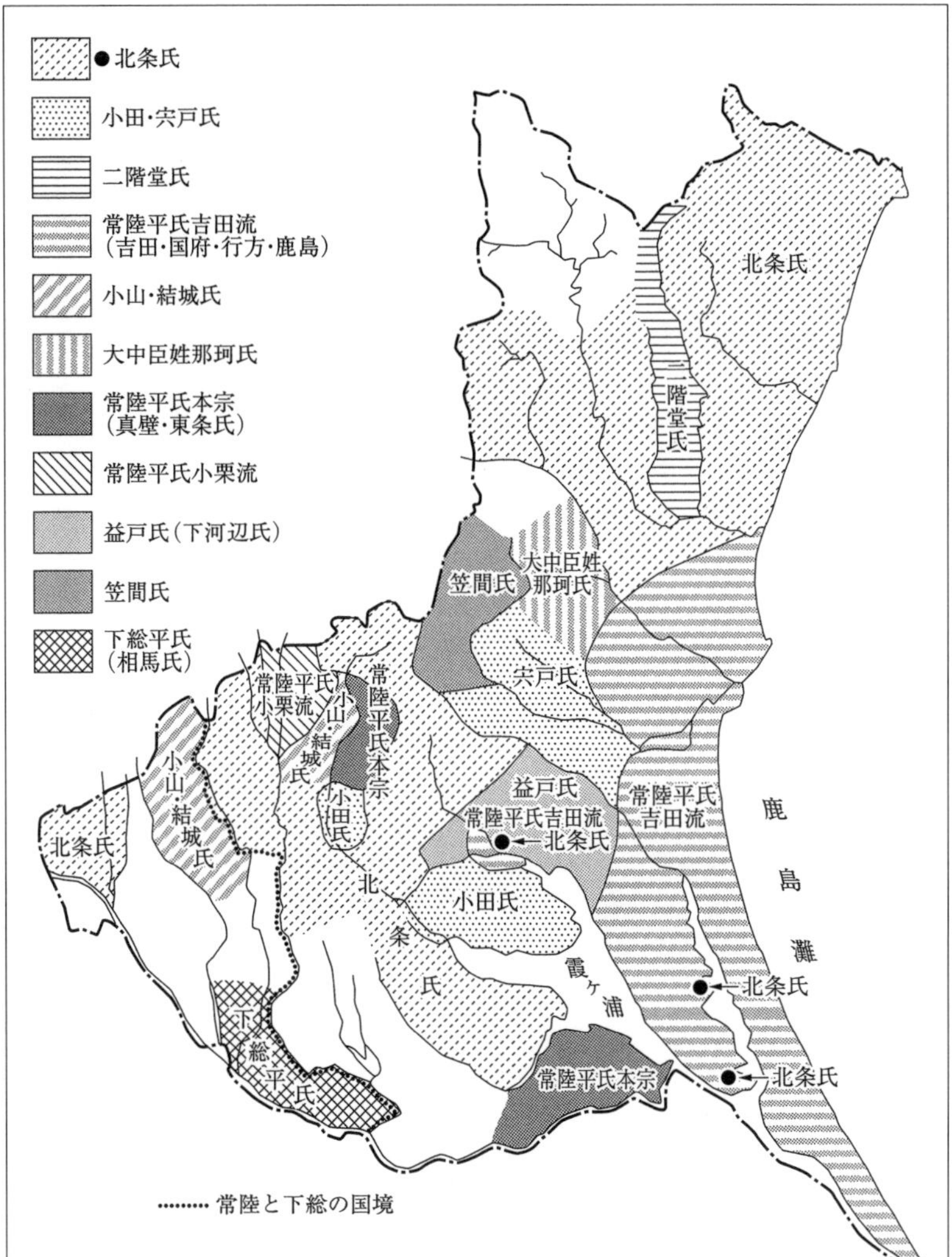

図４　鎌倉末期の諸勢力の分布
（網野善彦『里の国の中世――常陸・北下総の歴史世界』〈平凡社〉より転載）

北部の北条得宗領をほとんど領有し、しだいに南進して小田・宍戸氏を圧迫する。親鸞の大山草庵のあった那珂東・西郡総地頭の大中臣姓那珂氏も、このころ西国に去っている。[30] それまで、久慈・那珂川に挟まれた地域にあった佐竹氏が、那珂川を越えて奥郡の人々の地に勢力を広げたのは、このころである。

暦応元年（一三三八）、北畠親房が常陸に入り、三村山極楽寺から南西三キロの地にある小田城中で『神皇正統記』を著わすなど、この地は南北朝の動乱に巻き込まれた。それに続くのが、一〇〇年に及ぶ佐竹氏の内乱である。[31] このようななかで、初期真宗の門徒たちは、道場の移動を繰り返し、生きのびていた。初期真宗の人々が掛軸集団[32]と呼ばれる理由はここにある。

存覚（一二九〇—一三七三）の『袖日記[33]』は、南北朝時代の常陸の門徒を知る確実な史料である。『存覚一期記』に、「四十四歳二同関東没落之後、予党住大倉谷」とあって、北条氏滅亡の時、存覚は鎌倉大倉に住んでいた。彼と接触もあり、東山太子堂にも関わりのあった六波羅探題の金沢貞顕や貞将も、幕府と運命を共にしたことを、存覚は身近で見ているのである。

『存覚袖日記』の依上保・奥郡の聖徳太子に関する記載には、「方便法身尊形」や「法然・親鸞両聖人」などとともに、「聖徳太子眷族」などの画像が見られるが、この時期、文和三年（一三五四）から応安二年（一三六九）ごろは、存覚は、いまだ、金掘りの太子堂や真言律宗の太子木像などは真宗とは別の存在とみていたのではなかろうか。これについては、別に考察している（後藤補記）。

ほぼ同時代の記録としてよく引用されるのが、浄土宗聖冏《しょうげい》（一三四一—一四二〇）の『鹿島問答（破邪顕正義[34]）』である。その巻下第九に、「新堂ヲ建立スルニ、阿弥陀ヲサヘ背クマテコソ無ケレトモ、不レ奉レ為二本尊一ト専ラ以二テ太子ヲ一安二置シテ本尊一トス」とあり、巻下第十にも「堂ヲ作テ本尊ニ居ヘ奉ラハ、正行念仏ノ義ニ叶ヒ」「太子ノ俗形ヲ本尊トスルヲ専修正行《トス》」などとある。しかし、『鹿島問答』は永和三年（一三七七）、聖冏三七歳の時、「鹿島社の社頭にある安居寺に行く途中、たまたま耳にはいった翁と女との十八にわたる問答を筆録したものとの構成をとる、実には、聖冏の自問自答の書である」との見解がある。(35) 常陸・北下総の地には、他の地域と比較して太子木像の作例は多いが、『鹿島問答』を史書とすることには検討の余地がある。

親鸞が帰洛したのち、東国の弟子や門徒たちは、親鸞の子善鸞に惑わされ、律僧たちの進出や山の民・川の民の太子堂に動揺するなかで、親鸞はさまざまの問に答えて、消息を書き送る。とくに、自らの聖徳太子に対する信念を、晩年『皇太子聖徳奉讃』『尊号真像銘文』などの著作を通して、あやまたないように説きつづけたのであろう。

一方、忍性は、北条氏の外護を背景に、旧仏教の寺を律院に改めている。律僧たちはまた、常陸南部から北下総にかけて、河川船泊りの津を使用する水上交通の郡域で活動する川の民の信仰を集め、北部の山や峰では、金掘り・石工・木地師などの山の民に、律の教化を広めている。

このような人々の多くは、田畠に基盤をもたず移動・遍歴をくり返す人たちであった。多くの初期真宗の人々も同様で、非農業民は下層民として差別される場合が多かった。第二節で論じられるように、それはまた宗教的には阿弥陀如来にさえ結縁することはかなわぬとされる人たちでもあった。仏・菩薩の世界から遠いこのような人々には、救世観音の垂迹である聖徳太子が心の支えとなり、太子信仰が広まっていった。律が衰頽するなかで、それをとり込んだのは初期真宗であった。

そのようななかで、忍性や律僧たちは、しだいに律と真言密教を混在させていった。「律宗を恢興し、兼ねて密教も弘伝す」（「貞観上人舎利瓶記」刻銘・鎌倉極楽寺蔵）とあるように、律と真言密教は表裏の関係にあった。この二面が並存し、やがてまったく真言化してしまうのが、鎌倉末から常陸・北下総に流入し、南北朝以降、大きく展

開する醍醐三宝院の諸流である。(36)

光宝方は、常陸北部から磐城、会津などに広まり、とくに律と真言密教の両性格をもつ実勝方の法流は、横曽根門流の性信が「真言にかたよりたり」(慶信上書)と言うほどで、常陸南部から北下総にかけて活発となる。さらに、意教流願行方の一派の佐久山方は、律の退潮につれ、常陸北半で本格的な展開を始める。律院といわれた寺の大方が、現在、真言宗であるのは、このゆえである。

この時期、南北朝の後半からしだいに孤立していた太子堂や聖徳太子像などを受け継いだのが、師親鸞の太子への思慕をともに支えとしてきた門徒たちであった。道場に太子像を安置し、太子絵伝を絵解して教化し、しだいに太子信仰が初期真宗の特色となった。

初期真宗の地といわれる常陸・北下総の人々は、中世後半、まさに動揺と内乱のなかを生き抜いていたのである。

二　親鸞系諸門流の聖徳太子信仰

1　親鸞系諸門流研究の視座と史料

(1)川の民・山の民への流布

一向宗はどのような信仰を持ち、どのような特質を持つ集団か。この課題の解明に大きな成果を残した井上鋭夫《としお》氏の研究(37)は、半世紀も以前のものであるが、今なお私たちを魅了してやまない。それは宗教史研究に実証主義と現地調査の手法を導入した当時の先端的研究であり、以後の日本中世史や社会史の研究に大きな影響を与えた。井上氏は、越後国岩船郡の荒川沿いの村に「タイシ」と呼ばれる人々が居住し、箕作り、塩木流し、筏《いかだ》流しなど、川に関わる生業にたずさわり、聖徳太子信仰を持つことに注目した。聖徳太子信仰は、また「ワタリ」と呼ばれた川の民にも見られ、川の民と山の民、さらには海の民が、河川による運搬を通じて深く結びついていた。彼らは真宗の門徒であり、その堂や寺にはしばしば聖徳太子像が本尊として祀られていた。井上氏は、初期の門徒に、鉱業の民、運輸・交通業の民たちが多く見られ、強い聖徳太子信仰が見られること、彼らは卑賤視された民と見られること、この信仰の布教者たちには移動性があり、本拠地から別の地に移って門徒を拡大したこと、などを明らかにした。これが〈ワタリ・タイシ論〉と呼ばれる井上氏の論である。

第一節でも触れたように、井上論は研究が進展するにつれ、その妥当性が広く検証、確認されてきている。井上氏の研究は、また網野善彦氏など日本中世史研究者に大きな影響を与えた。網野氏は、〈非農業民〉たちの重要性に光を当て、農民たちの歩みを中心とする歴史理解にとどまらない、様々な生業を持つ人々によって織りなされる歴史を構想し[38]、あわせて非農業民と天皇の関係の解明に取り組んだ。

(2) 真宗史研究の進展

一方、日本仏教史の分野でも真宗史研究が進展し、寺院史料の調査、読解が進められた。その最大の成果は『真宗重宝聚英』全一〇巻の刊行である[39]。これは、宮崎圓遵氏、千葉乗隆氏、平松令三氏らによる先駆的研究[40]を承けて実施された共同調査、研究の成果で、特に初期の親鸞系諸門流に関する法物史料が収集されたことが大きい。ここでいう史料は、文字史料というより、むしろ絵画史料、彫刻史料、書の史料である。日本各地の浄土真宗寺院には初期の法物を伝えるところがあり、特に阿弥陀如来の絵像、聖徳太子の絵像・絵伝、高僧連坐像、光明本などの掛軸や、「南無阿弥陀仏」などの名号を記した掛軸が伝わるのが大きな特色である。真宗史の研究においては、それらを読み解いてその信仰の実像を復元する作業が不可欠になる。さらに、これに続いて史料研究や史料集が発表・

刊行され[41]、また博物館の企画展や特別展などでも法物を実見する機会が多く設けられて、研究が進展した[42]。

本節では、以上をふまえた上で、親鸞系諸門流がどのような信仰を持つ集団なのかについて、聖徳太子信仰という側面から考察したい。

2　親鸞の門流と各地への展開

(1) 念仏聖たちの集団

最初に〈念仏聖《ねんぶつひじり》〉という視座から親鸞門流について考察したい。日本社会では、平安時代後期以降、念仏聖が活躍するようになった。「聖」[43]とは地域社会や民衆層に布教した僧で、諸国を遊行して活動した者や、山岳寺院・貴賤の信仰を集めた寺院を拠点に活動した者などがいた。その中には、下層の僧が多くおり、あるいは寺院社会を離脱（遁世《とんぜ》）した僧がいた。「聖」のうち念仏の教えと活動をもっぱらにする者が〈念仏聖〉である。

聖は『梁塵秘抄《りょうじんひしょう》』の今様《いまよう》にうたわれている。その二九七、二九八には「聖の住所」として、箕面《みのお》、勝尾《かちお》、書写山《しょしゃざん》、鰐淵《わにぶち》、日の御碕《みさき》、熊野の那智、大峯《おおみね》、葛城、石槌《いしづち》が挙げられ、一九〇には「山寺行なふ聖こそ、あはれに尊きものはあれ、行道引声《ぎょうどういんぜい》阿弥陀経、暁懺法《あかつきせんぼう》釈迦牟尼仏」と、山寺の聖の阿弥陀信仰や法華懺法がうたわれている。一八八には「大峯聖を船に乗せ、粉河《こかわ》の聖を舳《へ》に立てて、聖宮《しょうきゅう》聖に梶取らせて、や、乗せて渡さん常住仏性、や、極楽へ」と極楽へ渡す聖がうたわれる。また、三〇六に「聖の好む物、木の節、鹿角《わさづの》、鹿の皮、蓑笠、錫杖《しゃくじょう》、木欒子《もくれんじ》、火打笥《ひうちけ》、岩屋の苔の衣」とある。ここに列記される物品は聖の姿形《すがたかたち》を表わすものになっている。

それから、『梁塵秘抄』には、四天王寺西門の浄土信仰についての今様が収められており、一七六に「極楽浄土の東門《とうもん》は難波の海にぞ対《むか》へたる、転法輪所《てんぼうりんじょ》の西門《さいもん》に念仏する人参れとて」、二八六に「極楽浄土の東門に機織《はたお》る蟲《むし》こそ桁《けた》に住め、西方《さいほう》浄土の燈火《ともしび》に念仏の衣ぞ急ぎ織る」とある。菊地勇次郎氏が論じ、私も別稿で述べたように、[44]この時代、四天王寺の西門は極楽浄土の入り口（東門）だと説かれ、浄土を希求する貴賤が集い、日想観《にっそうかん》が実践された。西門には念仏聖たちが参集し、そこを活動拠点とする者もあらわれた。四天王寺の宝塔・金堂こそが極楽浄土の東門だと説く史料の初見は、寛弘四年（一〇〇七）に四天王寺金堂から出現した『四天王寺御手印縁起《ごしゅいんえんぎ》』である。[45]だから、四天王寺が極楽浄土の入口だとする言説は、四天王寺自身によって発信されたものだった。これ以後、四天王寺では、聖徳太子信仰と浄土信仰が融合した独自の信仰が成立、発展した。その中核的な場となったのが西門で、[46]多様な階層の人々が集まり、また様々な宗教者が参集して新しい信仰が隆盛した。

かつて、松野純孝氏、五来重氏、平松令三氏は、親鸞の基本的性格を〈念仏聖〉と見る理解を唱えた。[47]私はこの見解に賛成である。親鸞系諸門流では、「高祖」「先徳」（仏法の祖師、優れた先人）たちが尊崇され、しばしばその絵画、彫刻が作成された。それは「真影」あるいは「御影」（影像の意）と呼ばれた。また高祖、先徳を複数名描く高僧（先徳）連坐像がしばしば描かれた。親鸞の肖像も絵画、そして彫刻で作成された。親鸞の肖像画として名高い「安城の御影」（西本願寺現蔵）を見ると、親鸞は黒系統の衣と袈裟を着し、念珠を爪繰《つまぐ》って、高麗縁《こうらいべり》の上畳《あげだたみ》に獣の皮の敷物を敷いて坐し、前には火桶《ひおけ》と草履《ぞうり》と鹿杖《かせづえ》が置かれている。覚如（一二七〇—一三五一）の子の存覚《ぞんかく》（一二九〇—一三七三）は、文和四年（一三五五）この影像を実見、観察して、裾に茜根《あかね》裏の下着が見え、敷皮は狸ノ皮、草履は猫ノ皮、鹿杖にも猫皮が巻かれていると『存覚袖日記《ぞんかくそでにっき》』に記した。これを承けた松野純孝氏は、これらは「聖」を象徴する物品だと指摘した。[48]その後も親鸞の用具から彼を聖と見る論が提出されている。[49]

親鸞、および弟子、各門流の僧たちは〈念仏聖〉だったと考えられる。問題はその系統であるが、五来重、平松令三両氏は、親鸞を善光寺の系統の聖たる善光寺聖であったろうと推定した。しかし、私はこの理解には異論がある。親鸞およびその門流には聖徳太子信仰と浄土信仰の融合が見られるが、そうした信仰は四天王寺から開始されたものであり、それは四天王寺のみにとどまらず、四天王寺と連関を持った叡福寺や六角堂などにも展開していった。私は、親鸞は四天王寺の系統の〈念仏聖〉であろうと考えるが、これについては後にまた触れる。

(2)門流と門徒

親鸞の弟子は、実子を含めて数十人程度が存在したと考えられる。親鸞の弟子にはまたその弟子がいた。孫弟子は、親鸞の生存中に活動し、面会して教えを受けても（「面授」と呼ばれる）親鸞の弟子ではなく、親鸞の弟子の弟子であった。親鸞のもとに集った集団は、親鸞の死後、一つの団体として活動することはなく、有力な弟子や孫弟子ごとに門流を形成して活動した。門流の中には、多くの門徒を集めて大きな団体を形成したものもあれば、そうではないものもあり、それぞれの集団にそれぞれの消長があった。

ここで、「門流」と「門徒」について説明したい。『存覚袖日記』の「横曽根《よこぞね》」には次のようにある。

一　横曽根瓜生津　門流事
　性信七月十七日　願生十月廿二日
　善明八月十五日　愚咄正月廿二日

ここに見える性信《しょうしん》は親鸞の弟子で、横曽根門流の祖となった人物である。ここには、下総国の横曽根（現茨城県常総市豊岡町）の地に誕生した集団のうち、近江国の瓜生津《うりうづ》（現滋賀県東近江市瓜生津町）に展開した流派が「横曽根瓜生津門流」と表現されている。このように「門流」という言葉は、〈師―弟子―弟子〉という師子相承の系譜（法脈）で構成される集団を指す文言として使用された。弟子は、しばしば実子などの血縁者である場合があった。また、門流はしばしば分流して支流を形成した。門流の名としては、祖となる人物が活躍した地名を用いるのが一般的だった。

次に、同書の「高部」には次のようにある。

貞治二年 癸卯 十一月二日高部性観 横曽根門徒 奥郡人同道

性信聖 幷門弟 二人 真影 一幅 銘 上 用此文 十二行畢 (後略)

高部《たかぶ》は現茨城県常陸大宮市高部で、ここには、その地で活動した高部の性観に「横曽根門徒」との割注が付されている。ここから門流の構成員を「門徒」と表現したことが知られる。性観の道場には、横曽根門流の祖である性信と二人の門弟を描く「真影」(掛軸一幅)が懸けられていた。存覚はその絵画に銘文を記し、「札」(札銘《さつめい》のこと)に「性信上人」と記した。右の記事で、性信は「性信聖」と記されている。性信は「聖」であった。本節では、存覚の用例にならって「門流」「門徒」の用語を使用することにする。

(3) 親鸞の弟子・孫弟子と有力な門流

親鸞の弟子が形成した門流には、性信(一一八七—一二七五?)を祖とする〈横曽根門流〉、真壁の真仏(一二〇九—一二五八)および顕智(一二二六—一三一〇)を祖とする〈高田門流〉、信海(順信)を祖とする〈鹿島門流〉、善性を祖とする〈磯部門流〉などがあった。また、大部の真仏(平太郎または中太郎)を祖とする門流が、彼の弟子、孫弟子、そのまた弟子によって複数に分流し、巨大な複数の門流を形成した。真仏の弟子の源海(光信)を祖とする〈荒木門流〉、そこから分流した了海(願明)の門流、了円(明光)の門流、了源(空性)の門流〈渋谷門流〉、などである。

親鸞の集団は複数の門流に分流し、現在の茨城県から関東地方全域に、そして東海地方、信越地方、東北地方、近畿地方、山陽地方へと展開していった。その具体相については、本シリーズ第三巻の吉田一彦「親鸞系諸門流と被差別民」で述べることにしたい。親鸞系諸門流は、こうして現在の茨城県あたりから、日本列島の広い地域へと流通していった。流通した地域には、河川湖沼の地、山間地、海浜地が多いという特色が見られる。川の民、山の民、海の民たちは、親鸞系諸門流の布教にとって主要な〈対象者〉であった。

3　聖徳太子信仰という回路

(1)「本尊」として祀られる聖徳太子像

親鸞系諸門流には、各門流に強い聖徳太子信仰が見られる。それは親鸞自身に強い聖徳太子信仰があったからだと理解される。すでに指摘されているように[50]、親鸞の伝記（覚如『親鸞伝絵』）を検証すると、六角堂の夢相の場面などに聖徳太子信仰が記され、また著作を見ると、『皇太子《こうたいし》聖徳奉讃《しょうとくほうさん》』『尊号真像銘文《そんごうしんぞうめいもん》』などに聖徳太子への信仰が語られている[51]。親鸞の聖徳太子信仰と親鸞系諸門流の聖徳太子信仰は、一連の信仰として理解すべきである。親鸞系諸門流の道場や寺院では、阿弥陀如来の絵像が「本尊」とされることがあったが、聖徳太子像あるいはそれを含む複合的絵画が「本尊」として祀られることがあり、高僧連坐像や名号を含め、複数の掛軸が並立する場合があった。

第一節で史料を引用したように、浄土宗の聖冏《しょうげい》の『鹿《か》島《しま》問答《もんどう》』には、親鸞門流の道場において聖徳太子像が「本尊」とされていることを批判するくだりがある。同第九には、念仏者の中には、聖徳太子を観音・勢至よりも「正」と安置し奉り、聖徳太子を「本尊」と安置する者がいるが、それではたして専修念仏といえるのか、との批判が記される。また、同第一〇には、彼らは聖徳太子の本地は救世《ぐぜ》観音だから「本尊」とするのだと述べるが、同時に観音像の造立は雑行だとも述べていて、自己矛盾しているとの批判が記される。聖冏が批判したのは、親鸞系の門流の道場と見て間違いないと思われる。

『存覚袖日記』を見ると、貞治三年（一三六四）、存覚は鳥巣《とりのす》（鳥栖）の蓮浄房の「本尊」に銘を書いている。それは「両上人以下手継《てつぎ》先徳等」「唐土三祖鸞綽導　三菩薩」「太子　眷属等」が描かれる掛軸で、今日いう聖徳太子・天竺震旦和朝高僧連坐像であった。そこに「信海ヲハ法師、其外ハ釈、、也」と「信海」の名が見え、鳥巣の地であるから、そこが鹿島門流の無量寿寺（現茨城県鉾田市鳥栖）の前身道場であることが知られる[52]。また、瓜生津の「本尊」は聖徳太子および眷属の侍臣六人と天竺・震旦・和朝の先徳を描くもので（「表書」として「聖徳太子幷和朝先徳真影」の名称あり）、性信、善明の影像が含まれるから、横曽根門流の道場の本尊であることが知られる。ここは、今日の弘誓寺《ぐぜいじ》（現滋賀県東近江市五個荘金堂町、瓜生津町）の前身道場と理解される。さらに、「ヒサ頭」（現茨城県常陸大宮市小舟）では、貞治六年（一三六七）に聖徳太子と六人の眷属を描く掛軸に銘文を書いており、聖徳太子と眷属のみを描く掛軸が用いられていた。ヒサヅの道場には他に法然親鸞連坐影像があったことも記されるから、複数の掛軸が懸けられていたことが知られる。

他方、存覚が記す道場の中には、「本尊」として「方便法身尊形[53]」（阿弥陀如来立像の絵像）が安置されている事例が見られるから、すべての道場の本尊が聖徳太子像だったとは言えない。現存事例も勘案するに、実際には多様な尊格が本尊とされており、その中に、聖徳太子像の絵像または木像、あるいは聖徳太子像を含む複合的絵画が、本尊とされることが多くあったとすべきであろう。

(2) 持物と髪型の記号学

親鸞系諸門流の聖徳太子像にはどのような特色が見られるか。絵像の場合は、後塀のついた台座の上に太子が正面向き（マムキ）に大きく立ち、髪を二つに分けて下に長く垂らして、柄香炉《えごうろ》（または笏《しゃく》と柄香炉）を持つ姿のものが多く用いられた。垂髪《すいはつ》の太子像である。太子の前もしくは周囲には、眷属として跪坐《きざ》する四人または六人の侍臣が描かれる。一方、木像の場合は、髪を美豆良《みづら》に結って正面向きに立ち、右手に笏、左手に柄香炉を持つ像が多く用いられた。この姿は浄土真宗では「真俗二《しんぞくに》諦像《たいぞう》」と呼ばれる。では、その持物の笏と柄香炉は何を含意するのか。

　聖徳太子信仰では、聖徳太子に多元的な意味が読みこまれた。早く、養老四年（七二〇）の『日本書紀』には、厩戸皇子《うまやとのみこ》は天皇に代わって「天皇事」を行なったと記され、同時に〈仏法〉の法大王、法主《ほっす》王《おう》であったとも記述される。同書で、彼は〈王法〉と〈仏法〉の両者をつかさどる聖人として描かれる。この聖徳太子の性格は、『日本書紀』の思想に依拠して自己を位置づけた四天王寺に継承されて、さらなる発展を遂げた。平安時代後期になると、日本では、〈王法仏法相依説〉が説かれるようになるが、上島享氏によれば、その初見史料となるのは『四天王寺御手印縁起』であるという(54)。〈王法仏法相依説〉は、その後、中世日本の中心思想の一つへと進展していったが、それはもとは四天王寺から発信された思想であり、聖徳太子信仰に由来して説かれた思想であった。聖徳太子信仰においては、太子に〈王法〉と〈仏法〉の統括者という意味が読みこまれた(55)。私は、二つの持物のうち、笏は〈王法〉を、柄香炉は〈仏法〉を表象するアトリビュートであり、この二つを持つことによって太子が王法・仏法の両者の統括者であることを表現していると読解する。

　もう一つ重要になるのは、平安時代後期以降に日本で発展する〈本地垂迹説〉の〈本地〉と〈垂迹〉の概念である。この時代、聖徳太子は観音菩薩の、それも救世観音という特別の観音の垂迹だとする信仰が説かれた。聖徳太子は救世観音であると説く初見史料は、藤井由紀子氏が指摘したように、四天王寺系の聖徳太子伝である『聖徳太子伝暦』で(56)、この史料から、聖徳太子救世観音垂迹説が四天王寺によって発信された信仰であることが判明する。四天王寺の本尊も、まもなく救世観音だとされていった。この思想に立つことによって、聖徳太子には新たに〈本地〉と〈垂迹〉の二つの意味が含意されるようになった。

聖徳太子をめぐる〈王法仏法〉の二元理解にしても、〈本地垂迹〉の二元理解にしても、それを発信したのは四天王寺であり、同寺を中心に、二つの二元理解に基づく聖徳太子信仰が進展した。では、そのことと聖徳太子の絵画や彫刻の表現とはどう連関していくのか。四天王寺には、現在、室町時代（一五世紀）のA「聖徳太子・四臣像」（絵画）や、桃山時代のB「聖徳太子・六臣像」（絵画）が所蔵される。Aは、後塀のついた台座の上に髪を美豆良に結って立つ太子を大きく描き、四人の侍臣がその前に跪坐する絵画で、太子は右手に笏を、左手に柄香炉を持っている。Bは、後塀のついた台座の上に髪を垂髪にして立つ太子を大きく描き、六人の侍臣がその前に跪坐する絵画で、太子は右手に笏を、左手に柄香炉を持っている。四天王寺はたび重なる火災によって多くの法物を失い、こうした図柄の絵画は一五世紀頃以降の時代のものしか現存しないが、そのもとになった、これ以前の像が存在したであろうと推定される。

彫刻では、広隆寺の上宮王院の聖徳太子立像が注目される。これは右手に笏、左手に柄香炉を持つ像で、上から装束を着せる着装像になっており、墨書銘から保安元年（一一二〇）に定海によって造立されたものであることが知られる。[57] 定海は、藤井由紀子氏が明らかにしたように、四天王寺から広隆寺に移った僧であった。[58] ここから、この像のもとになる像が四天王寺にあったことが推定される。

(3) 親鸞系諸門流の王法仏法相依像

笏と柄香炉を持つ聖徳太子像の現存する最古の事例は、この広隆寺上宮王院のものである。これは聖徳太子五百回忌の際に造像されたもので、聖徳太子信仰の高まりの中で作られた。やがて、親鸞門流でも、髪を美豆良に結い、右手に笏、左手に柄香炉を持つ像が造立されていった。親鸞門流の彫刻の初期の事例としては、京都府京都市の仏光寺のもの（元応二年〈一三二〇〉）、茨城県水戸市の善重寺のもの（図2）、福井県足羽郡美山町の聖徳寺のもの（嘉暦二年〈一三二七〉）、東京都葛飾区四つ木の西光寺のもの（暦応四年〈一三四一〉）、神奈川県鎌倉市の成福寺のもの、岩手県花巻市の光林寺のもの（神奈川県横浜市戸塚区光明寺旧蔵）、愛知県岡崎市の上宮寺のもの、神奈川県横浜市戸塚区の永勝寺のもの、神奈川県厚木市の長徳寺のもの、愛知県岡崎市の妙源寺のもの、愛知県名古屋市緑区の万福寺のもの、愛知県安城市の本照寺のもの、愛知県岡崎市の願照寺のものなどが知られている。[59] また、絵画には笏と柄香炉を持つ垂髪の像があり、仏光寺のもの、山形県米沢市の長命寺のものなどが知られている。

私は、笏と柄香炉を持つ聖徳太子像は四天王寺で誕生した可能性が高いと推定している。その理由は次の三点である。

i　この姿は〈王法仏法相依説〉の思想に依拠している。〈王法仏法相依説〉は四天王寺から発信された思想である。ならば、この姿の造形も四天王寺に起源する可能性が高い。

ii　広隆寺上宮王院のものは、四天王寺から広隆寺に移った定海によって造像されたもので、四天王寺に起源する聖徳太子の姿を広隆寺に移した可能性が高い。

iii　初期の事例の一つとして叡福寺の「植髪太子像」が知られる。これは鎌倉時代成立の像で、笏と柄香炉を持ち、着装像になっている。小野一之氏によれば、叡福寺の前身寺院の御廟寺は一三世紀前期に造立され、それがのちに叡福寺へと発展していった。同寺は、四天王寺との密接な関係の下に成立した。[60] ならば、この姿の聖徳太子像は四天王寺の影響下に造像された可能性が高い。

本章第一節において、後藤道雄氏は笏と柄香炉を持つ聖徳太子像について検討し、私見を勘考して、像の名称としては、「真俗二諦像」ではなく、「王法仏法相依像」とすべきだと説く。この像名の提案に私はもちろん賛成である。私は、今述べたように、この姿の聖徳太子像は四天王寺で成立したと考えるが、このことは親鸞がどこの系統の念仏聖なのかを考察する上でも大きな手がかりを与えてくれる。親鸞を善光寺聖と見る説は根拠に乏しく再考が必要だと考える。親鸞系諸門流において、聖徳太子の王法仏法相依像が盛んに依用されたことを勘案するなら、親鸞は四天王寺の系統の念仏聖と想定される。さらに、『親鸞伝絵』や『皇太子聖徳奉賛』の記述、および『聖法輪《しょうぼうりん》蔵《ぞう》』の記述（別伝「六角堂最初建立事」など）を参照するなら、親鸞は四天王寺ばかりでなく、京都において四天王寺と深い関連を有していた六角堂とも連関する念仏聖という側面を持つと考えられる。[61]

(4) 聖徳太子信仰の下層の僧への展開

親鸞系諸門流は、なぜ聖徳太子を信仰するのか。五来重氏は、日本中世の庶民信仰に太子信仰と念仏信仰の結合が見られることを指摘した。[62] また、今堀太逸氏は、醍醐寺本『聖徳太子伝』を分析し、そこに聖徳太子に結縁することによって極楽往生するという信仰が説かれることに注目した。そして、律僧・禅僧・三昧僧などの下層の僧は、仏菩薩の導きによる往生が難しい存在であり、同時に仏菩薩の垂迹たる日本の神々にも嫌われた存在であって、聖徳太子に結縁して初めて極楽往生が成し遂げられる存在だったと論じた。[63] 仏菩薩の直接の救済から見捨てられ、神々にも嫌われた下層の僧がおり、彼らを極楽に導いてくれる存在として聖徳太子が信心されたという。

親鸞および親鸞系諸門流の信仰を解明するカギはここにある。律僧、禅僧、三昧僧のみならず、親鸞系諸門流の念仏聖も、聖徳太子という回路を拠り所とした。今堀氏は、親鸞門流による神明軽侮《しんめいけいぶ》、神祇《じんぎ》不《ふ》拝《はい》の行動は、この信仰から理解できると述べる。彼らは神々に嫌われた存在だった。だから神は拝まない。他方、聖徳太子はそれに代わる、いわば彼らの鎮守神に相当する存在として信仰されたという。[64] 親鸞系諸門流の教えにおいては、聖徳太子信仰と神祇不拝とは対偶関係にあった。

聖徳太子という回路を通じて極楽に往生するとする教説は、言うまでもなく、経典の説くところとは異なる。阿弥陀如来を信心して極楽浄土に往生しようというのなら、理論的には阿弥陀如来だけを信心すればよく、聖徳太子信仰は不要なはずだ。浄土三部経など阿弥陀信仰系の経典には、阿弥陀如来は極楽往生を求めるすべての人を極楽世界に導いてくれると記される。だから下層の僧や念仏聖でも、直接阿弥陀如来に結縁することが可能なはずだ。しかし、日本では、それとは異なる教説が創出されて語られた。それは日本仏教独自の新説であり、聖徳太子信仰の大衆化の中で生み出された教説であった。

(5)親鸞系諸門流の聖徳太子信仰と下層民・被差別民

文保本太子伝とは、文中に文保元年（一三一七）あるいは二年（一三一八）の年紀が記される一群の太子伝のことで、それぞれは『正法輪蔵』『聖法輪蔵』『聖徳太子伝正法輪』などの名称を持つ。その特色として、i四天王寺の坊または院に伝蔵され、そこで書写されたものであること、ii内容的には『聖徳太子伝暦』を基盤にし、それを増広、拡充したものであること、iii聖徳太子絵伝の絵解きの台本と見られること、iv所蔵する寺院の中に浄土真宗寺院が多く見られること、などが判明している[65]。阿部泰郎氏は、文保本太子伝は四天王寺の聖霊院《しょうりょういん》絵堂に属する禅律僧の手になるものだろうと推定している[66]。その可能性は高いと私も考える。この太子伝は四天王寺の子院・子坊や、専修寺《せんじゅじ》（真宗高田派本山、三重県津市一身田町）、満性寺《まんしょうじ》（愛知県岡崎市菅生町）など親鸞系諸門流の寺院で依用された。満性寺は、〈荒木門流〉の東海地方進出によって成立した寺院で、現在も南無仏太子像を所蔵し、またかつては静嘉堂文庫現蔵の聖徳太子絵伝を所蔵していた。

『聖法輪蔵』[67]を見ると、冒頭の「太子讃嘆表白」に、「夫れ聖徳太子は三世諸仏の慈悲の色を顕はす。救世観音の垂迹なり」「上宮太子、哀愍納受《あいみんのうじゅ》を垂れ給へ」「我、大悲闡提の願深く、全く不浄を厭はず」「無仏世界の衆生を利益せむ」などと記される。「闡提《せんだい》」はインドのイッチャンティカの音写で成仏の素質を欠く者の意、「大悲闡提」は菩薩が衆生を救うためにあえてその姿をとった者の意。だから、ここには、太子は仏なき世界に衆生を救うために救世観音の垂迹として顕われた存在であり、それは三世諸仏の慈悲による出現であり、哀愍納受の思いを垂れてくれ、さらに大悲闡提の願があるという。こうした教説が、絵解きという芸能を加味した説法によって、下層の僧や念仏聖から下層民・卑賤視された民を含む大衆に対して説かれた。聖徳太子に結縁して極楽に往生するという教説は、下層の僧の自己規定の中から創出されたものであり、また彼らの聖徳太子信仰を理論づけるために仮構された教えと見るべきである。これを説く布教者たちは、教化の〈対象者〉たちに対して自身と信徒（門徒）との同質性を説き、説かれた人々はそれに共感して自己認識を更新していった。四天王寺で成立した聖徳太子信仰と浄土信仰が融合した信仰は、さらにそこから大きくまた広く展開し、律僧・禅僧や親鸞系諸門流の念仏聖によって非農業民、下層民、卑賤視された民へと流通し、日本列島の各地へと浸透していった。

対して、聖冏は、それでは〈専修念仏〉にならないではないかと論難した。そこは聖冏の言う通りで、仏教教説としての整合性という点には問題がある。しかし、信仰の世界は必ずしも理屈通りではない。当時の社会構造に立脚した宗教世界の中で心の安心を得にくい人々にとって、聖徳太子は極楽往生への大切な回路であり、論理的整合性に優越する、信心の中核部分となる。親鸞系諸門流の念仏聖たちは、善知識として、手継として、〈対象者〉の心情を直接の布教対象として、河川湖沼の村、山村、海浜地帯の村などに教えを広めた。親鸞系諸門流と他の多くの浄土信仰系集団とを分ける大きな違いはここにある。

(6)救済者としての〈天皇代理者〉

網野善彦氏は、日本中世の非農業民と天皇との密接な関連性に着目した。確かに両者には密接な関連性が見られる。では、そのメカニズムはどのようなものか。私見では、両者を繋ぐ機能を果たしたものの一つに聖徳太子信仰があったと考える。天皇制度は七世紀末に日本国の新しい政治制度として誕生し、『日本書紀』にその政治思想が記された(68)。その後、天皇制度は時間の進展とともに発展し、その政治思想は貴族社会から一般社会へ、さらに下層民や被差別民へと浸透していった。天皇制度の発展にあたっては、天皇自身が前面に出て、皆がそれを崇拝するという形態はとられず、天皇の代理となる〈天皇代理者〉が象徴的に設定され、それを皆が崇拝する、という形態がとられた。その代表的な存在が聖徳太子だった(69)。聖徳太子信仰においては、聖人としての聖徳太子が尊崇され、その本地たる救世観音が信仰されるとともに、王法仏法相依説によって〈天皇代理者〉たる聖徳太子も崇拝された。日本の天皇制度は、聖徳太子信仰という回路を通じて社会の内面にしだいに浸潤し、人々の支持を獲得した。笏と柄香炉を持って屹立する広隆寺の聖徳太子像、そして親鸞系諸門流で依用された多くの聖徳太子像は、そのことを今日に伝える造形と理解される。

やがて一五世紀中期になると、親鸞系諸門流の多くは、本願寺の蓮如(一四一五―一四九九)、そしてそれを継いだ順如(一四四二―一四八三)、実如(一四五八―一五二五)によって統合が図られ、順次、本願寺の傘下に組み込まれていった(70)。この形態は、基本的には江戸時代以降も長く継続し、時間の進展に従って本願寺の統制力が強められつつ今日に至っている。本願寺は、この間、政治が設定した〈差別―被差別〉の構造を本山として是認し、それを固定化する役割を担った。本願寺を本山とする浄土真宗は、救済の思想を説いたが、それは被差別民への差別を前提とした救済の思想であって、前章で検討した〈変成男子〉による女人救済思想や、女人が堕ちる「血ノ池地獄」からの救済を説く『血盆経《けつぼんきょう》』の救済思想と同質の、差別と救済が一体になった構造の論理になっているように私には思われる。その様相については、本シリーズ第三巻の吉田一彦「親鸞系諸門流と被差別民」でさらに考察したい。

註

（1）「恵信尼書簡　三」（親鸞聖人全集刊行会編『定本親鸞聖人全集』第三巻、法藏館、一九七三年）。親鸞の著作は全て同全集に拠る。

（2）今井雅晴『親鸞と東国門徒』（吉川弘文館、一九九九年）。

（3）覚如『本願寺聖人伝絵』（東本願寺本）。

（4）瀬谷愛「大画面祖師絵伝と西大寺流律宗」（神奈川県立金沢文庫編・刊『聖徳太子信仰』、二〇一九年）

（5）田中敏子「忍性菩薩行記（性公大徳譜）について」（『鎌倉』第二一号、一九七二年）。同「忍性菩薩行実編年史について（一）～（八）、補遺」（『鎌倉』第四四～五二号、一九八三～一九八六年）。

（6）菊地勇次郎「天王寺の念仏」（同『源空とその門下』法藏館、一九八五年）。吉田一彦「親鸞の聖徳太子信仰の系譜」（同編『変貌する聖徳太子』平凡社、二〇一一年）。

（7）松尾剛次『忍性――慈悲ニ過ギタ』（ミネルヴァ書房、二〇〇四年）。

（8）林幹彌「律僧と太子堂」（同『太子信仰の研究』吉川弘文館、一九八〇年）。

（9）神奈川県立金沢文庫編・刊『生誕八〇〇年記念特別展　忍性菩薩――関東興律七五〇年』、二〇一六年。

（10）「鎌倉極楽寺文書」四〇七の永仁六年（一二九八）四月「関東祈禱所注文案」。

（11）「金沢文庫文書」の「金沢貞顕書状　四月十日　方丈進之候」「金沢貞顕書状　去月四日・同十五日両通御返報」「長井貞秀書状　六月七日　明忍御房」「了証書状　九月四日　かねさわの御寺へ　明忍御房御方申させ給へ　三村尼寺より了証」。

（12）網野善彦『里の国の中世――常陸・北下総の歴史世界』（平凡社ライブラリー、二〇〇四年）。

（13）中山信名修・栗田寛補『復刊新編常陸国誌』（宮崎報恩会、一九六一年）。

（14）井上鋭夫『一向一揆の研究』（吉川弘文館、一九六八年）。同『山の民・川の民――日本中世の生活と信仰』（平凡社、一九八一年）。

（15）津田徹英「善重寺蔵　聖徳太子像」（後藤道雄編「特輯　常陸の仏像」『国華』第一三二六号、二〇〇六年）。

（16）井上正氏の御指摘による。ともに調査を行い、冷徹な表情の眉から鼻筋にかけての表現は、同一仏師の作と見て大過ない。

(17) 史料纂集『公衡公記　第二』(続群書類従完成会、一九六九年)。

(18)『水戸藩開基帳　浄土宗』(茨城県立歴史館蔵)。

(19) 同朋学園仏教文化研究所編・刊『真宗初期遺跡寺院資料の研究』(一九八六年)。

(20) 慈願寺門徒のうちに、那珂川町大字健武字淘金の人びとがいる。「淘」をゆりと読むのは、天台声明の影響を受けた真宗各派で使われているものという。一般にとうと読み、「淘金」は、砂金を水でより分けることである(『角川　新字源　改訂版』角川書店、一九九四年)。

(21) 後藤道雄「八溝山とその周辺」(大子町史編さん委員会編・刊『大子町史　通史編』上巻、一九八八年)。

(22) 前掲註(14)井上著書。

(23) 前掲註(2)今井著書。

(24) 伊東史朗編『調査報告　広隆寺上宮王院聖徳太子像』(京都大学学術出版会、一九九七年)。

(25) 藤井由紀子「聖徳太子霊場の形成——法隆寺・四天王寺と権門寺院」(註(6)『変貌する聖徳太子』所収)。

(26) 大阪市立美術館監修『聖徳太子信仰の美術』(東方出版、一九九六年)図版一九一・一九二。

(27) 西光義遵「四天王寺御手印縁起について」(蒲池勢至編『民衆宗教史叢書　太子信仰』再録、雄山閣出版、一九九九年)。

(28)『大日本仏教全書　第八五巻　寺誌部三』(財団法人鈴木学術財団、一九七三年)。

(29) 註(12)網野著書。

(30) 網野善彦「桐村家所蔵「大中臣氏略系図」について」(『茨城県史研究』第四八号、一九八二年)。縁起に、武部慈願寺が佐竹行義の代に那珂西大山郷に移ったと記すのは早すぎる。大山郷慈願寺となるのは、大中臣姓那珂氏が去ったあとではなかろうか。

(31) 高橋修編『佐竹一族の中世』(高志書店、二〇一七年)。

(32) 脊古真哉「浄土真宗における聖徳太子信仰の展開」(大山誠一編『聖徳太子の真実』平凡社、二〇〇三年)。

(33) 龍谷大学仏教文化研究所編『存覚上人一期記　存覚上人袖日記』(同朋舎出版、一九八二年)。

(34)『鹿島問答』(『続群書類従　第二十二輯下』続群書類従完成会、一九五八年)。

(35) 鈴木英之『中世学僧と神道——了誉聖冏の学問と思想』(勉誠出版、二〇一二年)。

(36) 菊地勇次郎「佐久山方の醍醐寺末の真言宗」(茨城県史編集委員会編『茨城県史　中世編』一九八六年)。
(37) 註(14)井上著書。
(38) 網野善彦『日本中世の非農業民と天皇』(岩波書店、一九八四年)。同『中世の非人と遊女』(明石書店、一九九四年)。
(39) 信仰の造形的表現研究委員会編『真宗重宝聚英』全一〇巻(同朋舎、一九八七〜八九年)。
(40) 『宮崎圓遵著作集第四・五巻　真宗史の研究(上)(下)』(思文閣出版、一九八七年)。『同第七巻　仏教文化史の研究』(思文閣出版、一九八九年)。『千葉乗隆著作集第二巻　地域社会と真宗』(法藏館、二〇〇一年)。『同第四巻　真宗文化と本尊』(法藏館、二〇〇二年)。平松令三『真宗史論攷』(同朋舎出版、一九八八年)。同責任編集『仏光寺の歴史と信仰』(思文閣出版、一九八九年)。同編『高田本山の法義と歴史』(同朋舎出版、一九九一年)。
(41) 小山正文『親鸞と真宗絵伝』正続(法藏館、二〇〇〇・二〇一三年)。同朋大学仏教文化研究所編『蓮如方便法身尊像の研究』(法藏館、二〇〇三年)。津田徹英『中世真宗の美術』(日本の美術四八八、至文堂、二〇〇七年)。青木馨『本願寺教団展開の基礎的研究』(法藏館、二〇一八年)。
(42) 真宗教団連合他編『親鸞展　生涯とゆかりの名宝』(朝日新聞社、二〇一一年)。東京国立博物館他編『法然と親鸞　ゆかりの名宝』(NHKほか、二〇一一年)など。
(43) 聖については、五来重『増補　高野聖』(角川選書、一九七五年)。大隅和雄「聖の宗教活動」(『中世仏教の思想と社会』名著刊行会、二〇〇五年)。伊藤唯真『聖仏教史の研究』上下(法藏館、一九九五年)。
(44) 註(6)に同じ。
(45) 赤松俊秀『鎌倉仏教の研究』(平楽寺書店、一九五七年)。註(25)藤井論文。この縁起については、榊原史子『『四天王寺縁起』の研究』(勉誠出版、二〇一三年)。
(46) 吉田一彦「天皇代理者への崇拝」(道元撤心編『日本仏教の展開とその造形』法藏館、二〇二〇年)。
(47) 松野純孝『親鸞――その生涯と思想の展開過程』(三省堂、一九五九年)、五来重『善光寺まいり』(平凡社、一九八八年)。平松令三『親鸞』(歴史文化ライブラリー、吉川弘文館、一九九八年)。
(48) 註(47)松野著書。
(49) 蒲池勢至「杖にあらわれたヒジリ性」(『AERA Mook 親鸞がわかる』朝日新聞社、一九九九年)。

(50) 宮崎圓遵「親鸞の太子鑽仰と太子絵伝」(註(40)『仏教文化史の研究』所収)。
(51) 早島有毅「専修念仏運動における親鸞の太子信仰」(註(9)『変貌する聖徳太子』所収)。
(52) 早島有毅「聖徳太子信仰と三国仏教史観(上)」(『同朋大学仏教文化研究所紀要』第二九号、二〇〇九年)は、現在無量寿寺に所蔵される聖徳太子・天竺震旦和朝高僧連坐像は、剥落が激しく、像主の像容が十分に確認できないが、構図構成から見て、存覚が見た絵画だったろうとする。
(53) 方便法身尊形および阿弥陀如来の絵像についての私見は、註(41)『蓮如方便法身尊像の研究』。
(54) 上島享『日本中世社会の形成と王権』(名古屋大学出版会、二〇一〇年)。
(55) 註(46)吉田論文。
(56) 藤井由紀子「「救世観音」の成立」(註(32)前掲書所収)。
(57) 註(24)報告。
(58) 註(25)藤井論文。
(59) 註(39)『真宗重宝聚英』第七巻。津田徹英「四ツ木・西光寺蔵聖徳太子像(暦応四年銘)の周辺」(『博物館研究紀要』〈葛飾区郷土と天文の博物館〉第九号、二〇〇二年)。同「岩手・光林寺蔵・木造聖徳太子立像」(『美術研究』第四〇四号、二〇一一年)。山本勉「水海道・無量寺の正安三年銘の太子像」(『MUSEUM(東京国立博物館研究誌)』第五八五号、二〇〇三年)。山本勉他「東京・上宮会所蔵聖徳太子孝養像考」(『清泉女子大学人文科学研究所紀要』第三五号、二〇一四年)。
(60) 小野一之「聖徳太子墓の展開と叡福寺の成立」(『日本史研究』第三四二号、一九九一年)。
(61) 註(6)吉田論文。同「聖徳太子研究の現在と親鸞における太子信仰」(『教化研究』第一六六号、二〇二〇年)。
(62) 五来重「元興寺極楽坊の中世庶民信仰について」(『五来重著作集第九巻　庶民信仰と日本文化』法藏館、二〇〇九年、初出一九六四年)。
(63) 今堀太逸「中世の太子信仰と神祇」(同『本地垂迹信仰と念仏』法藏館、一九九九年)。
(64) 今堀太逸「中世の太子信仰と神祇」(『鷹陵史学』第八号、一九八二年)(初出稿)。
(65) 註(4)宮崎『仏教文化史の研究』。牧野和夫『中世の説話と学問』(和泉書院、一九九一年)。渡辺信和『聖徳太子説話の研究』(新典社、二〇一二年)。阿部泰郎「『正法輪蔵』」(『国文学　解釈と鑑賞』第五四巻第一〇号、一九

八九年）。同『中世日本の宗教テクスト体系』（名古屋大学出版会、二〇一三年）。
（66）註（65）阿部論文。
（67）『真宗史料集成』四、同朋舎、一九八二年。
（68）吉田一彦『『日本書紀』の呪縛』（集英社新書、二〇一六年）。
（69）註（46）吉田論文。
（70）吉田一彦「日本仏教史上の蓮如の位置」、同「本願寺住持としての順如」（どちらも註（41）『蓮如方便法身尊像の研究』所収）。

〔後藤補記〕
両手で柄香炉を持つ孝養太子像が、横被が右肩にかからない「律」にもとづく太子像からはじまることや、両手で笏を持つ童子形太子が「垂迹」太子であることなどについては、別稿で触れることにしたい。拙稿のデータ化をしてくれた常陽藝文センターの細貝陽子さんに御礼申し上げる。

第一二章　井上正鐵の教えと〝救い〟

身分が異っても等しく神明に奉仕するのが「神道」であるとし、すべての人がもつ呼吸によって「信心」という実感に至る行法を教えて、差別を調整しようとした井上正鐵による教化活動の展開を見ていく。

荻原　稔

はじめに

本章は、井上正鐵《いのうえまさがね》（一七九〇—一八四九）の求道とその教説を事例として、近世末期の周縁的身分の人物が構想した〝救い〟と〝共生〟を考察してみようとするものである。(1) この人は、武士の次男に生まれ、医師、観相家などを経て、神主として短期間の教化活動を行ったが、取締を受けて流人として没した。なお、没後の明治期になってから、教派神道の一つ「禊教《みそぎきょう》」の教祖とされた。

彼の教説は、身分や教養に関わらず、誰もが等しくもつ呼吸による身体感覚を〝救い〟の中心にしたものだった。その自己形成は、生活に困難のある人々を救いたいと念願する父の影響を幼少の頃から受けつつ、青年期には古方派の医術と観相学および慎食による開運思想を学んだことによってなされた。それらを生業として求道を続け、壮年になって出会った秘儀的な念仏信仰の「信心」と呼ばれる身体感覚と、最晩年の父が遺言した「祝詞《のりと》」の意味を統合して、呼吸の行法を根幹とする独自の教義を確立し、白川家に入門して神職となり、江戸郊外の梅田村（現在の足立区梅田）神明社《しんめいしゃ》で教化活動を開始したのだった。

そこでは、神書講釈を一般に開放して「神拝の心・神楽の心」「天地の心」といった教義を説き、さらに求道する者には行法を伝授して、その核心である「信心」という境地を経験すれば、教義を自ずと体得して、人生が「神道」の一部となると教えた。さらに「門中」（信徒）となった有力農民などの寄付により、生活や行動に困難のある人々を収容して教義や行法を修得させる事業にも取り掛かった。しかし、わずか二年程度の活動の後には、寺社奉行によって三宅島に遠島とされたが、そこでも流人でありながら、本土の門中の支援を活用した約五年間の教化を行って没したのだった。

こうした彼の生涯における、師との出会いや、身体をベースとした彼の教義や行法などの成果をたどりつつ、その歴史的な背景や展開に及ぶとともに、彼の〝救い〟と〝共生〟の可能性と限界を探ってみたい。

一　出自と求道

井上正鐵は、寛政二年（一七九〇）八月、山形藩主秋元家の家臣安藤眞鐵《まがね》（一七五三―一八二七）の子として、江戸日本橋浜町の秋元家中屋敷で生まれた。父の眞鐵は藩主の秋元永朝（一七三八―一八一〇）や嗣子修朝（一七六五―一七九〇）の近習も経験しており、藩の中枢部にも近い立場であったが、正鐵が生まれたころには、修朝の夭折や貸付方をはじめとした財務関係の業務などによる心理的なダメージによって体調を崩して休職していた。(2) 自宅の二階に引き籠って次男の正鐵と寝起きするという生活の眞鐵だったが、夜になると三四人の学友たちが集まって、「身を治め、家を斉へ、病者、貧者又は老てたつき無ものをたすけ救わん事を」論じていたという。そうしたなかで成長した正鐵は、「さまざまの学ひを好ミ、貧者、病者、老たる者をたすけんとおもふ心又止時なし」（『唯一問答書』[3]上「難病人」）ということが「某か性とな」ったと述べている。こうして、彼は父を原点にして、〝救い〟への願いを一生持ち続けることになり、一〇歳で他家の養子となったものの一三歳で実家に戻って、「貧者、病者、老たる者をたすけ」る方法を求めて諸国を遍歴するという進路選択をしたのだった。

二〇歳の文化六年（一八〇九）には、甲斐国一町田中村（現在の山梨市）の医師磯野弘道（一七七二―一八四七）に入門した[4]。入門の経緯や勉学の期間も不明であるが、〝救い〟を志願する者にとっては、医術は第一選択であったろう。この時には弘道は三八歳であり、伝説的名医永田徳本の著作を研究していた父の原泉（一七四二―一八一七）とともに開業していた。弘道は古方派の医師岑貉丘（一七四三―一七九四）の門でも学んでいたが[5]、古方派は岑の師である吉益東洞（一七〇二―一七七三）に発し、中世以来の陰陽五行説に基づいた治療方法を廃して、症状と薬方を対応させるという実証的な新しい学派であった。正鐵は、こうした磯野弘道から医術を学んで、生涯の生業とした。

二五歳だった文化一一年（一八一四）には、大坂の観相家水野南北（一七六〇―一八三四）に伊勢国古市（現在の伊勢市）で出会って門人となり、京都の隠宅で内弟子として仕えながら、観相の基本と粗食少食を中心とした慎食による開運思想と行法を学んだ。観相は医師の診断法である望診につながるものと考えられていたので[6]、求道の展開としても必然性があったのだろう。水野南北は、大坂の下層民の出身で若い頃は無頼漢であったが、二一歳の時にある僧から『神相全編』の要点を聞いて改心し、諸国を放浪しながら独学で観相の体系を立ち上げて高名になった人物である。[7]

この水野南北の活動は、近世の観相学が、宝暦年間（一七五一―一七六四）ごろから大流行して、多くの相書が刊行された流れのなかにある。近世の観相は、ある相を持った特定の人物についての観相譚を述べる中世以前とは異なって、人体のパーツを取り上げてカタログ化するという特徴があるが、[8]南北が二九歳だった天明八年（一七八八）に完成させた『南北相法』前編も、頭部から足先までのさまざまな形態や状態に加えて、息の仕方や姿勢までの意味を記述したカタログになっている。だが、南北の探求は、そうした固定的な観相から脱する方向に進んで、四三歳の享和二年（一八〇二）に完成した『南北相法』の後編では、気色血色流年法という人生の時期や変化を取り入れた観点を提示し、さらに文化一〇年（一八一三）の『南北相法極意修身録』では、慎食による開運思想を立ち上げた。そこでは、「己が飯一杯をひかえて半椀を施す」（巻之二）とあり、自らが大食美食を控えて、その分を貧窮した人々に回すことを陰徳とし、自律的に人や物を生かす能動的な生活によって運命を改善していくことを説いている。ちょうどこの書の刊行のころに入門した正鐵は、のちに「我一飯をのこして、人の飢をすくふのこゝろ」（書継「麁食少食」）と書いており、師の書を熟読して継承したことは確実である。

さて、正鐵が入門した時に南北は五八歳だったが、この出会いについては「伊勢の国に水野南北成者、大神宮へ百日の間、日参をなすに遇て、初て相法の説をきく。勧善懲悪の道をきゝ、大に其教への難有事を知りて、京都の宿所に至て奴弟子と成、是を学に……」（上「難病人」）とある。この年には、四天王寺執行職の秋野坊が所蔵していた聖徳太子の著に仮託された預言書（聖徳太子讖書）の一つ『相法亦生記』[9]の解読という次の探求を始めており、祈願のために伊勢参宮をしていたのだった。また、この研究を通じて南北は四天王寺との関係を深めて、「相法日本中祖」の号を授かり、秋野坊代として日光山へ上っている。[10]文政八年（一八二五）には、相法家への支配を拡張しようとしていた土御門家から訴訟を受けた形跡があるが[11]、おそらく南北は四天王寺の配下であることを主張して反論したのであろう。『相法亦生記』の序文では、南北は自らの半生を振り返って、「予ハ生得短命ニ而三十才ノ寿ヲ不保ト云トモ、飲食ニ因テ福寿ヲ保事、我二十五歳ニシテ始テ自得」し、「三度ノ食ヲ正ク定メ、尚一食ニ半椀ヅ、食ヲ減ジ、是ヲ我欲ル所ノ神仏ニ献ジ、其外一切捨ル物ヲ慮ル」ことによって心願を成就した「我ハ是レ名聞第一ノ老父也」と述べている。自分こそは、凶悪な天性でありながら、自律的な努力によって運命を改善して上昇してきた実例であるという強い自信を読み取れる。

正鐵はこうした南北と同居して、「奴弟子」として身辺処理や日常生活を介助し、「朝はとく起て、身に勤覚なき水を汲ミ、薪を拵へ、奴僕の業を勤め」(上「難病人」)て、庶民の生活感覚を身に付けながら、相を固定したものと捉えずに、より良く変化させていくという南北の開運思想を体得したのであった。そして、文化一二年(一八一五)に母の最期を看取るために江戸に戻って以来、医術と観相を生業にしつつ、初期の教化を開始した。このころに、宮津藩主の嗣子本荘秀次郎(のちの宗秀)が、その藩士であった正鐵の従兄の紹介で入門したが、こうした貴顕の門人ができても、〝救い〟への求道をやめなかった。

二　師の伝授「信心」と父の遺言「祝詞の事」の統合

ある時、正鐵は「神仏より信の心を授りて後ならでハ、何程勤め学ぶといへども益なしといふて教ゆる」(「皇国伝問答」)人物と出会った。さっそく教えを求めたものの「足下の如く多く学びたるものを教ゆるの道に非ず」といったんは拒絶され、さらに内省を続けて「我愚にして善悪是非を弁へず、聖賢の教へを請て、及び難きは愚成けるの験し也。願くバ斯愚かなるものに教ゆるの道あらバ伝へ玉へとて、嘆き求め」て初めて、「彼人歓んで信心といふ事を授け玉ふ」という経験をした。『真伝記』では、三五歳だった文政七年（一八二四）九月四日のことであり、師は「松平讃岐守医師今井文徳の娘いよ」とされている。一方、『実伝記』では、その伝授は、九年後の天保四年（一八三三）九月に「ていせう或はじゃうしやう」という「御倉門徒」の導師である老女から受けたとある。秘密宗教の伝授だけに、はっきりした記録も残されていないのだが、二つの伝承の間にあたる文政九年（一八二六）の旅日記『煙草の裏葉』(12)には、すでに念仏信仰についての指導者的な発言が記されているので、正鐵は文政七年に入門して、天保四年に指導者として上級の伝授を受けたとみられ、未詳の女性導師の「今井いよ」と「ていせう」も同一人物とみなすのが妥当と思われる。

この「信心」とは、「誠」（下「正直」）ともされ、「此誠と申事は、いかやうにして誠に至るものなりやと存じ候処、日夜寝食を忘れ、御祓修行致して、神徳を仰ぎ唱ふる声枯れ、尽き果しとき、突息引息も出兼る時にいたつて、身体豁然として快よき事を覚、おしや、ほしや、いとしや、可愛やの迷ひの心もなく、食を思ひ、衣服をおもひ、住所を求るの欲なく、唯国恩、君恩、師の恩、親の恩の広大にして我行ひのあしくあさましきことのみなりと思ひ、後悔の涙膝をひたし、四恩の難有事、身に満て、喜びの涙た断へやらず、此ときよりして、初て誠の心といふは此事成哉とおも」（上「唯一神道」）（以下、傍線による強調は引用者）ったとあり、「唱ふる声枯れ」て「突く息、引く息も出兼る時」に後悔と喜びの涙とともに体得するという調息の行法による境地であった。

当時からの道友であった杉山秀三への自筆書簡には、「昨日御たずねのおもむき、東圓（正鐵の号―引用者）か身のうへにとりては、機のかたをたつぬれハ、内くらく外明らかなり。法のかたをたつぬれは、内明らかに外はくらく候。誠ニ、機法一躰の南無と申事難有御事に御座候。一大事の御事候。また対面之刻をもまちかねて書しるし遣候。猶、勧化たいし御手元に御座候ハヽ、此ものへ御かし可被下候」[13]というものがある。ここで「機法一体」を論じていたり、秘事法門系の書籍とされる蓮如に仮託された『勧化大旨』[14]にも言及しているので、浄土真宗の異端派の秘儀的念仏信仰に関係していたようだが、文政九年の旅では、久遠寺や七面山などの日蓮宗寺院にも参拝していて、その寛容性が理解しにくい。だが、正鐵の門下から没後に展開した高声念仏の天台宗浄信講社では、正鐵を祖師の一人としながらも、江戸初期に没した念仏聖「弾誓」の末流を名乗っていて[15]、弾誓には阿弥陀の名号に題目も併記した名号幅を揮毫した逸話もあるので、浄土真宗系よりも正鐵の実態に近い[16]。いずれにせよ、寺院の本末関係に支配されない民間の念仏信仰が、さまざまに交錯しながら秘密裏に継承されていたものを受け継いだのだった。

正鐵が未詳の女性導師から「信心」伝授を受けて、修行を進めていたころ、父の眞鐵は七〇代になって亀高村（現在の江東区）の隠居所で読書三昧の生活であり、「祝詞」に強い関心を持っていた。そして、文政一〇年（一八二七）六月には、「汝、この法を能く熟し、能く学び、家を斉よ。若し用る人あらば、其ほふをおしまず伝へよ。（中略）これ神道の御教、尊むべし用ゆべし。磐栄への法なり」（上「金銀融通」）と伝えたばかりか、「此心ざしを失ひなば、吾子孫にあらず、縦ひ錦を着て、高位高官に昇るとも、不孝の罪広大なり。又、是を学び、人に伝へて、国家を易んせば身は道路に死すとも吾子孫なり」と正鐵に厳命したうえで、同年七月一四日に七五歳で没したのである。これは「愚父が教ゆる処の神道の祝詞の事」（「皇国伝問答」）だったのだが、当時は「未だ其深き心を悟らざりしに」（『実伝記』「神道夢物語」）という状態だった。しかし、正鐵にとって父の遺命は大きく、なんとかその真意を生かしたいという思いが、その後の彼の半生の方向を決めたのである。実は、眞鐵が「祝詞」の研究と遺言をした時期に重なる、文政八年（一八二五）一〇月から天保二年（一八三一）二月までの約五年半の間に、正鐵は五回ほど気吹舎・平田家に往来した記録が『気吹舎日記』にあるのだが、正鐵の著作や伝記にはその言及はないので、平田家の学問には期待した答えがなかったのだろう[17]。

こうして、文政七年（一八二四）九月に秘儀的な念仏信仰の「信心」の教えを受けたのちに、文政一〇年（一八二七）六月には父から「祝詞」の教えを継承するようにも命じられて、「父母我が体を産、師わが心を生む」（七「道ニ逢歌」）とする正鐵は、迷いとともに求道を続けた。そして、四四歳であった天保四年（一八三三）の春になって、神の使いという若い女性から「迷心の闇を破るの明玉」（「神道夢物語」）を口に投げ入れられる夢を感得して、迷いを去ることができたのであった[18]。それは「信心」と「祝詞」の統合であって、「此宣らば罪という罪はあらじ」と信じられている「天津祝詞の太諄詞」とは、神典などに記された何か特定の言辞ではなく、「信心」に至る方法であってその本質は呼吸であると読み込んだのだ。すなわち、呼吸を突き詰めていく行法により「唱ふる声枯れ、尽き果しとき、突息引息も出兼る時にいたって、身体豁然として快よき」に至り、「後悔の涙膝をひたし、……喜びの涙た断へやらず」（上「唯一神道」）という、内なる生命そのものを経験する心境に導くことだった。

そうして至る〝救い〟とは、「信心とて、誠の心になし下され、心を易く、身をやすく、家内やすく、我住ふ国を安くなし下され、生て心中おもしろく、楽しき事計りにて、苦しき難儀なる事のなきよふに、身亡ぶるときは、霊を神に成し下され、神通自在をなし候よふになりて、願ひとして、成就せずといふ事なきよふに、成下されよふとの御約束にて御座候」（書継「信心得道」）という、この世における心身の安定と、死後の神通自在を確信して生きることであった。こうして、初志を実現して「貧にして学ひかたく、また八病に苦悩を受、世渡り成難き者を助けて教る」（上「難病人」）方法と目標を獲得したのである。

この正鐵の指導法は、天保八年（一八三七）までには確立していたはずだが[19]、「産霊の伝」として文書化したのは、遠島後の弘化二年（一八四五）春のことであった。それによって、直接の師弟関係から、門中の組織を立ち上げる方向に進み、行法を主宰する指導者「初産霊」には、道場を開いて修行を立て、修行人の境地を判断して「信心」伝授を行うための、「神水の事」「喜悟信の事」「法止の伝の式」の三か条の伝授を行ったのである。

この行法では、集団で行う「祓場」と個別に行う「内陣」という二種類の場所を道場に用意する。「祓場」では、修行人と「集い」という先輩格の信者が多数集まって、「おさ」というリーダーのもとで、無声の深呼吸「永世の伝」と、大声で「とほかみえみため」と唱える「お祓」の二種類の呼吸法により行を進めていく。そして主宰の指導者によって「喜心」「悟心」という境地に進んだと見定められると、一人ひとり個室の「内陣」に導き入れられ、「法止の伝の式」の次第に従って「息吹」という激しい呼吸法により息を吐きつくし、「信心」の境地に達したとされる秘儀が行われる。終了後には再び「祓場」に戻されて、全員が修了するまで修行を続ける。そして、修行後七日目には、「お七夜祭」が行われるのをはじめとして、定期的に修行集会に参加して、獲得した身体感覚を日常化していくのである。

三　白川家入門による神道化と梅田神明宮・三宅島での教化

磯野弘道の医学と水野南北の観相術と開運思想を受け継ぎ、求道の末に行きついた秘儀的な念仏信仰の「信心」の体験と、父の遺言である「祝詞」の統合を確信した正鐵は、教化活動を進めるにあたって、神職としての身分を得る必要を感じたようだ。おそらく、師の水野南北が文政八年(一八二五)に土御門家との事案により、高齢にもかかわらず江戸に下向しなければならなかったことも念頭にあったであろう。そこで、吉田家に対抗して民間宗教家を積極的に取り込もうとしていた白川家の配下となる道を選択した。[20]

伝記では、天保五年（一八三四）に初めて入門したとされるが[21]、天保七年（一八三六）一一月には、「江戸御門人」として上京して、神祇伯資敬王に対面のうえで神拝式の許状を受けた記録が『白川家日記』（宮内庁書陵部所蔵）などにあり、急速に白川家に接近したことがわかる。長期にわたる在京の記録はないので、許状の授与や形式的な伝授を受けただけだと思われるが、行法の誦詞とした「とほかみえみため」は「三種祓詞」の一部であり、白川家入門により採用したのであろう[22]。

その後、正鐵は取締も想定しながら開教の準備を進めていったようである。まず、越後国刈羽郡や上野国新田郡、武蔵国秩父郡、横見郡、幡羅郡などの有力農民宅などに避難所機能を持つ地方拠点を開いた後に、武蔵国足立郡梅田村（現在の足立区梅田）神明社（梅田神明宮）を吉田家配下の神主朝日左近から譲り受けて、天保一一年（一八四〇）四月から神主として教化活動を開始したのだった。

この梅田村は、日光道中の最初の宿場町千住宿（現在の足立区）の隣村だが、江戸市中ではない近郊の農村という位置が、正鐵の意図を端的に表している。正鐵は、同時代の二宮尊徳や大原幽学のように農村に入って現場の経営をしつつ指導したわけではなかったし、梅辻規清のように江戸市中の池之端に学舎を構えたのでもなかった。都市の住民も農民も含む幅広い身分の人々を対象に考えていたのである。その頃に入門した主だった門中を現在の地図に落とし込んでみると、現在の足立区にあたる保木間村の坂田家、竹ノ塚村の河内家、栗原村の水野家、江戸川区にあたる下木下川村の村越家、下今井村の福田家などの近郊農村の有力農民たちがいる一方で、山の宿町の四方家、亀井町の近藤家、深川の須原家など台東区や江東区、中央区あたりの江戸市中の商家が入門しており、農民にも商家などの都市民にも共通する課題に応答した〝救い〟を得させたいという願いを読み取ることが可能だろう。

さらに、門中からの寄付を財源にして、「老て子なく、たつきなく、又は病者、いとけなくして父母なきもの、生つき惰慢にして事を勤がたきもの、不孝にして九族に捨てられし者、若き血気にまかせ色に迷ひ酒に乱て身をおさむる事ならさるものを、あわれに思ひて助け養ひおき、神明の御教をもつて諭し、やすからしめん事を願ふ」（下「妻子の事」）という、生活や行動に困難のある人を参籠させて、食事と住所を与えて指導する行動に着手した。

彼は、「常に人に、小食麁食、麁服を勧め、身体を動し、正直を元として、三種の御祓を唱へ候得ば、病苦をのかれ、自ら貧を免れ、心自ら易く正しく、身治り、九族自ら睦ましとて、教へ諭し申候」（上「難病人」）と述べているが、その〝救い〟の場となる社会像は、「神道申事は、君たる者ハ、万民を撫育し恵ミ、臣たるものハ、君に身命をおしますつかゑ、百姓は、五穀野菜を作出して、身の力をおします、町人は其所にありあまれるの品を、なき所へ送り、細工職人のこしらへ出すものをあつめおきて、入用の人に売なし、かくのことくにして、神明につかへたてまつるなり」（下「神職」）ということであった。すなわち、どの身分においても「神明の勅命」による職分があり、それによって「神明につかへたてまつる」ことが幸福の道であると説いて、基本的には当時の身分秩序を前提にしていた。だが、一方では身分に関わらず、すべての人が持っている呼吸を整えることで体調や思考を整え、「神の心」を体して「神道」を勤めようとする主体形成を説くものであったとも言える。このことは、上層武士から下層民までが「門中」であった階層構成にも見られ、上層武士には、初期の教化活動の頃からの門人であり、のちに老中も務めた本荘宗秀を核として、九鬼隆都などの藩主や旗本もいた。梅田村を拠点にしてからは、周辺の農村の名主クラスを引き入れ、その姻戚関係や影響力を活用して配下の農民までを教化していったのである。

しかし、開教した翌年の天保一二（一八四一）年一一月には取締を受けて入牢し、一三年二月には梅田村へ帰れたものの、同年九月に再度の取締で入牢したまま遠島の申し渡しを受けて、一四年五月には三宅島に流された。このように梅田村での活動は、二度にわたる取締があったために実質は約二年程度だったのだが、そこで形成された門中が、遠島後も書簡の往復と物資の送付によって彼の生活と活動を支援するネットワークとなったのだった。

三宅島における島民や流人に対しての教化では、本土での活動にもまして教養や言語理解によることは困難だったのだが、疱瘡や熱病の治療に始まり、大日照りであった弘化二年(一八四五)には、「我が流儀に適せざれども」[23]とためらいは見せつつも、断食で雨乞祈禱を行ったりした結果、島民や流人仲間の信頼を得るようになった。やがて流人頭にもなり、教えを受け入れる者も現れて、書簡には「四・五人の此方同門」(五「真如の月」)、「毎朝七・八人参詣」(二「雨乞」)、「法の子十五六人でき」(三「男ぶり女ぶり」)「月に四度の御祭り」(三「海苔之舟」)とあるように門中が拡大していき、弘化四年(一八四七)一一月には、自分の赦免後にも活動を継続する拠点となるべき自宅を新築した。[24]また、本土から白竜という当時最新の蚕種を導入して養蚕を奨励したり、[25]資材を取り寄せて、漆喰による天水の貯水池を築造したりと、具体的な事業を進めた。しかし、正味五年ほどの活動ののち、嘉永元年(一八四八)の冬に中風の発作を起こし、父の「身は道路に死すとも吾子孫なり」という遺言のとおりに、流人のまま嘉永二年(一八四九)二月一八日に六〇歳で死去した。

四　井上正鐵の人間観と実践観

井上正鐵は、人間の「凡体」は「罪のみ作る」存在であるという人間観から出発する。まず、神代から語り始めて「……なり成て御身なりかたまり玉ふにしたがひて、大空とひとしからず、成り〱てなりあまれるあり、なりあハざるあり。是岐美両神なり。……此岐美両神の神わざより、凡躰凡心の生じ始たり」(六「気息」)とする。したがって、今日の人間も「今此躰は父母愛念を種として生じたるものゆへ、凡躰と申、罪のミ作り申候」(六「世界の霊」）ということになる。そして、神は「罪を咎め祟り玉ふ」（一「罪咎祟問答」）ので、「神の御心に叶わざる心をもてば、其人常に心配止事なく、これは神の咎めといふ、其苦労心配募りて、気血をとゞめ病ひを生ずる、是を祟りといふなり」（一「罪咎祟問答」）とあり、人体の必然として心身の不調や病気が現れるとするのだが、「神の御心」に叶うことで、それらを避ける可能性も開かれている。それを「病と申ものハ、皆罪咎祟より発り申候ものにて御座候。其内体をなやまし申候病ひは罪かるく、心をなやまし候病ひハ罪重くと御座候。気みじかなるも、気のながきも、又愚まひなるも、覚へあしきも、ものおどろきするも、其外心の安からさるも、皆々病ひにて、腹中の正しからざるよりおこり申候事にて御座候。此の病ひだになをり申候へバ、神明同体にて、国津神にて御座候。其病ひを直し申候ため、祓修行致し、又聴聞致し申候にて御座候。其病を直すより外に修行無之候」（七「病之論」）としており、医学を出発点とする井上正鐵らしさがうかがえる。

天保一二年（一八四二）の取締の直後に、寺社奉行の命によって執筆した『唯一問答書』上下二巻、二〇章の問答には、彼の教説の基本が述べられている。取り急ぎ執筆した粗さと、白川家の家職である「式」への配慮から、わかりにくい表現も多いが、「某し、其心を伝へて、其式をつたへず」（上「神拝式」）とあり、「心」の教えを説いたものである。ここで「神の御心に叶」うためのキーワードは、上巻の「神拝の心・神楽の心」と下巻の「天地の心」である。「神拝の心」は、神鏡奉斎の神勅に託した向上心の教えであり、「神楽の心」も、岩戸開きの神楽に託した希望の教えと読み取れる、人間の側からの向かい方である。一方で「天地の心」とは、天照大神が「天が下の蒼生を子の如く思」い、「愛」しみ、「恵」みたまう心が「天の心」であり、大国主尊が「罪咎作つくるものを憐み玉いておもてにあらわれさるようふ」に「すくい、たすけ」給う心が「地の心」であるとする。それら「正」である神の心を疑いなく「直」に守る「信心」を、身体実践である「祓修行」を通じて「神の御心に叶」うように日常化していくという教えである。[26] 罪という罪を祓うとされる「天津祝詞の太諄詞」の「のり」とは、「神の則」（神理）と「上の法」（法令）であるが、留まることなく放たれていく「ふ」（具体的には呼気）と根元に戻る「ね」（具体的には吸気）という、すべての人のもつ呼吸である「ふ・ね」（船）に「のり」（乗）さえすれば、容易に叶うことであると説いている（下「祝詞」）。井上正鐵においては、行法を中心とした身体実践を通じてこそ、心の定置ができるとするのである。[27]

こうした教えのもとに正鐵は教化活動を進めていったのだが、実践家としての経験から来る方法論も語っている。まず、「何れ目当は天照太神より外無御座候。何人にてもいまだ凡体をはなれざるものゆゑ、善悪打交り申候」（五「豊葦原之教」）ものであり、現実の人間には、誰でも行き届かない所があるからこそ、「われにもかゝる病ひ有ゆへ、他の人もいろ〳〵の病ひ有へくと思召、他の人をあわれミ御介抱被成候やう、おぼしめし候ハヽ、我病ひハ直らずも、又他人われを介抱いたしくれ候と思召、御苦労ニ被成間敷候。兎角心にやまひなき人は一人も無之候間、病身ものどふし介抱いたし合、全快の時を御まち可被成候」（二「病人介抱」）と教えて、「介抱いたし合」う関係の重要さを説いた。さらには、「悪人とて別になく、皆病ひゆへと存候へば、悪敷人は病ひ重き人にて、いよ〳〵以てあわれなる御事ニ御座候。此事能々がつてんまいり候へバ、世ににくめる人も是なく候」（六「蓬萊」）ということでもあり、人間にとっては善から悪までが症状として連続体であり、同じ病人同士が介抱し合わなければならない以上、誰かを排除する理由はないというのだ。さらに、『唯一問答書』には、『倭論語』からの引用の形で「乞食、癩、蟻螻に至るまでふかくあわれむべし」（下「妻子の事」）と述べて、厳しく差別されていたに人々もその射程に入っていたのだが、わずかな活動期間には具体的な活動の足跡は残されていない。

生活困難者への支援においては、「法無き人に金銭を施し、衣類を施し候ても、いよ〳〵惰弱に成、助からず、かへつて身のあだと成ものに候。夫故に法を授け申候を法施と申候て、是より外の事無之候。其法を授け申候には、法なきもの宝とする金銭をもつて引入申候て、法に近付申候事にて御座候」（五「問屋勘定」）と述べ、ただ金銭や衣食を与えるのでは、生活態度までは改善できないので、施しは「法」を授けて前向きに生きていく向上心や希望を持たせていくための手段としなければならないと教える。さらに、支援や指導にあたる場合の注意として、相手からの影響により自分が困難に巻き込まれることのないよう留意すべきことも教えている。「法子を出生致し申候とて、縁あるものに始り申候。縁有ものと申ハ、我より智薄きもの、貧成るものに御座候。是を導引候事大切ニ御座候。……あわれむべきは、迷て其身を苦しめ、人を苦しむるものなり。是を世に悪人と申候。是程哀れ成者ハあらじ、……又大石をうごかすニハ、其そばの小石をうごかし候へハ、大石もうごき出るものニて御座候。愚かなるもの、迷ひしもの、貧成もの、悪人をあわれと思ひ、導引助け救ひ候へハ、智者、明士、福者、善人したがひ来るものに御座候。……悪人、迷ひし人は、我力ニおよばざるものに又近よれバ、己が神徳を失ひ申候。我力ニ及ぶ、およばざるをはかるべし。愚者、貧者は此うれいなし、故に愚を導引をもつて始とし、貧者ニほどこして縁をもとむべし。右の通り申入候は、道理を考へ申入候ニハ無之、少子今迄心掛候て行ひ、身に神徳を受申候事を申入候まゝ、御心に掛け朝夕御勤あらハ、必ず身に神徳を請たまふべし」（三「二日灸」）とあり、支援や指導にあたるには、自分の力量を自覚すべきだと教えている。だからこそ、自分に「助け救ふ力なくバ只哀れと計りもおもふべし」（五「法命」）ということも、最後には心に留めておくように勧めるのである。

まとめ

井上正鐵は、幼少時からの父親の影響で、「貧者、病者、老たる者をたすけんとおもふ心又止時なし」という求道の人生を歩み、具体的な救済手段である医学と、強烈な上昇志向と自信を持った師の水野南北の開運思想を身に付けた。そして、さらなる求道のなかで「愚かを教ゆるの道」を説く未詳の女性導師による秘儀的な念仏信仰の呼吸の行法による「信心」という身体感覚と、父の遺言である「祝詞」を統合した教えと行法を立ち上げて〝救い〟を実践しようとした。

「愚かを教ゆるの道」であるゆえに、教養や言語理解によらず、誰にでも備わっている呼吸による行法を手立てとして、生命の極限というべき息を吐き尽くした「信心」の体験から再出発させるのである。そして、向上心と希望をもって、「愛しみ・恵み・救い・助ける」という神の「心」を体し、それぞれの職分の業務に平等な意義を見出して生きることこそ「神道」であると教えた。それは、当時の封建的な身分制度の枠を出るものではなかったが、疾病や理解力の不足も、性格や行動上の問題も、「病」としてすべての人に共通する連続的なものとして捉えることで〝差別〟を越えようとし、そこでの共助を「神拝の心・神楽の心」や「天地の心」を体現した〝共生〟の場として読み取ろうとした。この教えは、身分を問わない一人ひとりへの指導であるとともに、領主階級の上級武士をはじめ名主クラスの有力農民や商家の主人などのような、配下の者や関係する生活困難者への支援と善導の方策を求めていた人々への指導でもあった。そして、自らは流人という最下層の立場で生涯を終えたのである。

註

（1）井上正鐵とその後継者による活動の展開については、荻原稔『井上正鐵門中・禊教の成立と展開』（思想の科学社、二〇一八年）。

（2）安藤家の事蹟については、荻原稔「禊教教祖井上正鐵の出自について――安藤家文書を通路として」（『神道及び神道史』第四四号、一九八六年）。

（3）『唯一問答書』は、天保一三年（一八四二）二月の執筆当初は上下二巻だったが、その後に書かれた「書継」を加えた三巻となって写本で流布した。版本は、直門村越守一の門人横尾信守により明治七年（一八七四）に初めて刊行された。また、三宅島からの書簡などの文書は、同じく横尾信守が筆写して編集し『井上正鐵翁遺訓集』八巻として、明治二〇年から三〇年にかけて刊行された。以下、本章の引用では書名を省略し、『唯一問答書』は上・下・書継の各巻を「上」「下」「書継」として表記し、『井上正鐵翁遺訓集』は巻数を「一」「二」と表記して、文書の題を併記することとする。なお、両書とも『神道大系　論説編二八　諸家神道（下）』（一九八二年）に翻刻されている。

（4）磯野弘道は、天保期には江戸で高名になり、『廣益諸家人名録』（天保七年〈一八三六〉刊）には、「學醫　希聲名公道字弘道　下谷練塀小路　磯野公道」とある。八王子市郷土博物館には、弘道から「徳本流一派医秘術奥義免許」を許された関根嘉門（一八一四―一八六九）関係の文書が寄託されている。また、福井で種痘を広めた笠原良策（一八〇九―一八八〇）も弘道の門人であった。

（5）「得醫之辨記」『不忍叢書』第一二冊（国立国会図書館蔵）。

（6）石龍子（六代）『観相学大意』上巻（誠文堂新光社、一九三五年）九―一四頁。江戸の観相家石龍子（三代）は町医師であったが、安永八年（一七七九）に、土御門家から観相は陰陽道に属するものだとして支配に服するよう争論を起こされた。しかし、翌安永九年（一七八〇）三月二三日には、寺社奉行は土御門家の主張を退けて、観相は卜筮とは異なる起源があり、医家に属するものと判決した。一般には、観相と卜筮は混同されているが、これが当時の公式見解といえよう。

（7）牧野正恭・田中一郎『浪速の相聖　水野南北とその思想』（大阪春秋社、一九八八年）。

（8）青山英正「古典知としての近世観相学――この不思議なる身体の解釈学」（『もう一つの古典知――前近代日本の

知の可能性』勉誠出版、二〇一二年)。

(9)『相法亦生記』の水野南北による翻刻は、文政一一年(一八二八)刊。京都大学貴重書デジタルアーカイブ収録。

(10)同書、自序。

(11)『井上正鐵眞伝記』(一八七七年、以下『眞伝記』と略)一巻、九丁ウ。(水野南北が)「土御門家との事にて江戸へ下向……」とある。前掲註(6)の医師だった石龍子との争論では敗訴した土御門家であったが、医師ではない南北に対しては、支配権を主張したのではなかろうか。水野南北の門人は、天保一二年版の『南北相法前編』の「門下名録」には、全国各地の門人の総計が一〇〇八人、そのうち一四九人の名が掲載されていて、その規模がわかる。

(12)麻生正一編『神道家井上正鐵翁』(神道中教院、一九三三年、以下『翁』と略)教典編九〇—一〇七頁。

(13)荻原稔「井上正鐵の未刊遺文——直門杉山秀三に宛てられた文書」(『神道及び神道史』第五〇号、一九九二年)の書簡二二。影印は、荻原稔『井上正鐵真蹟遺文』(井上正鐵研究会、一九九五年)一九〇—一九一頁。

(14)妙音院了祥「異義集」巻五(『真宗大系』第三六巻)。

(15)荻原稔「禊教の初期門中と弾誓流高声念仏の復興」(『神道宗教』第二二〇・二二一号、二〇一一年)。

(16)『弾誓上人繪詞傳』明和四年(一七六七)刊。乾巻二二丁ウから二三丁オ。

(17)荻原稔「井上正鐵と気吹舎の接近」(『國學院大學研究開発推進機構紀要』第一三号、二〇二一年)。

(18)正鐵の後継者において、神道系の禊教系教団では、行中にイメージを感得することを積極的に語ることはないが、仏教系の浄信講社の高声念仏では、昭和後期でも「高唱念仏と説教に明け暮れる五日間、信者は無我の境に入っていく。念仏に熱心のあまり念仏最中に気絶する人もある。修行を積んだ人は気絶するといわれている。また、念仏中、夢を見るような境地になることもあるという。この二つの心理状態のとき、信者は夢中出現の状態で、阿弥陀如来、釈迦如来の尊像、南無阿弥陀仏の六字が見えるようになるという」と語られている。『岬町史』(岬町、一九八三年)一一〇〇頁所載の真福寺住職松本香純尼の談話。

(19)岸本昌熾「先師野澤鐵教先生眞伝記」(荻原稔「井上正鐵直門野澤鐵教の生涯」『明治聖徳記念学会紀要』復刊第五三号、二〇一六年)には、内弟子だった野澤鐵教に、天保八年六月一五日に指導者としての「神伝」を伝授したとある。

(20)井上智勝『近世の神社と朝廷権威』(吉川弘文館、二〇〇七年)。

(21)『眞伝記』一巻、一〇丁ウ。

(22)白川家入門の際の誓詞として署名する「名簿」(金光図書館蔵)の巻頭には、伯王から伝授の箇条として、「神拝之次第」「中臣祓」「三種祓」「祝詞」の四つが示されている。

(23)浅沼元右衛門『三宅島年代見聞記』(故浅沼健一郎氏蔵)。

(24)『翁』「永代地」一五八頁。「水溜」一八一頁。

(25)註(23)『三宅島年代見聞記』。

(26)初期の書簡(註(13)荻原論文)で語られていた「機法一体」を踏まえてみると、「機」を人間からの向い方である「神拝の心・神楽の心」に、「法」を神の心である「天地の心」に置き換えて、「祓修行」という行法を通じての「一体」を説いたと読み取ることもできるだろう。

(27)井上正鐵の身体実践を通じた〝救い〟については、石原和『「ぞめき」の時空間と如来教――近世後期の救済論的転回』(法藏館、二〇二〇年)で提起された「心の定置」の在り方からすると、浄土真宗西派を中心とした「三業惑乱」において結果的に否定された「三業帰命説」に近いものがあり、「つとめの方法への問い」への回答として、身体性を通じて「心の定置」をしていく事例として読めると思われる。また、小林准士「近世における『心の言説』」(『江戸の思想』第六号、ぺりかん社、一九九七年)では、正鐵の「信心」を「心法」に対抗する言説の系譜に位置付けて論じている。

第一三章　近代社会事業の形成と「救済」観の転換

関口　寛

二〇世紀の初頭、日本では西洋から移入された科学的な知見にもとづき、社会事業が開始された。そこで唱えられた新たな「救済」観念と、そのもとで展開された人びとの〈生〉をめぐるポリティクスについて考察する。

はじめに

近代国家の形成を目指して出発した明治政府のもと、大日本帝国憲法の制定や議会の開設により、日本は国民国家としての外形的特徴を整えるに至った。だがその後も、資本主義の勃興など近代化の進展がみられる一方で、一九世紀後半にはそれから取り残された人びとが社会問題として焦点化されていく。二〇世紀の初頭、日本政府はこうした様々な社会問題に対処するため慈善事業や社会事業を開始する。その際、内務官僚や社会事業家たちは欧米で展開される「科学的合理性」にもとづく救済の必要性を強調し、従来の救済のあり方からの変革を唱えた。これに対し、長い歴史の中で貧民や病者の救済に関わってきた仏教などの宗教団体は、批判に触発される形で、新たな活動を模索していくこととなった。

古代史や考古学の研究者、喜田貞吉は一九一〇年代末から被差別部落の歴史研究に乗り出し、今日の部落史研究に連なる先駆的業績を残したことで知られる。一九二三（大正一二）年八月、高野山で開催される新聞社主催の夏期大学で「特殊部落と仏教」と題する講義を担当するため、喜田は京都から汽車で同地へと赴いた。最寄り駅から宿坊をめざして山道を駕籠で登る最中、彼は「物乞い」をする人びとを目撃した。このときのことを次のように書き留めている。

谷あいに短い桟道風の土橋をかけて、迂回した道路を真っ直ぐに通した所がある。その橋の下は乞食のための棲処《すみか》となって、石油罐のバケツや、瀬戸引鍋や、茶碗などが谷川に潰されている。近所の路傍には布団代りの古蓆《ふるむしろ》が数枚日に晒され、丈夫そうな婦人が幾人か、子供を使って上下の客に憐れみを乞うている。うるさいこと夥しい。警察からはこれらの浮浪者に金銭を与えぬようにと警告の掲示を出してあるが、いっこう遵奉されぬものらしい。こんな丈夫そうな婦人達は、与えるものだになくば他に何とか生活の方法を求むべく、桟道の下に古蓆の敷寝をする必要もなかるべきに、さてさて気の毒なものではある。（喜田　一九二三）〔ルビは原文ママ〕

明治以後、日本政府は「浮浪者」「乞食」を「あるまじきもの」として様々な社会改良政策を打ち出していった。喜田の文章には少なからずその眼差しが含有されているように感じられる。そもそも、「物乞い」自体は、近世には法的な位置付けを与えられ、身分制の管理のもとに許容された行為に他ならなかった。では、近代社会はどのようにしてその正当性を剝奪したのか。以下、この主題について考察する。第一節では、近世末から明治期に至る「物乞い」をめぐる制度と理解の変容を跡づける。第二節では、二〇世紀初頭に生じた救済観の転換について、仏教社会事業を例に論じ、その歴史的位相について考察する。

一　幕末〜明治中期の困窮民とその行方

1　近世における非人（小屋）制度と救済

近代的な社会福祉が存在しなかった近世においても、当然ながら人びとにとって病苦や貧困は切実な問題であった。むしろ、これらから逃れることは困難であり、天災や怪我・病気などをきっかけに家業が傾き、居村の救済に頼らざるを得ない状況に追い込まれる者も少なからず存在した。しかもこうした救済の対象者に対する世間の理解は乏しく、様々な社会的制裁が加えられたため、人びとはぎりぎりまで施しを受けることを回避したという（木下二〇一七）。だが困窮の果てに「物乞い」以外に生きる術のない状況に追い込まれる人びとが、常時、一定の割合で存在することは避けられなかった。こうした人びとを管理・統制し、「物乞い」によって命をつなぐことを認めたのが、非人番や非人小屋の制度である。

水本正人は、和歌山城下の岡嶋「かわた」村の牢番頭（掃除頭兼務）の日記から、その配下に置かれた「海部郡吹上非人村」を事例に、こうした実態を明らかにしている（水本　二〇一六）。この地に非人村が形成された経緯は次のとおりである。

もともと一七世紀初めまで同地には「癩者」が居住する「非人村」が存在した。紀伊藩主・浅野幸長の時代、イエズス会宣教師が同地で「疥癬」治療を開始し、教会や病院が造られた。彼らは「癩者」も治療したので、その多くがキリシタンとなった。だが徳川幕府がキリシタン禁教令を出した後も彼等は改宗を拒んだことから、追放処分を受けてこの「非人村」は消失した。時代が下って延宝年間（一六七三―一六八一）の飢饉の際、町中の非人狩りが行われ、それらの人びとを収容する小屋（「御救小屋」や「御慈悲小屋」と呼ばれた）が建てられ、粥が与えられた。[1]また正徳二（一七一二）年には「乱心」の者を非人小屋に収容するため、「囲」（のちに「溜」と呼ばれる）が作られている。「囲」（「溜」）には「乱心者」や犯罪容疑者が留置された。

正徳五（一七一五）年「非人村小屋数覚」によると、同地の長屋に居住する非人が一一二軒、人数四四三人（男二二四人、女二一九人）とされている。このうち、五〇人ほどが「座非人」（吹上非人村創設時からの住人で、家を持つ非人）であった。[2]彼らは古くより業務として、毎日町に出て、「浜」と称する諸事に就き施物（御家中・町の内祝儀・法事等の諸事の布施物）を申し受けて廻った。また長吏（非人頭）や役人（非人改）とともに町廻りをしている。その他、無宿者を捕らえたときの番、追放者送り、行き倒れ者の片付け、御慈悲小屋の者が相果てたときの始末など、諸事の人足に出て業務に当たった。

御救小屋にいるのは、「施物」を乞う町廻りもできないくらい衰弱した「極弱者」だったと考えられる。座非人はこれら衰弱した非人の生活の世話をするが、その環境は近代的な衛生・栄養・医療といった観点からすれば貧弱そのもので、小屋生活に陥った者は次々に亡くなっていく状況だったらしい。[3]牢番頭日記によると、「非人」となるには町奉行所の裁許が必要だった。許可が下りれば、「施物」（物乞い）や、御救小屋での最低限の食事や医療が保障された。その多くは、身寄りのない高齢者・常病者・障害者だったと推定される。

近世社会においては、障害者・常病者の扶養は身内（家族・親類）の義務であった。だが近年の高橋信治の研究も、家業の手伝いが不可能な障害者や病者は、按摩・音曲の渡世をする者や、剃髪して寺入りし、願人坊主（事実上の乞食）となる者、巡礼・乞食となる者も稀ではなかったことを指摘している（高橋　二〇二〇）。おそらく、こうした事態はどの地においても大差なかったと考えられ、人間が厳しい生活環境のなかで命をつなぐ上で「物乞い」は重要な生存手段として位置付けられていたことが分かる。

2　恤救規則の制定（明治七年）と「物乞い」の増大

一八七一（明治四）年に身分廃止令が公布され、旧来の「穢多」「非人」身分の職業に関する制限は撤廃され、他の平民と同様となったことは周知のとおりであろう。だがこの変革は同時に、困窮者が露の命をつなぐことを許された御救小屋や、その担い手に関する制度が廃されることを意味していた。これらは各地域に秩序をもたらす制度の骨組みの一部を担っており、実情を踏まえれば、この変革がもたらした動揺と混乱を推し量ることは難しくない。先の水本の考察に従えば、近世の非人番は担当する地を巡回し、野非人や行き倒れ人を発見すれば、身元に送り返すか、奉行所の裁定を経た統制のもと、非人としての「物乞い」を許可、あるいは御救小屋での寝食を付与するなどの「保護」を行っていた。見方を変えれば、これにより管轄地内では自由に「物乞い」することを阻止し、野非人の増大を抑止する防波堤の機能を果たしてきたのである。

この機能を失った後、明治期を通じて日本各地で「浮浪者」「乞食」が増大する事態が生じていく。こうした制度的空白を埋めることを目的の一つとして公布されたのが、一八七四（明治七）年の「恤救規則」であった。この規則は、従来、地域ごとに実施されていた救済施策を廃し、中央政府が定める統一的な規則に沿って個人救済の基準（例規）を定めるものであった。公布にあたっては、国民の権利意識が喚起され「堕民」が養成されてしまうことへの警戒から、政府の救済は補助的なものであることなども明文化された。以後、近世以来の「御救米」等の慣行に沿ってまとめられた統一規則に従い、近代国家としては極めて低水準の救貧施策が、救護法の制定（一九三二年）まで継続されることとなる。

だが近世末以来、野非人の増大を統御できなくなっていた都市部では、明治以後こうした傾向に歯止めがかからなくなったと推定される。東京では繰りかえし「勧進」が禁止され、行政が日雇会社や養育院への収容など様々な施策を打ち出すも、市中を物乞いして廻る「浮浪者」「乞食」が後を絶つことはなかった（ポーター　二〇一六）。こうした状態が全国化するきっかけとなったのが、松方デフレ（一八八一年～）であり、当該期には全国でおびただしい数の行倒れ人が溢れる状況になった。

このときの地方の混乱を、井上毅「地方政治改良意見案」（一八八六年）は、次のように述べている。「昨年ノ夏、小田原迄ノ街道ヲ経過シタルニ、流亡ノ老ヲ携へ幼ヲ扶ケテ、東京ニ生活ノ便ヲ求メントシテ、郷里ヲ離レ来ル者、幾群トナク、道路ニ陸続シタルヲ見タリ……」。その道中、「倒死人」「餓死人」「乞丐者」が至る場所で見られ、盗賊も増加の一途をたどっていたという。農村部では各地で「乞丐者」の駆逐や追放が取り決められるなど、かつて見られた最低限の相互扶助の精神までもが失われており、このままでは犯罪者が増加し、監獄費を浪費する原因となる。彼らが良民として生きられる方策が必要である、と井上は訴えている（井上毅伝記編纂委員会　一九六六）。

二　救済観の転換

1　社会改良政策と感化救済事業

二〇世紀に入ると、こうした状況に対処するため、内務省を中心とする官僚や社会事業家らによる貧民対策が開始される。この動きの端緒となったのが、一九〇〇（明治三三）年に結成された貧民研究会である。同組織を中心に一九〇三年、全国慈善同盟会が創立され、一九〇八年には中央慈善協会へと発展する。中央慈善協会は「科学的知見」にもとづく救済の必要を訴えるとともに、その具体的施策として感化救済事業を推進する。同年、政府は旧来の「恤救規則」による救済制度を大幅に縮減し、全国の救済人員を一万三〇九〇人（一九〇八年）から三七五三人（一九〇九年末）とし、約七割に対する支給を打ち切った（日本社会事業大学救貧制度研究会　一九六〇）。こうした一連の政策は、旧来の「施与主義」的な救済を否定し、「科学的合理性」に根ざした教育的な救済制度を担う社会事業者を育成することで、パターナリスティックな救済への転換を図るものだった。

この中心的メンバーである留岡幸助は、長らくキリスト教者として教誨師を務める傍ら、監獄改良運動に関わった経歴を持ち、次のように、当時の「慈善」をめぐる状況の改革を強く訴えた（留岡　一八九八）。

> 慈善を施与と解釈して実行する結果や、怠《ママ》惰を奨励し、乞食を繁殖せしめ、至る処遊惰の民を造らずんば止まず、其故に我国に於て少しく世に名聞ある神社仏閣は至る処必ずや乞食、遊惰の民として群をなす（中略）、現今社会問題の講究に連れ慈善問題大に唱道せらるゝに至れり、科学の進歩は著しき教訓を慈善問題に与へ、近時最も進歩したる道義学者の説によれば慈善は単に施与にあらずして労作なり教育なりと云へり、世界各国何れも中世に行はれたりし慈善は単に金銭物品の施与なりしが、近世に於る慈善は金銭を与ふるよりも物品を与へ物品を与ふるよりも職業を与へ、職業と共に忠告、教訓、同情を与へて彼れ被保護者を教育するなり

留岡は、社会問題を解決するためには、「科学的知見」に根ざした「慈善」が必要で、「慈善」は、被保護者に金銭を与えるのではなく、職業や教育を与えることだという。

同様にこれらの活動の中心を担った内務官僚に、井上友一がいる。大日本帝国憲法のもとに国会が開設された後、初期議会で数次にわたって検討された救貧法案がいずれも廃案となったことはよく知られている（日本社会事業大学救貧制度研究会　一九六〇）。内務官僚としてこの法案の扱いに携わった井上は、これら法案の問題点として「施

与」にもとづく「救貧」がしばしば「堕民養成」を招来しやすいことを指摘し、人びとが困窮化する以前の予防に重点を置く「防貧」の重要性を説いた。彼の救済制度の理念は「救貧は末にして防貧は本なり。防貧は委にして風化は源なり」という言葉からも分かるように、「風化」（教育）による貧窮化の防止に置かれた（井上 一九〇九）。

中央慈善協会の趣意書は、「我邦済貧恤窮の事たる古来郷党隣保の情誼に依って行はれたり。然れども其施設や多くは一時の施与に止まり、所謂恤みて傷はず、能く養ひ、能く教ふるの真諦を発揮せるものに至ては殆んど之を見る能はず……却って之が為に斯業の発達を妨ぐるなきにあらず。……慈恵救済の方法を講究し、一面には当事者を指導誘掖し、他面には慈善家をして其嚮ふ所を知らしむるは実に現下の急務なるべきを信ず」と述べ、救済の対象とされる人びとと、救済事業に関わる慈善家の双方に対する「指導」や知識の普及の重要性を強調している。

感化救済事業はこの新たな救済を具現化するものであり、内務省は、一九〇八年から一九二二年まで感化救済事業講習会を、全国で合計二九回開催（一九二〇年の第二二回以後、社会事業講習会に名称変更）している。講習会は、当初は関係者が全国から東京に参集して開催されたが（第一～六回、一九〇八～一九一四年）、地方在住のより多くの指導者に教育機会を供する目的から、講師陣が地方に出張して開催する方式となった（第七～二八回、一九一五～一九二一年）。内務省の主催は第二九回（一九二二年、東京）の開催が最後となり、それ以後は、各地で各道府県社会課が主催する方式に移行した。講習日数三三七日、参加者は総計約六二九六名に上った（寺坂 一九九五、関口二〇二一a）。

重要なことは、同事業は旧来の救済のあり方の変革を唱え、諸々の宗教が担ってきた活動にも批判を加えたことである。例えば、第一回の感化救済事業講習会（一九〇七年）で、渋沢栄一はかつての仏教の慈善のあり方に触れて次のように述べている。

救済といふことは余程心せぬと却て利益は為さすに害を為し、其人の勉強心を妨害するものである。救ふ人も救はれる人も共に過つといふことか間々こさいます。……往昔仏者の喜捨とか施与とかいふものかあつて悲田院とか福田院とかいふものを設立した。詰り仏法の慈善は唯貧者に喜捨するは己自身の心を慰する為めにしたやうに見えます。名利に汲々する世の中にあつて成るへきたけ貧弱を助けやうといふ方法としては頗る結構に相違ない、けれとも段々人智の進んで行く今日には、其方法は決して慈善の宜しきを得たものてはないと思ふ。……得た人か為めに其怠惰心を増すやうになつたならは、与へた人にも猶ほ罪かあるといはねはならぬのである。故に喜捨施与といふことに付ては其方法を撰はすして力めることにしたならは、其結果は必す人をして怠惰な心を惹起さしむることになるのてこさいます。……感化救済といふことに付て大綱を論するならは、成へきたけ漫に与へす、与へたるものは必す効能あるやうにして、而して其施設か飽までも権衡を得て、持続的に経営するといふことか、最も心掛けねはならぬ極く重要なこと、私は考へる。(渋沢　一九〇九)

仏教の伝統的な信仰のなかで行われてきた施与や喜捨は、福田思想にもとづくとされる。これは福を生む田のように、仏や僧、父母、貧者に施しを行うことで、福徳を得られるとする考えであり、貧者や病者は「貧窮福田(悲田)」であるとみなされた。旧来の慈善はこの思想に根ざしており、その目的は救済する人間本人の心の慰安に置かれている。しかしかかる慈善がかえって救済される人間の怠惰心を増大させるならば、それは救済する人間の「罪」というべきだ、と渋沢は言う。かかる講演は、仏教が伝統的に担ってきた様々な救済の意義そのものを問いただす辛辣な内容を含んでいた。感化救済事業講習会の参加者の多くを仏教関係者が占めていたことを踏まえると、彼らが受けた衝撃は決して小さくなかったと思われる(寺坂　一九九五)。

実際、当該期に各地の仏教寺院では、困窮化する人びとの増大を背景に、孤児救済を目的とする慈善が行われていた。しかしこうした慈善事業に対しては、施設状況や養育内容の不十分さへの批判が寄せられていた。キリスト教徒として社会事業に関わり、中央慈善協会の設立にも尽力した原胤昭は、一九一一年二月から七月にかけて、全国六〇都市の児童保護を中心に免囚保護、感化、窮民救済、施療など、一七〇施設を視察して報告書をまとめている。この中には施設の概要に加えて衛生や職員、経済などの状況とともに、様々な問題点が指摘されている。例えば、臨済宗寺院が経営する山口愛育院（山口、明治三七年創立、視察時収容人員二五名）について、次のように記している。

> 児童ハ就学ニ関セス慈善演芸会ニ連レラレ、又ハ楽隊ノ勤ヲナス、故ニ学校ハ欠席勝チトナリ、学業成績悉ク良カラストハ保姆ノ歎イテ訴フル所ナリシ、六才児原田菊□ノ如キハ演説者ナリトシテ伊藤保姆ノ紹介ニヨリ小生ノタメニ一席形ノ如ク演シヲリ、曰ク「……私ハ原田菊□ト申マシテ六才デゴザイマス、私ハオトウサンモ、オカアサンモ、アリマセン、私ノオトウサンハ院長サンデコザイマス……諸君万歳……」ト賛助同情ヲ求ムル演説、斯クノ如ク馴致サレテアル、恰モ鸚鵡《おうむ》ノ如ク、其可憐聞クニ堪ヘザリキ、従来ハ町内其外同情者ノ葬儀ニハ、列ヲナシテ会葬セシメタレトモ、近頃ハ地方庁ヨリ差止メラレタリト、又集米ト称シテ児童ノ四人ヅ、ヲ一組トシテ、毎日募集セシメタレトモ、是亦差止メラレタレタルニヨリ、頃日ハ一ノ年長男児ノ軽度白痴アリ、之ニ車ヲ曳カセ保母伊藤ふ□氏日々町中へ集米廻ルト〔ルビ引用者〕

保護した孤児は、賛助を求めるため慈善演芸会の音楽隊として同情を乞うよう訓練を受け、学校にも満足に通うことができない状況を聞き、胤昭は悲嘆している。また従来は児童が町内の葬儀に参列したり、四人が一組となり毎日集米をして廻っていたが、地方庁から咎められたことから近年では軽度の知的障害児に車を引かせて集米するようになったという。胤昭は同施設の報告を、財源を補助し、育児の知識を養成すれば「地方有数ノ育児事業トスル望有ルモノナリ」とし、「矯僻改良、進ンデ奨励アラン事ヲ切望ス」と結んでいる。しかし、彼が視察した施設の中には衛生や栄養などの面で劣悪さを極めた事例も少なくなく、感化救済事業が変革しようとした慈善の状況を窺い知ることができる（原　一九一一）。

2　仏教社会事業の展開と救済観の転換

新たな救済観を掲げる感化救済事業が開始され、中央慈善協会が設立されると、仏教界ではこれに呼応する動きが活発化した。第一回感化救済事業講習会の開催期間中である一九〇八年一〇月、浅草本願寺に講習会参加のため全国から集まった仏教関係者二〇〇名を集めて懇談会を開催し、中央慈善協会に対する方針や今後の連絡について統一機関を設置することが決議された。第二回感化救済事業講習会が開催された翌年一〇月、仏教徒同志者懇談会の一六六名の同志の委嘱を受けた東京の仏教徒有志は、東京帝大精神病学教室教授の片山国嘉を座長に選び、仏教徒同志会を創立した。同会は具体的な活動を展開することなく終わったものの、一九一二年には、この動きを受け継ぐ仏教徒社会事業研究会が発足している。宗派や教義の垣根を越えて感化救済事業に取り組む統一機関が結成されたこと、また座長を精神医学の権威であった片山に依頼するなど「科学的知見」にもとづく救済を志向する姿勢を打ち出したこと、などからも分かるように、変革に取り組む必要性を痛感した仏教関係者の危機感が見てとれよう。

こうした仏教教団の改革の具体的事例として、大谷派慈善協会の活動を見てみよう。一九一一年四月に営まれた宗祖六五〇回大遠忌法要に際し、記念行事として、京都で「感化救済事業講演会」が開催された。これを機に真宗大谷派では宗派をあげて感化救済事業を推進することとなり、大谷派慈善協会が発足した。同会は活動の一環として感化救済に関する講演会を開催したが、その一回目の記念講演は、東京帝大精神医学教室の教授で巣鴨病院医師でもあった三宅鑛一により、「精神病より見たる犯罪者」という題で行われた。三宅は慈善事業が救済の対象とする犯罪者や非行少年、浮浪者などの多くに「低能者」が隠れており、こうした精神医学の知見をもって救済に当たることや、そのための施設が必要であることを訴えた（三宅　一九一一）。彼は内務省が進める感化救済事業でも「専門的知見」を普及させる役割を果たしており、とりわけ「遺伝」と「環境」が人間に及ぼす影響などの重要性を広く社会に訴えた（関口　二〇二一b）。

先の片山や三宅ら精神医学者の知識を仏教界が貪欲に受容しようとしたことは、政府の方針を正面から受け止め、「科学的合理性」に沿った新たな救済を推進しようとする姿勢を強く打ち出すものだった。実際、大谷派慈善協会では、しばしば次のように従来の仏教界の慈善が「科学的合理性」を欠いていたことへの痛烈な反省が表明されている。

然るに我が救済事業界の現状は之れと非常に遠ざかつて居って、救済事業は之れと連関せる前提たるべき社会問題や経済問題と没交渉の如く考へられて居る嫌ひがある、否な救済事業相互間の連絡さへ執られて居ない。即ち因果の関係のある問題からも孤立であり、事業相互間にも孤立の状態である。露骨に云へば支離滅裂にして統一連絡が欠けて居る。衝動的であつて理性的でない。間に合せ的であつて科学的でない。仮りに貧民の問題に就ても、貧民は何に依つて出来るか、自ら招きしものか、他が作りしものか等の一顧の研究すらなさないで飢餓を凌がしむる方法に走るのが今日専ら救済事業と考へられて居る。況んや貧民と犯罪、不良少年等の問題に至つては其の連絡を辿つて具体的に研究されて居ない。斯かる有様であつては折角の救済的努力も実際その効果を現はすことは極めて覚束かないことである。……大に省るべきことであると思ふ。（無署名　一九一一

（二）

ただしこうした「科学的合理性」を志向して推進される当時の慈善事業が、人口の「質」の向上や「人種改良」という価値観を共有していたことにも触れておく必要があるだろう。例えば、大谷派慈善協会が創立された後、その活動を牽引した大谷瑩韶の論説をみてみよう。

予が欧州漫遊中最も興味深く観察して来たのは、この児童保護の問題であつたのであるが、近年に至つては、唯児童即ち生れた以後に於て保護を加へるといふ丈ではまだ不十分であるといふので、寧ろ児童の生れぬ以前、即ち妊娠中の婦人は申すまでもなく、尚一層遡って人間の生殖といふ点に迄も及んで参るやうになつたのである。／合衆国の多くの州や欧州の瑞西などに於ては、法律を以て特別な事柄を定めるやうになって来た。先づ第一に法律で定めて居るのは、悪性の囚人、及び特殊の精神病の患者に対して、生殖の本能を除去するやうに、精糸切除といふ事を行ふやうになった。／……この方法は即ち間接の児童保護となつて居るので、精神病者は多少は必ず遺伝の性質を帯びて居るのであるから、その種子を殖繁せしめぬ事によって、消極的に国家の能率を増進する事ができるのである。又罪人もその通りで、悪性の遺伝を有すると見た罪人には、どし〳〵この方法を行つて行く（大谷　一九一八）

社会事業について学ぶ目的で欧米に渡り、三年間の視察留学を終え帰国した大谷は、一九一四年以後、精力的に大谷派慈善協会の活動に打ち込んでいく。また京都における感化救済事業にも精力的に関わり、地域の慈善活動を盛り立てた。その一方で、彼が発表した論説記事には、優生学やそれにもとづく欧米の社会事業を紹介し、これを先進的なものとして普及する態度が見られた。

むろん、同じ仏教でも宗派や地方によって温度差があり、こうした事例を一般化して論じることには、なお慎重であるべきであろう。だが、俯瞰的な観点からみれば、そこで否定された伝統的な福田思想や施与による救済から、国家や社会の「効率性」や「生産性」に寄与するための救済へと仏教界が転回したことは、日本宗教史における大きな変化だったというべきだろう。

おわりに

本章では、近世から近代にかけて変容してきた救済観念と、それを受容した仏教界の動きについて考察してきた。「救済」の転回に光を当てることで、私たちはあらためて歴史的に宗教が果たしてきた役割を考察することが可能となるであろう。本章はあくまでもそのラフスケッチに過ぎない。今後さらに議論を深めることにより、私たちが住む現代社会の歴史的位相を知る手がかりを得ることが可能になるのではないだろうか。

註

(1) 元禄一〇年(一六九七)、行き倒れの野非人が増えたため御救小屋が出来た。さらに非人が増えたため御救小屋は元禄一二年(一六九九)と享保一八年(一七三三)にも新設された(水本 二〇一六:五一)。

(2) ほかに、一間半×五間で、筵を一五枚敷いている御慈悲小屋が二軒あり、同小屋に非人が九一人(男三一人、女六〇人)いた(水本 二〇一六:五五)。

(3) 正徳五年(一七一五)の記録では、三月一八日に一五九名いた収容者は同年一二月六日には九一名にまで減少している(水本 二〇一六:五六—五七)。

参考文献

井上毅伝記編纂委員会　一九六六『井上毅伝　史料篇第1』国学院大学図書館
井上友一　一九〇九年『救済制度要義』博文館
大谷瑩韶　一九一八「向下しつつある我国児童の身心」『救済』第八編第七号
紀州藩牢番頭家文書編纂会編　二〇〇三『城下町警察日記』清文堂出版
――二〇〇九『牢番頭仲間の生活』和歌山人権研究所
北場勉　二〇一二「国民国家の形成と救済：恤救規則の制定に焦点をあてて」『日本社会事業大学研究紀要』第五八号
喜田貞吉　一九二三「夏の高野山」『社会史研究』第一〇巻第三号
木下光生　二〇一七『貧困と自己責任の近世日本史』人文書院
渋沢栄一　一九〇九「感化事業の方法と感化の程度」『感化救済事業講演集　上』内務省地方局
関口寛　二〇二一a「人口に対する統治と「包摂／排除」をめぐる政治：日本近代の社会問題とマイノリティー」『歴史学研究』第一〇一五号、二〇二一年、九七―一〇八頁
――二〇二一b「近代日本における生―権力と包摂／排除のポリティクス――感化救済事業と部落改善事業の分析から」『差別の構造と国民国家』法藏館
寺坂順子　一九九五「わが国の社会事業成立過程に於ける従事者教育（一）感化救済事業講習会を中心に」『作陽音楽大学・作陽短期大学研究紀要』第二八巻第一号
高橋信治　二〇二〇「〈障害者〉とその行方：地方記録による実態研究の試み」『障害史研究』第一号
――二〇二〇「近世日本の国家・社会と〈障害者〉」『歴史評論』第八四二号
留岡幸助　一八九八「慈善」『基督教新聞』第七一七号、五月一四日
名和月之介　二〇〇七「感化救済事業と仏教　内務省救済行政と仏教との結合様式についての一考察」『四天王寺国際仏教大学紀要』第四四号
日本社会事業大学救貧制度研究会　一九六〇『日本の救貧制度』勁草書房
原胤昭　一九一一「秘　全国慈善事業視察報告書（一）～（三）」社会福祉調査研究会編『戦前期日本社会事業調査資料集成』第九巻、一九九四年
ポーター、ジョン　二〇一六「東京の非人集団の解体過程と解体後における乞食統制」『身分的周縁と部落問題の地域

史的研究』部落問題研究所
三宅鑛一　一九一一「精神病より見たる犯罪者」『救済』第一編第四号
水本正人　二〇一六『『城下町警察日記』の世界――和歌山城下の牢番頭が書き残した日記』八幡浜部落史研究会
無署名　一九一二「大正救済界の自覚」『救済』第二編第一一号

あとがき――網野善彦と「ふるさと」によせて――

小田龍哉

ポスト・トゥルースの時代といわれている。これまでの社会であれば、そこに暮らす皆が真理と信じてうたがわなかった価値体系がリアリティを失って、もっぱら人びとの感情に訴えかけるフレーズが力を持つ。雄弁であったはずの理性が沈黙している。あるいは、そうした流動的な状況下で、めいめいが独自の信条や価値観を持ち寄って共に暮らせるような世界の模索が、喫緊の課題だと叫ばれている。声高なかけ声の一方、肝心の議論が置き去りにされ、「共存」という言葉がやや一人歩きしている印象さえある。

もっとも、だからといって前時代の真理や理念が、たちまち過去の遺物として破棄されきってしまう、というわけでもない。むしろそれらは、人びとの感情や信条、価値観の形成にも、また多様な社会それ自体を成り立たせる枠組みの暫定的なリファレンスとしても、陰に日向に大きな影響力を持ちつづけている。当たり前のことだが、現在は過去と複雑に絡みあっている。私たちは、いわばさまざまな局面で過去の亡霊に向きあいながら、日々の生活を送っているわけである。

歴史研究の分野に目を移せば、同様の状況は、歴史認識をめぐる問題に顕著である。もはや埋めようもないほどにみえる互いの立ち位置や主義主張の隔たりを前にして、ファクト・チェックなどという言葉も聞かれるようになった。ことなる真理（トゥルース）の対立や隔絶をいかに調停するかに議論の時間を費やすのではなく、それが事実（ファクト）かどうか、という一点に強く関心が寄せられるようになってきたのである。言うまでもなく、ファクト・チェックは誤情報の暴走や権力による情報操作を防ぐ重要な役割を担うものである。ところがいざ蓋を開けてみれば、現実には、私たち一人ひとりの感情さえもが個々のファクト・ベースで動員されてしまう本末転倒の事態と、その効果はうらはらのようにも思われる。

史料に残された事実の積み上げから最終的に真理に到達する、それが歴史研究の定石のはずだったが、そうした遠大なストーリーはいまや疎まれ、誰もが手軽にアクセスできる情報のインデックスとしての、過去の出来事の記述が珍重されている。もちろん、ランケ以来の実証主義歴史学への批判でくりかえされてきた口吻を借りれば、個々の事実もまた、真理の価値体系とのかかわり抜きにはそもそも認識されえないはずだ。過去と現在の問題となじく、両者の関係は複雑である。言葉そのものを語ることがむつかしい世界で、当然のように、歴史を語ることもまた一筋縄ではいかない。

さて、本書がこれまで取り上げてきたのは、日本宗教史という限定されたフィールドではあったが、時代・地域ともに多岐にわたる事例の数々だった。そうしたなかで、第一部から第三部をつうじて指摘できたのは、以下の三つの特徴ではなかったろうか。

・誰かが他の誰かを排除する枠組みは歴史を一貫したものではない。変化や逆転がありうる。
・ただし、枠組みが変わっても排除はなくならない。排除される誰かやそのありようが変化する。
・誰かにとっての救いは、往々にして他の誰かを排除することと背中合わせである。

歴史の余白を読み取り、〈可能性〉を見出したい。願わくは過去の時間への創造的な介入として――。差別と宗教の日本史を考えるにあたり、本書序章ではそのように基本的な展望を表明した。だが余白を読む、とは、いきおいさまざまな不可能性の間隙を縫うような、ゲリラ的な実践にならざるをえないだろう。とおりいっぺんの理屈でこころみたところで、すぐに袋小路に陥ってしまうのは右の三点をみてもあきらかだからである。たとえば序章では、宗教概念論の議論をあらためてひもときつつ、身体や儀礼・習慣といった「宗教」のプラクティス的側面への注目を、その打開策のひとつに挙げた。

日本宗教史という本書の立ち位置に対して、本「宗教と差別」シリーズの第一巻『差別の構造と国民国家――宗教と公共性』は、おもに比較宗教の立場から編まれている。同巻の終章（苅田真司）が示したのは、差別をめぐる多くの困難に「主権」と「統治性」という二つの観点の合わせ技で対抗する、という作戦だった。すなわち、西洋の長い宗教的伝統のなかから神の支配の模倣として生まれた主権の観点においては、国家によって保護される同質な「人民」とそうでない者たちの境界線に目を向け、その虚構性を絶えず問いただして「差別」を糾弾する。他方、近代由来で比較的歴史の浅い統治性の観点においては、資本主義社会を本質的に駆動する「差異」を積極的に肯定することによって、異質な者たちからなる公共性を重層的に織りなしてゆく、といった具合に、いわば理念と政治の相補関係で立体的に余白を抽出しようとするのである。

この方法論は、冒頭で述べたような現今の状況に向けても、有効な一手となりそうだ。多様性や相対性が重視される一方で、ともすれば分断され剝き出しになった個人にふりかかる排除や暴力の問題がなおざりにされ、古い価値体系のもとでの差別や不平等がむしろ強化されてしまう。ＳＤＧｓを掲げるあらたな社会の現実は、反面、新自由主義の強者が主宰する椅子取りゲームの社会でもある。そのなかでより人間らしく生きるために、どのような態度や行動が取りうるか。そうした今日的な問題意識にもとづき、西洋由来の近代的な「人権」や「公共性」の概念をあらためて批判的に検討する作業をつうじて案出された。つまり、時代性を色濃く反映した方法論でもあったのである。

その点で、本書の序章や第二章（片岡耕平）・第七章（船田淳一）が取り上げた網野善彦の「無縁」論もまた、一九七〇年代という時代と響きあう、きわめて同時代的な議論だった。上野誠は、折口信夫による「まれびと」論を評して「つまり、折口の時代、複数の文化現象を統一的に解釈できる解釈装置を、多くの人びとが欲していたのである」と述べているが（『魂の古代学』二〇〇八年）、ともに社会の周縁を漂泊する者たちや彼らのコスモロジーをあらわした言葉であっても、「まれびと」と「無縁」ではその様相が大きくことなる。そして両者の相違は、たんに国文学と歴史学という各論者の拠って立つ学問領域の相違にとどまらないように思えるのである。

どういうことか。たとえば折口は、「まれびと」を「貴種流離譚」にひもづけて論じている。貴種流離譚とは、これも折口独自の語彙ではあるが、貴い出自を持つ若き主人公が故郷を離れて各地を流浪し、さまざまな苦労を乗り越えて成長するという物語の類型を指す言葉である。その典型例として挙げられる『源氏物語』について、折口は「光源氏須磨流竄の原因は、犯すところが、あつたのである」と述べている（『日本文学の発生　序説』一九四七年）。あるいは、一九四九年におこなった柳田國男との対談のなかで、「日本の村々でいう村八分みたいな刑罰によつて、追放せられた者、そういう人たちも、漂浪して他の部落に這入つて行く……」と「まれびと」像を示唆している。彼らはいずれもなにか特別な事情があってそのもともとの住処を追われ、見知らぬ土地を彷徨う異人として想定されているのである。

これに対して、網野の描く「無縁」の人びとは、基本的に故郷を持たない。しばしば重商主義との批判を受けてきたように、「道々」を遍歴する海民や山民、手工業者、芸能民、知識人、武人、勝負師、宗教人……、といった多様な非定住者たちを、網野は一括して職能の民、「職人」なのだと見定めていく。そこには被差別民のすがたもあった。『無縁・公界・楽』ではこう述べている。「組織の形態、活動の実状からみて、非人もまた、検非違使庁に統括されつつ、清水寺・興福寺・東寺などの寺社に結びつき、「清目」・葬送などを「職掌」「芸能」とする「職人」であった」。網野によれば、もともと賤視の対象ではなかった彼らは、時代が下り、その拠って立つ天皇の聖性の没落とともに次第に差別されるようになったのだという（本書の片岡論文は逆に、むしろ聖性が強化されたからこそ差別も強まったのだ、とこれに真っ向から反駁している）。

故郷を持たない「無縁」の人びとだったが、その代わりに彼らが構成したのはアジールであった。寺社や市、墓所、橋、宿……、農業生産を基盤とする「有主」の権力者たちの力がおよばないさまざまな周辺領域に、独自の共同体を現出させていったのである。先史から近代へといたるその形態・内実の変遷を追うなかから、時代をつらぬく「自由」や「平和」のありようを見出し、それにもとづく人びとのつながりを展望することが、歴史叙述としての網野「無縁」論の眼目だった。

『無縁・公界・楽』は、初版が一九七八年に出版された（増補版は八七年）。一九七〇年代は、日本人の「ふるさと」観が大きく変貌を遂げた時代でもある。童謡「故郷」（一九一四年）への西洋音楽からの影響にも端的に窺えるように、「ふるさと」とは実にモダニズムの産物であった。すなわちそれ以前の封建社会では、人びとの大多数はみずからの生まれた土地から離れることなく一生を送るのが通常だった。それが明治の世を迎え、近代化とともに、「地方」の農村の次男坊・三男坊が都市へ出て一旗揚げ故郷に錦をかざる、という「ふるさと」の構造が生まれる。だが戦後になり、集団就職がピークを越した一九六〇年代半ばごろには、その語りはすでにほとんど内実を失ってしまっていた。成田龍一が指摘しているように、自分はふるさとを持たない都市生活者であるという故郷喪失の意識を抱く世代が、台頭著しくなっていたのである（『都市空間と「故郷」』二〇〇〇年）。

当時、折しもコマーシャルでは、「モーレツからビューティフルへ」（富士ゼロックス、一九七〇年）の価値転換が叫ばれていた。「政治の季節」が敗北のうちに終わり、個人の内面がとりわけ重視される新時代が幕を開ける。雑誌『ａｎ・ａｎ』や『ｎｏｎ－ｎｏ』を携えた若者たちが、ポスト万博の旅行キャンペーン「ディスカバー・ジャパン」（国鉄、一九七〇～七六年）の呼び声に誘われ、自分だけの心のふるさと「日本」を再発見していく。たとえば『朝日新聞』一九七一年一二月一八日夕刊には、映画『男はつらいよ』の主人公・車寅次郎の口ぶりを借りた文体で、つぎのような記事が掲載されている。

ふるさと――目をつぶって、そっと呼んでみてごらんなさい。ジワッとこみ上げてくるじゃございませんか。現代は故郷喪失の時代、とか申すようでございますね。みんなが、ふるさとをなくしちゃった。そしてみんながふるさとを求めている。いいえ、ふるさと、ってのは何も生れ育った土地のことだけをいうのではないのです。帰るべき場所、心のふるさと、とでも申しましょうか。

ことしは、ふるさとが、ちょっとしたブームでございましたね。デパートに「ふるさとコーナー」が登場したり。そういえば、大当りの国鉄の「ディスカバー・ジャパン」。あれなんかも、ふるさと行脚といえるかもしれません。

「渡り鳥」シリーズや『網走番外地』などのギャング映画・ヤクザ映画のパロディとして一九六八年に第一作が公開された『男はつらいよ』は、シリーズの当初、故郷・葛飾柴又を飛び出したやくざ者としての寅次郎の悲哀やおかしみに光を当てる演出が目立った。ところが、ちょうど右の記事の時期を境にしてアウトロー的なカラーは急速に影をひそめ、「寅さん」と皆に呼ばれて親しまれる「国民的映画」へとその作風を変化させていく。そして、やがてシリーズの終盤には、寅次郎は「故郷のかたまりみたい」と劇中で喩えられるまでになるのである（『寅次郎心の旅路』一九八九年）。第四八作『寅次郎紅の花』（一九九五年）の奄美群島ロケ地誘致に奔走した泉修一氏は、自身が誘致運動をはじめることとなったきっかけを、以下のように回顧している。「多くの観客が寅さんによって故郷を感じるように私も、見るたびに故郷のことが思い出された。そしてある時、故郷に帰ったら逆に寅さんのことが強烈に思い出され、来てもらいたいと願うようになったのである」（泉『寅さ〜ん』一九九九年）。

そこには、寅次郎という一個のキャラクターがたんに時代とともにソフィスティケートされていったという変化以上の顚倒がある。彼の職業は香具師であり、すなわち、芸能者・下級宗教者の系譜につらなる（四方田犬彦は、車寅次郎の役名と江戸期の非人頭・車善七との関連について、沖浦和光の指摘を引きつつ「映画におけるシークレットメッセージの分析と研究は、今後の大きな課題である」と述べている〈『日本映画史110年』二〇一四年〉）。観客は、時代遅れの三枚目・寅次郎が毎回引き起こすドタバタや恋の顚末を嗤う一方で、「日本」の風景を漂泊する渡世人の風情に、かつてのギャング映画やヤクザ映画が描いた「自由」の残滓を見て取る（小林旭や高倉健演じる若きアウトローが戦後社会の悪を倒してまわるそれらの作品世界は、学生闘争の時代の気分を如実に反映していた）。排除される存在であった彼は、実は人びとのあこがれの対象でもあり、やがては孤独や喪失感を投影され、共感される求心的な存在＝象徴へと変貌を遂げるのである。

同様のことが、網野「無縁」論についてもいえないだろうか。遍歴する「職人」としての周縁者は、高度成長期をへて曲がり角にさしかかった「モーレツからビューティフルへ」の日本社会で、その受容において、人びとの心の内にある「他者」として呼び出されたのではないか。農村とのつながりを断ち切られ（一九七〇年代は過疎化や開発で農村自体が目にみえて崩壊していく時期でもあった）、帰還すべき具体的な故郷を見失った「一億総サラリーマン」の企業戦士たち。「無縁」論とは、それによって農本主義という過去の亡霊と訣別するとともに、彼ら戦後日本国民が背負わされたもうひとつの亡霊、すなわち高度成長を邁進させた「オー、モーレツ」の重商主義的情念をそこに投影してみずからを慰め、ここではないどこかへの道程を想起するための、一片のマドレーヌだったのではあるまいか。

　網野自身は「無縁」の原理の自覚、という表現でそれに近い言及をおこなっている。柄谷行人が『世界史の実験』で読み解いているように、網野は歴史資料のなかに見出された「無縁」の事例の検討の彼方に「原無縁」という原遊動性を抽出した。それは実証不可能な、いってみれば心のアジールであった。網野によれば、「原無縁」は「未開、文明を問わず、世界の諸民族すべてに共通して存在し、作用しつづけてきた」。そして彼は、その「自覚化」こそが人類を自由の実現に向けて駆り立ててきた歴史の法則なのだと主張する。

　もっとも、こうした議論の遠近法が、今日ではすっかり同時代的なリアリティを失ってしまっているのも事実である。網野が展望した非農業民による「自由」な世界は、いまや新自由主義の地獄となり私たちの日常を取り巻いてひさしい。あるいは、分析概念としての「無縁」と「有縁」の二項対立があまりにも強く歴史の発展段階と結びつけられ、ロマンティックに提示されたきらいも指摘されよう。しかしそれでも、まさにその論立てによって、「無縁」論は当時の日本社会とはオルタナティブなアジールの可能性を活写してみせた。それは、歴史の余白を読みとる作業にほかならず、その史学の熱量こそ、網野善彦という歴史家が時代を超えていまなお多くの読者を魅了してやまない理由といえる。

　ひるがえって、本書の議論はどうだったか。個々の内容については委細がつくされているのでくりかえさないが、総じていえば、冒頭で挙げた三点とも関連して、理念系それ自体が持っている暴力性や排除の諸相に関心が寄せられた点が特徴的といえよう。また他方で、周縁の事例に目を向けるばかりでなく、排除の境遇にある者たちや彼らにかかわる宗教者たちが支配的な言説と対峙したとき、場合によってはそれを巧みに利用したり、あるいは訣別することでみずからの劣位を克服しようとしてきた、その決断や実践を丹念にトレースする作業に論者たちの労力が傾けられている。

その点で、本書の議論は理念としての「原無縁」と事例としての「無縁」のあいだに明確な一線を引いて論じられた「無縁」論とは、大きく趣を異にしているようである。むしろ、理念と政治の二つの観点の合わせ技で差別に対抗しようと目論んだ、先の本シリーズ第一巻とより多くを共有している。歴史学ふうの語彙でくりかえせば、さしずめ、理論と実証の合わせ技ということになろう。と同時に、いささか踏み込んだ自己分析をするなら、史料のなかに見出せる過去の人びとの困難に、歴史叙述をめぐる現在の論者たち自身の困難が重ねあわされている。物語るというその情熱において、本書にもロマンティシズムの残滓はやはり多かれ少なかれ漂っている（アンチ・ロマンという情熱においても）。当然のことながら、私たちもまた時代性を色濃く反映する存在以外の何者でもないのである。

一九九六年、四半世紀以上にわたって車寅次郎を演じつづけた俳優・渥美清が死去した。阪神淡路大震災や地下鉄サリン事件の翌年という、大きな時代の変わり目とも重複するタイミングであった。「ふるさとのかたまり」を喪失したポスト冷戦期の日本社会には、ほどなく「癒し」ブームが到来し、「地方」はやがてアニメファンの「聖地」として「巡礼」される舞台装置へと変わる。いずれも、国民国家といった大きな物語を（少なくとも表面上は）前提としない、あらたな消費や救済のスタイルである。生まれや育ちといった、個別でありながら普遍的なストーリーをともなう場所として人びとに共有された「ふるさと」は、いまや、心のふるさととして訪れたり懐かしく回顧したりする先ですらない。メディアやカタログから各人が自由に選び取って身にまとい消費する対象となり、「インデックス」化したとみなされるようになった（安井眞奈美「消費される「ふるさと」」二〇〇〇年、井手口彰典『童謡の百年』二〇一八年）。二〇〇八年にはじまった「ふるさと納税」の光景を思い浮かべれば、容易に納得することができる。

ならば、ポストトゥルースの現代にあってこうした流れがいっそう加速することで、私たちはファクト（事実）からトゥルース（真理）へいたる物語をふたたび語りだすことが、はたして可能なのだろうか。あるいは、高度に情報技術が発達し、シンギュラリティが叫ばれるような没距離・没時間の今日の社会において、真理へいたるなどという見立ては、もはや時代錯誤のお笑い種なのかもしれない。だがそれでも、インスタントにアクセスが可能なファクトの集合体（インデックス）の世界からこぼれ落ち、排除される要素はあまりにも多いように思われる（端的にいえば、インターネットの接続環境を持たない人はいまもたくさんいる）。さらには、私たち一人ひとりの感情や信条、価値観に大きな影響を与えている、過去の時代の亡霊たちも。けっして0と1の羅列では記述し尽くすことのできない「人間」という生き物のあらたなリアルを想起するために、どのように上手く現在に風穴を開けながら、私たちは未来へと生き抜いていくことができるだろう。

従来の形式論理学の原則からすれば、たんなる事実の積み重ねで真理にいたることは、永遠に叶わない。だからこそ、網野はアジールの実証と弁証法の消失点の彼方に「原無縁」の自由を幻視し、本書は理論と実証の両面にさまざまな角度から光を当て、差別や排除の歴史を立体的に浮かびあがらせようと企図したのだった。リアリズムの回路は互いにことなるにせよ、私たちを取り巻く画一的な状況に言葉で介入し、それらをいくらかでもひらかれた時間と空間へと展開させようとしたまなざしにおいては、両者はたしかにひとつの系譜をなしている。

歴史研究に携わる者が多くを占めた本書の論者および編者にとって、差別と宗教の日本史に取り組むことは、歴史叙述とはなにかという使い古された問いを「いま」「ここ」の私たち自身という視座に引き寄せて謙虚に問いなおし、理論と実証、ひいては過去と現在の邂逅がいったいどのような予期せぬ余白を織りなしうるか、あらためて考えをめぐらせる作業となった。もしもその試行錯誤に創造的な議論の可能性をほんの一抹でも見出してもらえるなら、一編者としてこれにまさる喜びはない。

最後となったが、本書の編集作業にあたっては、法藏館・戸城三千代氏のひとかたならぬご理解とご尽力を仰いだ。特に記して感謝の意を表したい。

吉村智博（よしむら　ともひろ）⇒ 監修者

山本昭宏（やまもと　あきひろ）
1984年生まれ。メディア文化史。博士（文学）。神戸市外国語大学准教授。主な著書に、『大江健三郎とその時代』（人文書院、2019年）、『戦後民主主義』（中央公論新社、2021年）、『原子力の精神史』（集英社、2021年）。

片岡耕平（かたおか　こうへい）
1976年生まれ。日本中世史。博士（文学）。北海学園大学人文学部准教授。著書に、『穢れと神国の中世』（講談社、2013年）、『日本中世の穢と秩序意識』（吉川弘文館、2014年）。

河井信吉（かわい　しんきち）
1963年生まれ。宗教学。博士（文学）。金光教中野教会長。主な論文に、「〈お道〉として語られる宗教世界」（島薗進、鶴岡賀雄編『〈宗教〉再考』ぺりかん社、2004年）など。共編著に、『宗教学キーワード』（有斐閣、2006年）。

後藤道雄（ごとう　みちお）
1933年生まれ。仏教美術史。茨城大学五浦美術文化研究所客員所員。著書に、『茨城彫刻史研究』（中央公論美術出版、2002年）。編著に、特輯「常陸の仏像」（『国華』1326号、国華社、2006年）など。

佐々田悠（ささだ　ゆう）＊
1976年生まれ。日本古代史。博士（文学）。宮内庁正倉院事務所保存課調査室長。主な論文に、「神祇と王権」（仁藤敦史編『古代王権の史実と虚構』竹林舎、2019年）、「記紀神話と王権の祭祀」（『岩波講座日本歴史』第二巻、2014年）。

関口寛（せきぐち　ひろし）＊
1972年生まれ。近現代日本史。博士（社会学）。同志社大学人文科学研究所准教授。主な論文に、「アメリカに渡った被差別部落民」（田辺明生・竹沢泰子・成田龍一編『環太平洋地域の移動と人種』京都大学学術出版会、2020年）、「近代日本における生――権力と包摂／排除のポリティクス」（磯前順一ほか監修『差別の構造と国民国家』法藏館、2021年）など。

西宮秀紀（にしみや　ひでき）
1952年生まれ。日本古代史。博士（文学）。愛知教育大学名誉教授。主な著書に、『律令国家と神祇祭祀制度の研究』（塙書房、2004年）、『日本古代の歴史３　奈良の都と天平文化』（吉川弘文館、2013年）、『伊勢神宮と斎宮』（岩波新書、2019年）。

舩田淳一（ふなた　じゅんいち）＊
1977年生まれ。日本中世宗教思想史。博士（文学）。金城学院大学教授。主な著書に、『神仏と儀礼の中世』（法藏館、2011年）。編著に、楠淳證・舩田淳一編『蔵俊撰『仏性論文集』の研究』（法藏館、2019年）。

吉田一彦（よしだ　かずひこ）
1955年生まれ。日本古代史、日本仏教史。博士（文学）。名古屋市立大学特任教授。主な著書に、『仏教伝来の研究』（吉川弘文館、2012年）、『『日本書紀』の呪縛』（集英社新書、2016年）。編著に、『神仏融合の東アジア史』（名古屋大学出版会、2021年）。共編著に、シリーズ『日本宗教史』１．２．３．６（吉川弘文館、2020～21年）など。

監修者・編者・執筆者略歴

【監修者】

磯前順一（いそまえ　じゅんいち）
1961年生まれ。宗教研究・批評理論。博士（文学）。国際日本文化研究センター教授。著書に、『昭和・平成精神史　「終わらない戦後」と「幸せな日本人」』（講談社、2019年）、『死者のざわめき　被災地信仰論』（河出書房新社、2015年）など。

吉村智博（よしむら　ともひろ）
1965年生まれ。近代都市周縁社会史。著書に、『近代大阪の都市周縁社会――市民・公共・差別』（近現代資料刊行会、2022年）、『大阪マージナルガイド』（解放出版社、2021年）、『近代大阪の部落と寄せ場――都市の周縁社会史』（明石書店、2012年）など。

浅居明彦（あさい　あけひこ）
1957年生まれ。部落解放同盟大阪府連合会浪速支部前支部長。浪速地区歴史展示室長。主な編著に、『渡辺・西浜・浪速――浪速部落の歴史』（解放出版社、1997年）、『太鼓・皮革の町――浪速部落の三〇〇年』（解放出版社、2002年）。

【執筆者】＊は、編者

青野正明（あおの　まさあき）
1958年生まれ。朝鮮近代史。博士（学術）。桃山学院大学教授。著書に、『帝国神道の形成――植民地朝鮮と国家神道の論理』（岩波書店、2015年）、『植民地朝鮮の民族宗教――国家神道体制下の「類似宗教」論』（法藏館、2018年）など。

井上智勝（いのうえ　ともかつ）
1967年生まれ。日本近世史・東アジア宗教社会史。博士（文学）。埼玉大学教養学部教授。著書に、『吉田神道の四百年――神と葵の近世史』（講談社、2013年）、『近世の神社と朝廷権威』（吉川弘文館、2007年）。

荻原稔（おぎはら　みのり）
1961年生まれ。教派神道。博士（宗教学）。東京都立青峰学園特別専門講師。著書に、『井上正鐵門中・禊教の成立と展開』（思想の科学社、2018年）など。

小田龍哉（おだ　りょうすけ）＊
1973年生まれ。文化批評・思想史。博士（文化史学）。著書に、『ニニフニ　南方熊楠と土宜法龍の複数論理思考』（左右社、2021年）など。

シリーズ宗教と差別　第2巻

差別と宗教の日本史

——救済の〈可能性〉を問う

二〇二二年九月一五日　初版第一刷発行

編　者　佐々田悠・舩田淳一
　　　　関口　寛・小田龍哉

発行者　西村明高

発行所　株式会社　法藏館
京都市下京区正面通烏丸東入
郵便番号　六〇〇-八一五三
電話　〇七五-三四三-〇〇三〇（編集）
　　　〇七五-三四三-五六五六（営業）

装幀者　濱崎実幸

印刷・製本　亜細亜印刷株式会社

ISBN 978-4-8318-5722-4　C1321

シリーズ宗教と差別　全4巻

磯前順一・吉村智博・浅居明彦　監修

A5判。並製カバー装・平均三〇〇頁（価格は税別）

第1巻　差別の構造と国民国家　宗教と公共性
上村静・苅田真司・川村覚文
関口寛・寺戸淳子・山本昭宏　編　二、八〇〇円

第2巻　差別と宗教の日本史　救済の〈可能性〉を問う
佐々田悠・舩田淳一
関口寛・小田龍哉　編　二、八〇〇円

第3巻　差別の地域史　渡辺村からみた日本社会
小倉慈司・西宮秀紀・吉田一彦編　予二、八〇〇円

零　巻　きよみず物語　被差別信仰論
磯前順一著　予二、八〇〇円